JN193250

芙蓉書房出版

日本が誇る「ご縁」文化　目次

第2章　ピンチをご縁で救われた日本人　65

4. 窮すれば変ず、変ずれば通ずのご縁

第4章 ご縁は死後もつながる 247

序章　世界が注目する「ご縁」という我が国独特の伝統文化

1．日本の国力低下と日本の「ご縁」文化

グローバルスタンダードに飲み込まれた日本

『あの頃日本人は輝いていた』（池井優著、芙蓉書房出版）という本が出版されたが、最近の日本は輝いているだろうか？

私は17年間アメリカで仕事をさせて頂ける幸運を得たが、中でも１９８０年代にはどこの空港や盛り場に行っても日本企業の広告があふれかえっていた。当時ライジングサン（立ち昇る太陽）と言われた日本企業の猛烈な進出で、繊維産業に始まり、家電、自動車、ＯＡ機器などの名だたるアメリカ企業が事業の縮小や廃業に追い込まれており、アメリカはどうしたのかと一種の憐みを感じたものであった。

当時、エズラー・ボーゲルが書いた『ジャパン・アズ・ナンバーワン』が話題になり、①終身雇用や年功序列など日本企業は人を大事にする、②通産省（現経済産業省）などの優秀な官僚が国全体の経済を指導する、③日本人は勤勉で学習意欲や数学の学力が高い、などが高く評

価され、日本の時代が来ると予想したものであった。

その頃コロンビア大学のMBAコースに通学していた友人の話では、授業の討論で「In Japan」と言えば全員が彼の話に注目してくれたと言っており、私のような青二才でも、アメリカ国内の団体から「日本的経営」についての講演依頼がしばしばあった。

しかしその後、1990年の世界経済の規模を100として2017年の各国を比較すると、中国は39倍、韓国は7倍、欧米諸国は2~3倍になっているが、日本は残念ながら横ばいに終わっている。GDP（国民総生産）も、1989年に日本の世界シェアは15・2%もあったのに2017年には6・6%と半減してしまった。現在の世界のビッグビジネスはマイクロソフトやアップルなどのアメリカのIT企業に独占され、日本の企業が名を連ねることはほとんどなく、精彩を欠くことこの上ない。

なぜこのように日本の経済的国力が低下したのだろうか？　それは、アメリカのエリートが考え出した「グローバルスタンダード」という、利益と効率のみを追求する経済原理が日本にはしか（感染症）のように蔓延し、それに日本が飲み込まれたからではないかと思う。もともと勤勉で汗水たらしてコツコツ働く日本人が、1980年代には土地や株の値上がりを期待して荒稼ぎするバブルの波に乗って大やけどしてしまった。1990年にバブルが破裂すると、その後の後遺症で経済停滞が続き、30年近くも失われた国家になってしまった。

グローバルスタンダードは、IT技術などを駆使した経済効率のよい仕組みで、ものづくりやサービスを提供して利益を上げる実物経済よりも、株価上昇などで荒稼ぎする金融経済を重視して、お金もうけをするにはこれほど便利な仕組みはないと思われている。しかし、この仕組みは大きな問題を抱えてもいる。それはモノやサービスの裏づけのない金融経済により取得したもので、世の中の富（商品、製品）は少しも増えたわけではなく、またサービスで世の中を便利にしたわけでもないことに気づく必要がある。ある意味では、実際の労働に基づかないギャンブル的なあぶく銭であり、製造業やサービス業が汗水たらして働き成果（富）を増やすという、日本がこれまで得意としてきたやり方とは根本的に異なっている。

さらに、グローバル化が進んでくると、個人の才能を生かし最大の獲物を得る勝ち組と、技量乏しく僅かの獲物しか獲得できない負け組という格差社会が形成されてくる。ヒト、モノ、カネの経営資源が地球規模で移動し利便性や効率が高まるが、その結果、経営資源を多く持っていたグループが勝ち組となり、経営資源の所有が少ないグループが負け組と、はっきり二極化することになる。

しかし、勝ち組になれるのはごく僅かで、アメリカでは一般労働者と会社のトップ経営者との報酬は２６２倍もの差がある。一部の者が恵まれ大多数の者が恵まれない、「一将功成って万骨枯れる」という、あまりにも行き過ぎた格差社会になってしまった。

世界中がやっきになっているこのグローバルスタンダードの波に日本はうまく乗れず、風邪をひいてしまい、日本の経済的地位が低下してしまったのではないか。私は、グローバルスタンダードは、ストレス社会を生み出し人々の格差を広げるばかりで、結局人々を幸福にするとは思わない。

行き過ぎた格差社会だからこそ日本の「ご縁文化」に注目したい

ところで、我々が愛するこの国はこのままでよいのだろうか。最近の日本の経済的地位は低下したとはいえ、日本は品格ある世界一安全な国家として、世界の人びとから一目置かれていることを忘れてはならない。例えば先の東日本大震災に際して、あれだけの地震、あれだけの津波にあっても、被災された方々はじっと耐え忍び、助け合い、立ち上がり、震災後も支え合い、お互いの痛みを分かち合い、限られた食料を見ず知らずの他人と分かち合いながら、なおかつ感謝も忘れていない。

人の痛みを他人事と思わず、自分のことを犠牲にしてまでお互いに助けあう。そこには〝つながりあうご縁〟があり、そうした行動によって私たちは勇気づけられた。この〝つながり合う文化〟こそ日本人のＤＮＡに浸み込んでいるものであり、私はこれを「日本のご縁文化」と呼びたい。これは私たちの心のうちに生まれながら宿っているものであるが、我々自身がこの価値にあまり気づいていない。

それでは、外国の人々にはなかなか理解しにくい「日本のご縁文化」がどのように日本人の中に形成されてきたのかを歴史的に見てみよう。

2. 縄文時代や大和時代から始まるご縁文化

縄文時代に芽生えた「ご縁文化」

「日本のご縁文化」はいつから始まるのか。縄文時代の重要性を教えてくれたのは、私の高校・大学の先輩で、アメリカＴＤＫの総支配人やカナダの住宅製造販売社の社長をされアメリカとカナダで30年間もビジネスマンとして活躍してきた上田和男（こうだかずお）さんである。

上田さんの説明によれば、縄文時代といえば１万２０００〜１万３０００年という長い時代続いたが、世界四大文明のエジプト、メソポタミア、インダス、黄河は８０００〜９０００年前から始まっており一部時期も重なっている。この四大文明と縄文文化は次元が違い比較にはならないが、四大文明はともに大河の周りに住んでいた人たちが発達させた文明であった。縄文人は海、山、平野、川のどこにでも住んでいて、自然の中に共存し生活してきたことに特徴がある。自然に溶け込んで、自然と対話しながら生活してきたことが、将来の日本民族の自然と融合する精神文化を創り出す原点になってきた。

哲学者の梅原猛（うめはらたけし）さんは「縄魂弥才」と言っている。弥生時代は稲作など新しい技術が導入され、これが戦争を生む残念なこともあったが、縄文人は魂すなわち精霊など精神面を重視して穏やかな生活をしていると述べている。例えば、当時の世界の国々は絶えざる戦争や争いに巻き込まれていたが、縄文人は長い期間にわたり戦争の形跡が全く見当たらない。それは社会全体が奪い合いではなく、余分なものは獲らない、貯めない、「奪い合えば足りないけれど、分け合えば余る」充足した社会で平和に暮らしていたからだ。また縄文時代は世界的にみて遅れた未開な時代であると指摘する人も多いが、当時まだ石を砕いて石器を作る打製石器しか作れない石器時代に、縄文人は１万６５００年前に石を磨いて石器を作る磨製石器を世界に先がけて使用した。また雑穀、野菜、木の実、魚などを一緒に土器に入れ煮炊きすることで美味しく食べていた。食材の選択から調理法、そして加工する技術など今日の日本食の原点になっているという人もいる。それで縄文独特の火焔土器は芸術的にみても素晴らしいもので注目すべきである。さらに食物を保管・貯蔵できたので、季節変動にも耐えられた。移動せずに定住して、竪穴住居の集団生活を営むことができ、囲炉裏(いろり)や竈(かまど)の原型がここにあった。

このように縄文人は1万2000年にもわたって、平和に生活しお互いに仲良く助け合ってきたことは、私がこれから述べる「日本のご縁文化」がこの時代にすでに芽生え始めていたということではないか。

縄文人の精神文化から引き継がれるもの

日本文化は、中国の黄河文明よりも数千年も先駆けて、自然と共生した縄文人の豊かな縄文集落文明に端を発しており、その後中国伝来の文化と融合した弥生文明から、それが昇華された「大和文明」なる独自のものに引き継がれている。この大和時代に森羅万象に神が宿り、神と人と交流する神道の原型が確立され、神道により日本人の精神文化の基礎が作られたに違いない。それに神話に出てくる、戦いを避けて出雲の国が大和に国譲りをした話など他の世界ではあまり例をみない。

また神無月(旧暦10月)に日本の神々が出雲に集まり人の縁について話し合うことに由来して、出雲大社といえば現在でも「縁結び」の神様として仰ぎ見られているが、日本の神話時代にも「日本のご縁文化の原点」がみられる。また言語的に見て、このころ成立したと言われる美しく優雅な大和言葉には「こころくばり」や「おもてなし」など「日本のご縁文化」に連なる言葉が多い。

この大和言葉で綴られているものに「世界最古の庶民文学詩集」と言われる「万葉集」があり、これには防人、農民から天皇まであらゆる階層の男女が和歌を作ったことが示されている。また大和言葉ではないが、「ありがとう」は仏教と深く関係した言葉であるが、英語の「サンキュー」は単に他人に対して感謝するという意味だが、「ありがとう」の意味は「有ることは難し」という意味で、我々が存在することに始まり、いま起きたことでも「有ることは難し」とそのことの不思議さを感謝しており、ご縁文化につながるものである。

大陸の原石を磨いた日本流の感性

一方で、日本文化は儒教や仏教などの新しい大陸文化が、渡来人や遣唐使といった人々を通じて日本へ移入され形成されている。仏教、儒教などの海外からの文化は実に素晴らしいもので、日本にとって大変有益なものであった。しかし日本人の優雅で繊細な精神からみれば、これらの原石そのものは素晴らしいものではあるがまだ荒削りなものであり、それをそのままこの国に導入するとうまく機能しないと考えた。それで古の人はこの素晴らしいが荒削りの原石（大陸文化）を十分使いこなし、これを包みこみ、磨きあげ、角をとり、和魂和才⇓和魂漢才⇓和魂洋才という隠し味を加え、本国でも及ばない精緻でエレガントな華やかな日本文化に変形させたのである。その一つは紫式部の「源氏物語」である。大陸文化の教養を基礎にしながら、日本の「もののあわれ」の精神を加味して、当時の世界の水準からみても一頭地を抜く傑作文学作品を生み出した。

仏教をみても、インドや中国と日本仏教はかなり違っている。川端康成の「美しい日本の私」というノーベル賞受賞講演はそれを上手に説明している。川端は道元禅師の和歌「春は花　夏ほととぎす　秋は月　冬雪さえて　涼しかりけり」を冒頭に紹介し、さらに明恵上人、西行、一休、良寛の４人の僧侶の生きざまや、宗教観を紹介し、親鸞上人にも触れている。「〝雪、月、花〟という四季の移り変わりの美を表す言葉は、日本においては山川草木、森羅万象、自然のすべて、そして人間感情をも含めての、美を表す言葉とする」と述べている。日本人の自然と一体になった感性が日本の代表的な僧侶に受け継がれてきているのだ。川端はこの道元の和歌を2回も紹介しながら、スピーチの最後に「道元の四季の歌も〝本来の面目〟と題されておりますが、四季の美を歌いながら実は禅に強く通じたものでしょう」と結んでいる。

私は禅の師匠からこの道元禅師の歌の「本来の面目」の意味は「日本の四季の素晴らしさにかけて、冬の雪は寒いのではなく、すずしい（涼）と禅の修行による安心立命の境地を吐露している」と教わった。道元禅師が中国の天童山で如浄禅師から教えられた「本来の面目」をしっかり押さえながら日本流の感性と融合して大陸の仏教に磨きをかけている。

儒教でも、中国や韓国では倫理観を主に説いているが、日本では「おもいやり」などの価値観を説いておりそれらとは異なっている。

日本人の究極の魔術は、日本古来の神道と大陸で発祥した仏教を練り合わせ融合し、日本流の神仏習合思想を作りあげていったことである。

ビジネスの底流にあるご縁という隠し味

江戸時代になっても、武士から禅僧になった鈴木正三は「一鍬一鍬南無阿弥陀仏」と唱え、農民も職人も商人も仕事即仏業と、勤勉の精神を基礎とした日本的天職論を述べている。もう一つは「先も立ち、我も立つ」という日本的商人道の祖である心学の石田梅岩の精神で、ビジネスでも自分の利益だけでなく相手とのご縁も大事にする精神が強調されており、「日本のご縁文化」はこの時代でも発展している。

明治時代には、輸入した資本主義の思想をそのまま鵜呑みにするのではなく、福沢諭吉や渋沢栄一などは、和魂洋才という魂を入れた「日本のご縁文化」を作り上げた。戦後になってアメリカ発の民主主義的思考を輸入した時も単なる模倣ではなく、石坂泰三や土光敏夫（どこうとしお）などの経済人が終身雇用など人縁を大事にする「日本的経営」を作り上げてきた。

最近のやや精彩を欠く製造業を尻目に快進撃するのが総合商社である。総合商社は大きな工場や店舗や設備があるわけではなく、その強みは豊富な資金力と独特の人の情報網を駆使した、人だけがたよりの「人縁ビジネス」で、欧米ではみられないものである。日本人が作りあげた、「日本のご縁文化」がビジネスで生かされた好例である。

余談だが、総合商社に関して面白い話がある。１９８０年代のアメリカは大幅な貿易赤字で苦しんでいた。当時のレーガン政権は、日本に倣い米国の輸出と雇用を促進するために、ニューヨーク州立大学のアレクサンダー・ヤング名誉教授の本を参考にして１９８２年に「The US Export Trading Company Act」に大統領が署名し、アメリカ版 **SOGOU-SHOSHA** の法律を成立させた。しかし、この法律ができてもアメリカ発の総合商社は残念ながら出現しなかった。それは「ネットワークキング思考」のドライなアメリカ人には本当の「ご縁」が理解できず、義理人情を絡めた複雑怪奇な総合商社などとても運営できなかったからである。

なおヤング教授は私が親炙した恩師で、日本政府から勲三等を授与されているが、アメリカではSOGOU-SHOSHAは日本語がそのまま英語になっている。

先に述べたように、縄文人や神話時代の自然を愛する原日本人の大和心というべきものがある。大陸文化受容以降の日本人が仏教や儒教の荒削りの外来文化を十分使いこなし、これを包みこみ、磨きあげ、角をとり、江戸時代や明治時代の勤勉な和魂洋才という隠し味を加え、精緻でエレガントな華やかな日本文化を作りあげたが、私はその代表例が「日本のご縁文化」であると確信している。

司馬遼太郎さんも、著書『この国のかたち』で、「日本人は、思想はいつも外から来るものと思っている」「むろん、かつての日本人がそういうものを生み出さなかったというのは、べつに恥ずかしいことではない」と述べている。古来から日本人は、最初は外からものの考え方を輸入しながら、日本独特の素晴らしいものにつくりかえたのも恥ずかしいことではなく、むしろこれこそが日本が世界に誇れるビジネスモデルである。

3．欧米人には理解できない「ご縁」

ご縁とネットワーキングは似て非なるもの

「日本のご縁文化」について、２０１２年９月に私が役員をしているグローバル経営学会の大会基調講演でスピーチしたことがある。講演が終わって海外での経験豊富なビジネスマンの方が私の演台までやって来られ、「釣島さん、私はアメリカで多くのビジネスを経験したが、アメリカ人の人脈で大いにビジネスを助けられた。アメリカ人こそご縁を大事にしている」と言われ返答に困ったことがあった。

この答えは長年私の公案になったが、これをきっかけにして熟考し、日本のご縁とアメリカのネットワーキングは似て非なるものだと、前著『アメリカ人は理解できない「ご縁」という日本最強ビジネス法則』（講談社＋α新書）で私の考えを明らかにすることができた。

その要点は、日本語の「コネ」という言葉はコネクションという言葉から出ており、アメリカでも縁故的な特別有利な計らいをするので「欧米人もご縁を大事にする」という人もいる。日本のご縁に対して、私はアメリカにいる時に「ネットワーキング」という言葉をよく聞いた。ネットワーキングとは、①「あの方とつき合えば儲かる、あの方つき合うと損する」と損得が先にたつ。②「効率的に人脈をつくろう」と個人が能動的、積極的行動を起こす。③「目に見える物理的なつながりばかりみて、その裏にある〝人の計らい〟を超えたこと」に注目しない。④「あくまでも自分の頭で考えたことで、自分がすべての主人公になっている」。

一方、日本における「ご縁」は、人や社会のつながりだけでなく、「きっかけや由来」を含め、夫婦や親子の血縁、先祖の縁、生前の縁、死後の縁、人縁、書縁、地縁、法縁、師縁など広い意味でも使われ日本人の生活に溶け込んだものである。現世だけでなく、生前、死後、人だけでなく物にも縁があると考えるが、「ネットワーキング」ではとても考えられないほど「ご縁」は幅広いものである。また「ご縁」の働きがあり、話がうまくいけば「ご縁があった」と言い、お見合いやビジネスで話がうまく進まなかったときは「ご縁がなかった」と言えば、およその日本人は納得し、わりあいあっさり諦めることができる。

これらはとても欧米人には考えられないことで、自分の我欲からスタートしているネットワークキングと、上から頂戴する「ご縁」とは似てはいるが本質において大きな違いがある。ご縁を英語に訳してみると、「チャンス」、「タイ」(tie、結びつき)、「リレーション」(関係)など和英辞典では物理的な関係の訳にすぎず、日本人の「ご縁」に見られる不思議で意味深いものとは程遠いものであった。

要するに「ご縁」とは、①「自分で意図的に結びつけたのではなく、何かサムシング・グレートの見えない力」により、②「あの方とつき合えば得するとか、あの方とつき合えば損する」などあまり損得勘定はなく、③「自分が積極的に行動するものでなく、待っていれば」それこそ上から頂戴したものと考える、④「ネットワーキングは頭で考え物理的なものとすれば、ご縁はむしろハートの働き」によりソフトで温かみのあるものと言える。そしてこの違いは我々日本人と欧米人との生活の違いに大きな影響を与えている。

ご縁が理解できないアメリカ人

アメリカ人はとてもパーティが好きな国民で、誕生日、クリスマス、個人の○○記念日、ベビーシャワーと枚挙に暇がない。互いに呼んで呼ばれてそのことを楽しむ。家族で大人だけでそして子供のパーティとさまざまだが、子供たちも小さなときからパーティを経験しているのでしっかり受け継いでいる。滞米中は私たちもよく招待され、招待したものだ。当時いつも思ったのは、後日に会ったとき日本人同士だと一般的に「先日はありがとうございました」とか

「お世話になりました」「いいえ、お構いもしませんで」と挨拶を交わしたものだ。

世の中が大いに変わり、若年層駐在員も多くなっているので最近の事情はわからないが、こうした自国の習慣は続けてほしいものだと思う。家内は「他国で自国の心情に触れることは気持ちがほっこりして元気になれた」と言う。その点アメリカ人はとてもドライで「この前はありがとう」と言っても「ＯＫ」で終わりである。もっと言えば「この前のこと」はそのときにもう終わったことなのであろう。ビジネス上でも同じで、アメリカ人はビジネスで世話になってもビジネスライクで、お礼状は出すが日本人のようにいつまでも覚えていてくれ、会うたびに「あの時はお世話になりました」と言うこともなく、割合「サンキュー」とあっさりしている。

それは「縁ありて花開き、恩ありて実を結ぶ」という言葉のように、頂戴したご縁を大事に大事にしてそのご縁の恩を一生忘れないという日本人的感覚ではなく、ドライな「ネットワークキング」では「これをすれば得する」と短期的な損得で判断しがちであった。情をからめ長期的な関係を重視する「ご縁」の方がその奥深さにおいて「ネットワーキング」よりアドバンテージがあると思う。

またビジネスで人を紹介し、他人から紹介してもらうことは日常的にあった。私が人を紹介してもらった時、また人を紹介する時も、自分の力を超えたそれこそご縁の働きを強く感じ感謝したものであるが、これは私だけでなくだれもご縁を理解する日本人共通の感情だと思う。

しかしアメリカ人は人を紹介したり、されたりする時は以外とあっさりと「I did it」（私がやった）と自分自身の力だけで紹介したり、されたりしたと考えている。「ご縁」が理解できずに「ネットワーキング」に終始するアメリカのビジネスパーソンに違和感を抱き、日本人にはなじめないビジネス手法だと肌で感じたものだ。

それは、日本人が考えるように、目に見えない「ご縁」の不思議な力が働いているとは彼らが考えないからである。我々と違って欧米人の考え方は、近代西洋合理主義を基本にしていると言われている。近代西洋合理主義とはデカルトの合理主義哲学やニュートンの科学的方法論が基礎になっており、理性を重んじ非合理なものや見に見えない物などは認めない考え方であった。理路整然と説明できるものや見えるものしか信用せず、「ご縁」のような目に見えない不思議な力は彼らに理解し難いものなのであろう。

さて、ある禅僧は法話の中で、「情緒という言葉に当たる英語はないし、更に言えば縁という言葉も英語にはない。こうした言葉はそれなりに相当する英語はあっても、ぴたりと当てはまらないし不十分である」とよく言っておられた。情緒やご縁を感じる心というのは日本人の気質というものだろう。情緒やご縁というのは論理的思考で突き詰めても理解できないと思う。私たちは大きな囲いの中でそうしたものを感じながら日々暮らしているように思えるのだ。

ところで、もともと日本人が「ご縁」を大事にするのは、古来の日本人の「自然とのつながり」を大切にする思想と仏教の縁起の法の影響があると思うし、それは現代人のＤＮＡにも確実に引き継がれている。我々は誰の手も借りず生きていると考えるが、いつも食べる三度三度のご飯は誰が料理するのだろうか？　その米はだれが作るのだろうか？　だから我々日本人は「ビジネスでも他の人のご縁なしでは生きられない」と考えてきた。人間だけでなくこの世はすべて縁で繋がっており、「個々のものはそれだけでは存在できず、自分以外の一切のものによりかかっている」という「縁起の法」の考え方が日本人は生まれながら心の底に染み付いている。

話は少し飛躍するが、このネットワークで思い出すのは、9・11事件でオサマ・ビン・ラディンがアメリカの同時多発テロを起こしたアルカイダのことである。アルカイダはイスラム原理主義のテロ組織であるが、アルカイダはアラビア語で「基地」「基盤」という意味である。基地とはアフガニスタン、スーダン、イエメン、イラク、パキスタンにある拠点のことであるが、全体の指導者や本部がない。各地の組織がネットワークを組んでお互いに連絡し合いながら活動している団体で、アルカイダは究極のネットワークというべきものである。もちろん、ご縁でも悪縁を連ねた団体もあるが、このような過激な団体は見たことがない。

長谷川平蔵とシャーロック・ホームズでご縁とネットワークの違いを理解する

ご縁とネットワークの違いを理解するのに、日本の大衆文学の一つの代表である「鬼平犯科帳の長谷川平蔵」(池波正太郎)と、西洋の探偵小説の代表である「シャーロック・ホームズ」(コナン・ドイル)の、事件の解決のプロセスの違いを見てみよう。特に平蔵と部下のやり取りとホームズとワトソンのやり取りを比較してみると面白い。

シャーロック・ホームズは生粋の英国人であり、大学で物理や化学を熱心に勉強しただけに彼の思考や犯罪捜査法は、西洋合理主義思考そのものだった。例えばワトソンのどんな小さな質問にも論理的に詳細に説明する。また、過去の犯罪事例を徹底的に研究し、現場で事実や証拠を克明に観察する、その時には拡大鏡などを使用して物理的証拠などを獲得する。これらの事実に基づいて、科学的思考で分析を重ね、犯罪の原因や犯人を見つけていく手法である。これはニュートンやデカルトに始まる要素還元主義思考と言われる科学的分析法で、この思考の確立で西洋は東洋に比べて近代科学をいち早く発展させ、19世紀や20世紀の世界の覇権を獲得してきたが、シャーロック・ホームズこそ典型的な西洋人思考の人であった。

彼はいかにも魔法を使ったように見事に事件を解決し読者に感銘を与えるが、事件の解決方法をみると、仮設と検証を重ねてゆき、原因を探していく英米人が得意とするロジカルシンキング手法であった。このようなロジカルシンキングの考え方が得意な欧米人はビジネスでの解決手法にシステム思考を生み出し、長谷川平蔵のように情を入れず、論理的に解決しており、これが有効に働いてきた。

このロジカルシンキングのシステム思考を人的関係に応用したのがネットワーキング思考でシャーロック・ホームズの問題解決手法と同類のものである。ホームズはワトソンや警察の警部、クライエントとの関係を見てもご縁の関係ではなく、如何にもネットワーキングの関係である。

それに対して長谷川平蔵は、シャーロック・ホームズのような理屈っぽい科学的な手法を用いるのでなく、彼の放蕩時代を含め彼と関係した多くの人びとのご縁を大事にし、彼らのつながりと支援を上手に利用して問題解決にあたっており、我々日本人は大きな共感を覚える。すなわち、彼は一人一人に声をかけて、褒めて、労り、周りの人のモチベーションをあげて、彼らをその気にさせ、つながりを保ち組織の力で事件を解決していった。私がアメリカで仕事をしていた時によく言われたのは、日本人は個人的なパワーや能力では西洋人に劣るが、総合商社のように組織力や人縁力では彼らにはまさり、それで世界でビジネスができると言われたが、組織力の平蔵と個人能力のホームズの手法をみるとこの考えが如実に表れている。

　さらに、密偵のおまさのように元盗人であっても、改心した人は自分の重要な部下として働かせており、盗賊でも義侠心のある人や、やむに已まれぬ事情で犯罪を犯した人に配慮を示すなど義理人情に厚いご縁の関係を重視している。また部下も、平蔵と議論するのでなく、彼の意向を察して行動しているのは、ネットワーク思考ではなくご縁の関係から出てくるものだと思う。

日本人にしか分からないご縁文化の輝き

　上田和男さんに、ご縁とネットワーキングの違いを聞いてみた。

「私は北米で長らくビジネスを行ってきました。インド商人、中国商人、ユダヤ商人、英米商人とビジネスをしてきましたが、彼らは仲間を作って、お互いに助けあい仲良くするが、仲間以外の日本人をそこにはなかなか入れてくれません。もっとおおらかで誰にでも声をかけるご縁の関係とネットワーキングとの違いがあります」

「それに、彼らは自分中心で、70対30とか60対40が基本で相手に譲ることはあまり考えません。せいぜいWin-Winと50対50の関係で、ご縁のように10対90で損して得する関係や0対100のような無私精神で行動することはあまりみたことがありません。自分本位で、俺が俺がと言って相手に勝つことばかりを考えており、相手のことをあまり配慮していません」

―和え物または煮込みスープとサラダ料理論について―

「ご縁は和えものであり、いろいろなものを器に入れて混ぜ合わせる料理。材料の一つ一つが強く自己を主張しない。人と人との関係はウエットで極端な場合は自分を引っ込めることもある。あるいは原型をとどめない良く煮込んだスープとも考えられます。一方でネットワークは、サラダ料理で個々の材料は同じ器の中でも独立して群れてはいない。最後まで自分の個性を引っ込めることはないのです」

この話はなかなか面白いと思った。次に上田さんに、ご縁は日本独特のものか、東洋人にも含まれるかを聞いてみた。彼は有名なサミュエル・ハンチントンの『文明の衝突』の話をしてくれた。

「ハンチントンは世界を7大文明に分けて、中華文明と日本文明は異なっていると指摘しています。中華文明は儒教中心の文明ですが、日本の文明は2世紀から5世紀において中華文明から独立したもので、それは神道と仏教を習合した文明であり、中国を中心とした東アジアの人々と日本人との考え方は違っており、彼らには日本独特のご縁は理解できていません。彼らは金もうけの利害だけでつながっており、個人の利害が優先され、ご縁に連らなるような人情はあまりみられません。それは日本の文明は中国からは１００年から４００年かけて分離したものので、西洋でも中国でもない日本独特の文明で、ご縁の考え方は日本人しか分からないものだと思います」

—長年北米でビジネスされてこられ、ご縁とネットワーキングとどのような出会いがありましたか—

「海外でビジネスをする場合、日本のご縁だけではなかなか通じないので、両者を上手に使い分けてバランスをとることですね。私のＴＤＫ時代にアメリカでカセットテープのビジネスを始めたときは、最初にご縁の関係で、そのころ元気であった日本の家電メーカーを訪問し彼らと親密になりました。その後白人やユダヤ人が牛耳っていた電気製品関連の流通業界にはネットワーキングの関係で入り込み、一方でパブリシティを上手に使いＴＤＫのオーディオカセットと後のビデオカセットのそれぞれのシェアを全米ナンバーワンにまで伸ばすことができました」

日本には「袖振り合うも多生の縁」「縁尋機妙」といったことわざがあるが、そこに目に見えない微妙なつながりを感じ取れるのは日本人としての誇りであり、これこそご縁文化の肝になるもので、日本が世界に誇るトレイド・シークレット（企業秘密）である。冒頭で『あの頃日本人は輝いていた』にふれたが、この「日本のご縁文化」がある限り、現在でも日本人は世界に輝いている。

特に21世紀は、グローバリズムとナショナリズムが相克し混迷の時代に突入している。ここでは欧米型キリスト教先進文化や中国やロシアに代表される独裁専制文化でなく、日本独自の「ご縁を尊ぶ文化」こそが世界のインテリ層から羨望の目でみられており、我々は大いに自信を持ってよいと思う。

	ご縁	ネットワーキング
地域	日本独自	日本以外の国
発想の源泉	心、温かみ、義理人情、日本的仏教、神道（神仏習合、多神教ベース）	頭中心、物理的、ビジネスライク、キリスト教
考え方	上から頂戴する、感謝、有り難い	損得を優先、ビジネスライク世界中の人脈
範囲	見えない世界の働きも含む書縁、自然など物も含み広い、縦の縁（生前、死後）、同郷、同窓、師弟、先輩、後輩	見える世界の人脈中心人脈中心で範囲狭い横の縁（現世中心）
態度	受動的、アナログ	能動的、デジタル
意図	計らわずして、ご縁がないといえば諦める	個人的な計らいによる、切る時は論理的説明が必要
ツール	フェイスtoフェイス基本浪花節的人脈	ＳＮＳなどＩＴの多用ＭＢＡの人脈など

第１章

日本人は「ご縁」の中で生まれる

日本人はご縁の中で生まれ、ご縁の中で息し、ご縁の中で死んでいく。そこには生まれる前から、生まれてからだけでなく、死んでからも命の流れが続いており、この間も人はご縁を紡ぎ続けているのだ。

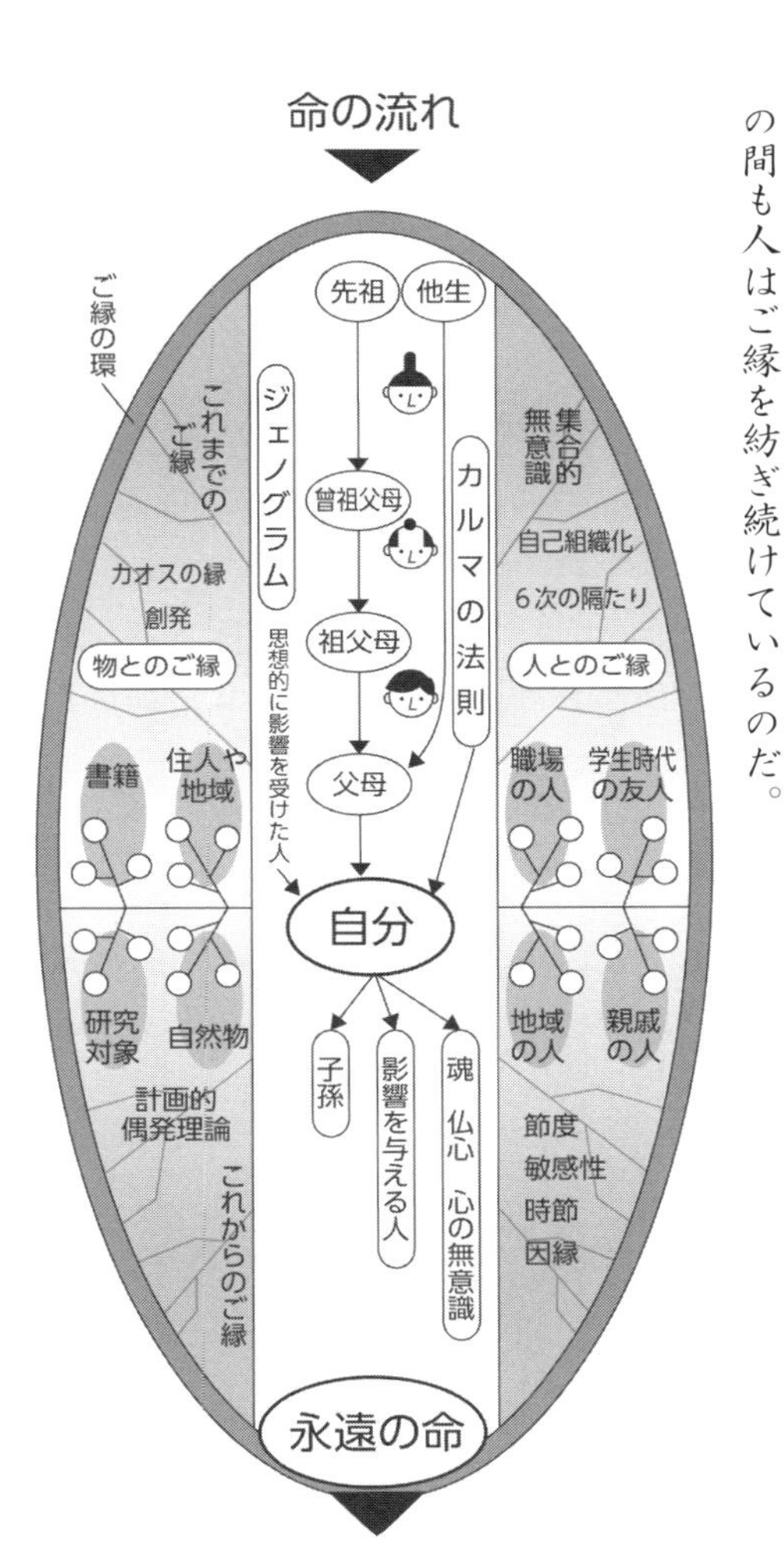

四代の恩讐のご縁を示すジェノグラム

▼山田家の家業の事業承継

曽祖父から四代目までの承継

私の友人の山田さん（仮名）は現在経営コンサルタントとして活躍しているが、彼の実家は四代100年以上も家業が続いている商家である。人によって差はあるが、私たちは先祖からのご縁の影響を大きく受けている。

山田家の家業の事業承継とその人間関係の複雑さを通して先祖とのご縁の関係を見てみたい。

「私の曽祖父の富左衛門は明治14年、岐阜県の白川郷の山田家の五男に生まれました。当時の山村では長男のみが嫁取りして家を継げますが、それ以外は養子に行くか、手に職をつけ自活するしかなかった、と聞いています」

―山田さんの家は四代100年以上も家業が続いているそうですね―

「彼は成長するなかで木工技術を身に付け、明治30年に富山で大火事があった時に、そこに行けば仕事がたくさんあったので、仲間と一緒に村を離れたそうです」

「その後転々としましたが、北陸A県の県庁の所在地のA市に定住。そして大工・建具・指物（さしもの）師として仕事を始め、この定住した年を山田家の創業年としています」

「彼は技能に秀で商才もあり、弟子も多数養成し、昭和の初めにはA市の家具製造部門の筆頭格にまで家業を成長させました」

―山田さんの祖父にあたる二代目はどうされたのですか―

「初代に子どもがいなかったので、知り合いの職人の家から、5歳のときに妹と一緒に山田家に養子に入りました」

「彼は頑張り屋で倹約をしながら家業に精励しました。太平洋戦争の時の徴用、戦後の大地震など大変苦労はしましたが、昭和39年には製造部門のみならず、婚礼家具販売ではA県の筆頭まで家業を発展させました」

「祖父は先妻を亡くした後の昭和16年に、私の祖母にあたる人を後妻にもらいました。彼女は高等女学校や短大を卒業し教養のあるしっかりした人で、私はこの祖母に厳しくも暖かく躾（しつ）けられながら成長しました。その躾けとは祖父の指示のもと、丁稚並みの仕事をさせて躾ける方針で、5歳のときから茶わん洗い・風呂焚き・ごはん炊きを手始めに、店・工場の清掃、帳面つけなどいろいろと教えられ、行っていました」

―5歳といえばまだ子どもなのに大変だったでしょう―

「そうです、祖父が5歳で養子に来て、すぐ家事や家業の手伝いを始めたので、5歳で私も手伝いを始めました。しかし一方で祖母は世間話をふくめ、外交の仕方や取引先の対応などをよく話してくれて、これは結構後で参考になりました」

―三代目はどうでしたか―

「父に当たる三代目は昭和4年生まれで二代目の長男でしたが、父の実母は若くして死去して、その後迎えられた継母（私の祖母）とは性格が合いませんでした。さらに、二代目の祖父と三代目の父は仕事の上で考えが合わず親子喧嘩にもつながり、私も子どもの時に嫌な思いをしました。ついに昭和40年には祖父と祖母が山田家を出て行き、他で雑貨屋とたばこ店を創業。家族がばらばらになってしまい子ども心にとても悲しい思いでした。三代目はビジネスに関しては東京の有名百貨店への直取引に成功するなどよいこともありましたが、概しては大型家具店の勃興、組合家具センターの出現の時期で商売は苦労しました」

―山田さんは四代目として家業を継ぐべき立場でしたがどう育ちましたか―

「私は子どものときから家事や家業を手伝いながら、私立高校を卒業しました。母親からはお前は家業を継ぐので良い大学に行くなとよく言われましたが、父の勧めで慶応大学の商学部に入学し、東京で4年間を過ごしました。卒業後は家業見習いのために三重県の家具チェーン店に就職。3年間の見習いを終えて家に戻されました。父のワンマン体制の下、祖父母や社員との関係性を含め家業に対する考えが合わず、仕事もかみ合わず、身が入らない状況でした。それで祖父母の勧めもあり、早稲田大学ビジネススクールで経営の勉強をしたり、内観研修施設に行くなど精神的にうけたダメージの解消を図りました」

そしてついに「お互いに自由に生きた方が良い、依存と縛りの関係から脱皮しよう」と平成2年に決意して山田さんは家を出た。

その後四代目の事業承継については、銀行に勤務していた弟さんが家業を継いで、現在経営も順調に推移しているとのことである。昨今、家具業界は消費需要が大きく減少し大変なことと思う。しかし今、山田さんの実家は１１０年も続く老舗として地域での存在感を高めている。後述するが、このことは山田家が先祖のご縁に守られていると言えるのではないか。

先祖のご縁関係を示すジェノグラム

さて、家業が発展している時に山田さんは生まれたが、ご先祖からのご縁に大きくしばられており、「子どもの時から自由もなく精神的には苦労が絶えなかった」そうだ。

「小学校二年生の時には、父の所業に腹を立てた祖父母が実家を出てゆき、心底淋しい思いをしました。母親が一時実家に帰ってしまったこともありました。親子・親戚関係の問題、社員や家業の問題もあり、いいようのない虚しさと戸惑い、悲しみの中で、とにかく親子仲良く、争いのない家族、貧しくとも楽しい我が家、いつつぶれても誰にも迷惑をかけない、社員と仲良く……そうあってほしい」

「父は気に食わないことがあるとすぐ怒り、私は小さい時から手だけではなくソロバンや家具材・一升瓶など身近にあるものでなぐられながら育ちました」

「父親の言うがまま家業に入りましたが、考えがまったく合わず苦労をしました」

曾祖父、祖父、父親そして自分につながるご縁が連綿と絶えず、その影響は山田さんの人生や生き方にとても大きなものであったと思う。

山田さんが大学四年の時、就職を考えている彼に父親は「家業を継げ。言うことを聞かないのなら、親子の縁を切る」と言った。その時、これで自由になれると思い、本当に嬉しかったという。しかし同時に、祖父と父の関係を繰り返すことに思いがいたり、踏みとどまり、就職をやめて家業見習いに行った。

「今まで丁稚（でっち）同様の仕事、大学進学、就職などまったく自分の意思で行動できず、父親との関係で心が塞ぐばかりで心に大きなトラウマができてしまった」

山田家ジェノグラム

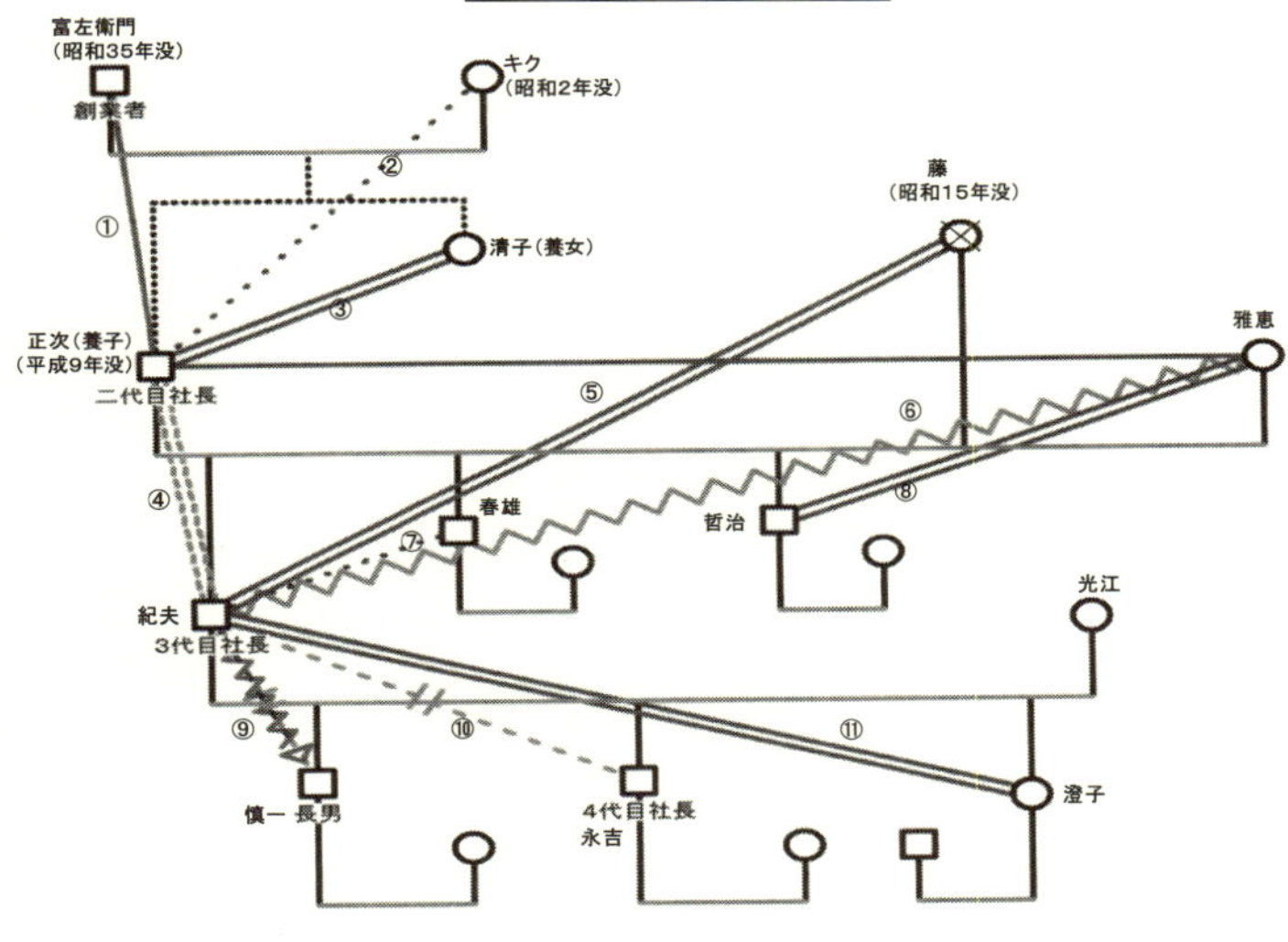

上図は山田家四代のご縁の人間関係を示すジェノグラムを山田さんが作成したものである。ジェノグラムはもともと家族理解や相互援助のために数代の家族の人間関係を示したものだが、自分の先祖とのご縁の関係を分かりやすく示した表になっている。とくに三代目とその長男の山田さんとの関係は対立している。いずれにせよ、ご先祖とのご縁の関係を表すのにこのジェノグラムほど最適なものはない。人物の関係性は次の通りである。

・創業者：山田富左衛門（昭和35年没）　妻：キク（昭和2年没）

・二代目社長：山田正次（養子、平成9年没）　前妻：藤（昭和15年没）、後妻：雅恵（平成22年没）　妹：清子（養女）　次男：春雄、三男：哲治

・三代目社長：山田紀夫（平成27年没）　山田光江　長男：慎一

・四代目社長：永吉（平成8年入社、14年社長就任）、長女：澄子

①富左衛門と正次：線では「信頼（一本線）」関係としている。実際には、妹とともに養子で迎えられた関係があり、「服従（いうことを聞かなくてはいけない）」関係が強かった。争う関係はなかった。
②正次とキク：「疎遠（点線）」関係を示している。
③正次と清子：「親密（二本線）」な関係。正次は清子を守らなければならない存在と思っていた。
④正次と紀夫：事業を進める上で「融合－敵対」関係にあった。もっと言うと紀夫は正次を攻（責）める存在であった。
⑤紀夫と藤：「親密（二本線）」な関係で、後妻との対立につながっている。
⑥紀夫と雅恵：「対立」関係としている。紀夫は雅恵を毛嫌いしていた。
⑦紀夫と春雄：「疎遠（点線）」な関係。
⑧雅恵と哲治：「親密（二本線）」な関係。幼い頃に後妻が母親となったため円滑な関係であった。
⑨紀夫と慎一：支配関係を作りたかったと思われる。そのため「虐待」や「断絶」関係につながった。
⑩紀夫と永吉：「断絶」または「疎遠」な関係であった。但し、入社後に関係性が変化している。
⑪紀夫と澄子：「親密（二本線）」な関係。山田家最初の女の子として可愛がった。

ご縁というのは不思議なものである。山田さんの話を聞きながら、「経験した家族の精神的な軋轢やご縁は現在の彼の仕事に大きな肥やしとなっている」と感じた。山田さんは言う。「ご先祖のご縁には非常に有り難く安心もしていると共に、経営コンサルタントとして中小企業のビジネスをよく理解できる。そして父親などに辛く当たられたことを反面教師としてとらえ、辛い経験は人間としての幅ができ、経営コンサルタントとしては、精神的に悩んでいる経営者の話を親身になって聞いてあげることができる」

彼は現在、中小企業の円滑な事業承継・世代承継に向けてファミリービジネスを研究している。これも、離れようと思っていたファミリービジネスが向こうから追っかけてきているようで、「先祖のご縁の不思議さを感ずる」と言う。

私たちは一人で生きているわけではなく常に様々な人間関係の中にある。山田さんの体験からは、順調な時の先祖のご縁、苦しい時の先祖のご縁、切ろうと思っても切れない、先祖からのご縁の奥の深さを感じる。

大叔母に助けられ我が家が存続したご縁

▼宗教家釣島らんへの感謝

祖母のような存在感のある大叔母

山田家ほど波乱に富んではいないが、わが釣島(つるしま)家にも、もしそれがなければ私は存在しないという不思議な出来事があった。どこの家でも家系が続くにはそれなりの歴史があり、我々はご先祖からのご縁なしでは存在しないことを忘れがちである。僭越ながら、私が聞いた我が家の歴史を紹介してみよう。

私の父は幼児の頃、ひどい病気になりその頃の医学では手に負えず、ほぼ死にかけたそうだ。

その時、父の叔母に当たる釣島らんがいた。明治元年生まれで、神戸で綿屋のおかみさんをしていた。甥が重体であることを聞き何とか病気を治してあげたいと思い、髪を全部切って、神戸の小野柄道にあるお久稲荷という社に熱心に百度参りをして一心に病気平癒を祈願した。若い女性が髪を全部切るのはそのころでも大変なことで、その祈りが通じたのか、私の父親の息が盛り返し、不思議にも病気が治ったそうだ。

それを契機に彼女の霊道が開け、周囲からの勧めもあり霊能者として歩むことになった。明治32年６月22日、故郷の淡路島の福良町（現南あわじ市）に帰り神理教三原教会を設立し、その後宗教家として活躍することになった。

釣島らんの弟に当たる祖父が、教会設立の頃、その地で彼女の勧めで稲荷店というよろずやを開いた。この店では酒やタバコも売っていた。これが我が家の家業となった。私の一家は長らくこのお店のお陰で糊口をしのぐことができたのだが、ごく最近四代目の甥が１００年続いた家業を廃業した。彼は社会保険労務士として生計を立てている。

私が子どものとき、実の祖父母は既に死去していた。そして釣島らんには我が家しか血縁がなかったため、私は彼女を「おばあさん」と呼び、実の祖母のように接し、彼女も私を孫のように思い可愛がってくれた。

私はおばあさんの教会によく行き、信者と話す姿を見ていた。彼女は「カゴ」と毛筆で書いた半紙を私に渡した。それを我が家に持ち帰り大きな籠を持っていくと、籠いっぱいにお供物を入れてくれた。当時は食糧難の時代だった。私たちは喜んで腹いっぱい食べたものだ。

釣島らんは宗教家（神理教大教正、賞功一級）として成功し、それを顕彰する石像もできた。

私が中学1年の時に、多くの信者に惜しまれながら88歳で逝去した。

おばあさんが父の命を救ってくれなければ、我が家の家業もなかったし、我が家の生計も保たれず、我々家族も世に出ていない。只々先祖のご縁の不思議さを感ずると共に、有難さに感謝するだけである。我が家ではおばあさんの写真に向かって、毎日家内がお水を供え感謝のお祈りをしている。

「才能はないがコツコツと勤勉」が我が家のＤＮＡ

私が直接関係することでいえば、父親が二代目を継いで家業を発展させたが、私が5歳の頃、50歳の若さで亡くなってしまった。当時20歳上の長男が住友電工に勤務してサラリーマンとしては順調な日々を送っていた。兄にとっては大変不本意であったが、我々下の兄弟、姉妹5人を養うために大阪から帰郷して、母親と一緒に家業に精をだしてくれた。この兄が親代わりになり私を育ててくれたのだ。兄夫妻には大変世話になっており、感謝でいっぱいである。頼りない弟が大学の教員になったことを兄に見てもらえず大変残念で、私にとっては心残りになっている。

我が家の先祖からのＤＮＡとしては、才能はないが、何でもコツコツと勤勉に働くことで何とか生活できており、先祖からのご縁の影響を強く感ずる。

他生の縁を引きずるカルマの法則

▼ＮＹ老師と宿縁

誰にでもある前世からのカルマとその法則

２０１０年８月２０日のニューヨークタイムズに「ＮＹ老師が長年女性信者と不適切な関係にあった」という記事が掲載された。

ＮＹ老師は、１９６０年に渡米してハワイ大学に学び、アメリカでのＺＥＮの普及のため、１９６４年の大晦日に警策（けいさく）（坐禅の時に使う棒）一本、仏像一体、現金５ドルだけを持って、「なんとかなるだろう」と単身ニューヨークに乗り込んだ方である。その後、複写機（ゼロックス）の原理を発明したチェスター・カールソンなどの支援を得て、１９６８年にはニューヨーク市内にニューヨーク禅堂正法寺を、そして１９７６年にはニューヨーク郊外に１７０万坪もある大菩薩禅堂金剛寺という大伽藍を建立された。この大菩薩禅堂金剛寺は１９７６年７月４日のアメリカ建国記念日にオープンしたが、当時のニューヨークタイムズは「日本人が大きな禅堂を開いてくれた」と祝福の記事を掲載した。今回の不祥事の記事とは対照的である。

アメリカは女性に関する不祥事件には特に厳しい。最近ではＣＢＳニュースのコメンテーターのチャリー・ローズ、ＦＯＸニュースＣＥＯでトランプ大統領の参謀でもあったロジャー・エールズ、ＦＯＸニュースのコメンテーターであったビル・オーライなどの有名人も女性問題が原因で辞職している。ＮＹ老師もこの問題が報道されてからは、信者の間で老師に対する不信感が起こり、激しいバッシングもあった。それで半数以上の信者が老師から離れ、老師は両寺の住職を２０１２年に辞任されている。

ロジャー・エールズやＮＹ老師のような立派な方が、どうしてこのような不祥事を起こし、志半ばで退任しなければならない状況に立たされるのかよく理解できない。

もちろん本人自身の素行に問題があるのだが、その裏でカルマ（業（ごう））の原理が働いているのではないかと思い当たる。我々は同じような過ちを繰り返すことが多いが、これは前世から持ち込んだカルマ（業）の働きであると思う。

私自身を見ても、ある面では恵まれていてうまくゆくが、ある面では何回も失敗して苦労しており、どうしてこのような失敗を続けるのか分からない。何らかのカルマの法則が働いているのではないか思うことがある。

人生を振り返ってみると、どうしてこうなるのかと思うほどに同じような災難がこれでもか、これでもかと襲ってくる。病苦に悩まされている人、女性問題を起こす人、金銭問題のトラブルを抱えている人……。それも同じ問題が繰り返されたりする。私も何度もケガをしたり、人間関係のトラブルを繰り返したり、試験にことごとく落ちたりして、自分はどうなっているのかと悩んだことがある。この過ちや災難は人それぞれに同じことを繰り返しがちで、それからどうしても抜けきれない。特に女性問題などで、自分の意思を超えて何回も失敗する人は、自分の不徳もあるが、一方ではカルマという宿縁（しゅくえん）が働いているような気がする。

カルマの法則について説明しよう。身、口、意の三業（カルマ）という。まず、①身業は身体で行った悪行、②口業は口でしゃべった悪業、③意業は心で思った悪業である。人の悪口を言ったり、人を陥れたり、悪だくみを実行はしなくとも心で考える。この三悪業は誰でも大なり小なり起こすものである。さらに貪、瞋、痴の三毒がある。①淫欲、財欲、名誉欲、②怒り、③愚かさである。これも誰でも持っている。我々はどうしてもこの三業、三毒から抜けきれず、これを繰り返してしまう。キリスト教でいう原罪と共通点があると思う。

どうしてこのようなことを繰り返すのか。仏教では宿縁、カルマ（業）によるものだと説明している。宿縁の怖さについてこんな話がある。お釈迦さまの生まれた釈迦族は小国でコーサラ国の属国になっていたが、コーサラ国は釈迦族を滅ぼすべく、三回進軍してきたが、その道端にお釈迦様が立って進軍を止めたそうだ。しかし四回目となると、これは宿縁の仕業でどうすることもできないと諦め、釈迦族は滅ぼされたという。

お釈迦様でも宿縁には逆らえないという有名な逸話である。その宿縁（カルマ）は因果論では次のように説明している。

来世にもつながる宿縁

それは十二縁起論というもので、小乗仏教（上座部仏教）ではこれを胎生学的（人の誕生）に解釈して、前世において無明（根本的無知）と行（どのような行為をしたか）が原因となって、現世にその結果が、宿縁となって現れていると説いている。しかし、前世の最初の二つの縁起が、現世の行為に影響するという胎生学的解釈を、現在批判する仏教学者もいる。いずれにせよ、仏教の因果論では我々が前世で原因を作った三業、三毒は消し去ることが出来ず、その結果を我々自身で引き受けなければならない。これを別名宿縁と呼びそれを背負わなければならないと説いている。しかし、前世で生じたカルマ（業）は今世で行いを正しくすればそれを償うことができ、それが今世の目的とであるという人もいるが、なかなか、それが実行できずに同じ過ち繰り返す人も多い。

私の修行してきた禅宗では懺悔文（さんげもん）というお経を毎朝読んで懺悔して悔い改めるよう唱える。この懺悔文の現代語訳は「私が、過去に行ったあやまちは、全く初めもわからない深い貪り、怒り、愚かさ（三毒）によります。それは、身体の行い、口の行い、心の行い（三業）から生まれたものです。全てを、私は今、仏様に照らされて悔い改めます」という意味のお経である。無意識にこのお経を読み続けてきたが、なかなか悔い改めるのは難しいことである。

この因果論に関しては、禅宗では有名な公案書の『無門関』の第二則「百丈野狐（ひゃくじょうやこ）」に面白い話がある。ある人が「厳しく修行して悟りを開けば、因果の関係に落ちないか？」と問われたそうだ。その人は「因果関係に落ちない（不落因果（ふらくいんが））」と誤って答えたところ、その人は五百生（五百回に生死）も野狐（やこ）に落とされてしまったという。その後、野狐になった人が中国の有名な禅僧の百丈禅師に参禅し、禅師が「不昧因果（ふまいいんが）といって結果には必ず原因があり、因果は昧（くらま）せない」と教えたところ、野狐はそれではっと気が付き大悟し見事に人間にもどったという話である。ちなみに、松江藩に不昧流のお茶で有名な松平不昧公という殿様がいたが、この殿さまの雅号はこの因果をどうしても昧ます（昧）ことができないという故事からとった名前である。

因果論が絶対かどうかは難しい問題であるが、因果を昧（くらま）すことができないという不昧因果の法則が働いているとすれば、人は生まれ落ちたときに我々が背負う宿縁もなんらかの形で背負っているのかもしれない。NY老師は生前、「私の過去生はなんであったか、よくわかっている」と言われていた。NY老師の女性問題をカルマの法則のせいにすると、反論も多く、他の原因もあると思うが、カルマの法則も一つの原因であったに違いない。

NY老師は私の長年の禅の師匠で、アメリカで老師が四方からバッシングを受け住職を辞められた後に来日された。老師が私に「いろいろとご心配をおかけしました」と謝っておられたので、私は老師に「そのわりにくたばってませんね」と言うと「ワッハッハ！」と笑っておられ、老師の強い精神性に驚かされた。老師は２０１８年２月初旬にも来日され、京都で講演や法話会をしていただき、親しくお話しすることができた。しかしその一週間後の２月19日に老師は名古屋のホテルで急に遷化された。それを聞いたときはただただ驚くばかりで言葉もなかった。

NY老師と彼のスポンサーであったチェスター・カールソンにはこんなエピソードがある。二人がニューヨークの市街を歩いていたときのこと、ある映画館の前に来るとカールソンは急に「Life is strange（人生は不思議だ）」と言われたそうだ。その一週間後、カールソンは夫人とその映画館で映画を見ている間に急死された。私は「人生は不思議だ」という言葉を改めて思い起こしたものだった。

ご縁を紡ぐ名句の意味

NY老師の師匠の中川宋淵（なかがわそうえん）老師は飯田蛇笏（いいだだこつ）の弟子で俳人としても有名であったが、その宋淵老師の俳句に「花の世の　花のやうなる　人ばかり」という名句がある。無常観とともに現世で人々がご縁を紡いでいく様子を述べていると解釈される句である。

　宋淵老師には「不二見えて　あの世この世の　若菜摘む」という難解な句がある。一般的に言えば不二とは二ではないということで、生死が一体（あの世この世もない）と解釈される。長年修行を積まれ名僧と言われた宋淵老師が晩年になって到達した高い心境を述べられた句である。NY老師が宋淵老師に「この句はどういう意味ですか」とお伺いすると、宋淵老師は「曰く言い難し」と答えられたそうだ。

　しかしNY老師は亡くなられる前に「最近になってこの句の意味がよく分かってきた」と言われていた。私はその意味をお聞きすることができなかった。私ごときものが勝手に解釈することがはばかられると思ったからなのだが、もしかしたら「若菜摘む」とは、「あの世、この世でできた新しいご縁を摘む」ということではないかと思う。宋淵老師もNY老師も今頃はあの世で「若菜摘む」のように新しいご縁を摘んでおられるかもしれない。

　いずれにせよ、ご縁というものはカルマの法則により前世も来世も続くとすれば、これほど不思議なものはない。また一口にご縁といっても、よいご縁だけでなく、宿縁（カルマ）という抜けがたい、恐ろしいご縁もあるのだと認識しなければならず、大変奥深いものだと思う。

塞がれた先祖のご縁を克服する

▼阪神・淡路大震災と今西建設・今西恭晟さん

水垢離千日と阪神淡路大震災のときの幸運

日本のバブル経済がはじけたのは１９９０年。今西建設グループの社長今西恭晟（いまにしたかあき）さんは１９９４年１０月頃、敬友である致知出版社社長の藤尾秀昭さんから、神通力があるという佐賀県の龍天宙（りゅうてんちゅう）先生を紹介された。龍先生は半紙に階段の形をした絵を描き、「あなたは、ご先祖さんのご縁と力のお陰で、今まで順調にこの階段を上ってこられた。しかしいま蓋が架かっていますね」と言って万年筆でマークをされた。そういえばバブルがはじけて、所有する不動産の価値が急落しはじめていた。数百億円の借入金もあり経営は苦しいときであった。

すると龍先生は「蓋を取るには、ご先祖に感謝を込めて百日間水垢離（みずごり）をしなさい」と言われた。今西さんは早速その日から毎日朝晩二回、ご先祖やあらゆるものへの感謝の言葉を唱えながら水垢離を始めた。水を被るとしぶきが鋭利な針のように肌を突き刺す厳しい修行であった。

水垢離を初めて92日目に、雑誌『経済界』の創始者佐藤正忠さんに会った。佐藤さんは「私は脳卒中で倒れてから写経を始め、一千巻を目指している。君も千日続けなさい。そうしたら悟りが開けるよ」と言われた。今西さんは水垢離千日を目指すと決めた。

水垢離を実行してから97日目の早朝、尼崎市の自宅が激しく揺れ、倒れてきた本に埋まってしまった。阪神・淡路大震災の激震だ。

「これは大変なことになった」

自宅と会社も被害に遭っているが、６２８３名もの会員を擁する兵庫県宅建業協会会長の要職にあった今西さんは復興対策本部長として地震対応の陣頭指揮を執らなければならなかった。後で分かったことだが、10名の協会員が犠牲になり、自宅や事務所が全半壊した協会員は１６２０名にのぼった。これは協会員全体の25％にあたり、その対応に大わらわであった。

また、住宅を失って困っている人たちに対し有志会員による「仲介手数料無料キャンペーン」を行ったり、被災マンション再建の際の容積率緩和を政府に提案したりした。さらに、ひょうご住宅復興会議の委員として新しい都市づくりへの提言のとりまとめに獅子奮迅された。

今西建設は神戸市の中心、三宮界隈に5棟のビルを所有していた。三宮周辺は１２８棟あったビルのほとんどが潰れ、瓦礫（がれき）の山となっていた。無傷で残ったのはわずか20棟だけであった。今西さんは5棟の自社ビルが心配だったが、なんと5棟とも無事であることが分かった。しかも常識では考えらないことが起こっていた。道を挟んだ向かい側のビルが倒壊したのだが、真っすぐに倒れず今西ビルをかすめるように斜めに倒れたのだ。確率からいえば、５棟のうち４棟が倒壊しても不思議ではなかったにもかかわらず、５棟とも倒壊を免れたのは驚くほかなく、このことは新聞でも報道もされた。

倒壊を免れたのは、「百年持つアートオフィスビル」というコンセプトで、一流の建築家、一流の設計事務所、一流のゼネコンで施工した丈夫なビルだったからなのだが、今西さんは理屈を超えた何か不思議なご縁を感じたという。それは当事者以外にはなかなか信じられないことだが、こんな不思議な出来事があった。

一つは先に述べた佐賀の龍先生からの震災3日後の電話である。

「神戸のビル全部残っとるでしょ。あなたは兵庫県・神戸市の復興のために生かされている」

この時、今西さんはまだ三宮の現場を見ていない。そして奥様からは、「うちの庭の石灯篭が5つも倒れている。神戸のビルの身代わりになってくれたのかもしれない」と言われた。今西さんもはっと思った。石灯篭を元通りに立て起こし、感謝をこめてお酒をお供えしている。今西さんは私に「あの時、ビルが1棟でも倒壊していれば、今の今西建設グループはない」と言われた。ご先祖への感謝と共に不思議なご縁を感ずる忘れ難い出来事であった。

阪神・淡路大震災の直前に始めた今西さんの水垢離は、大震災の後遺症も乗り越え、周囲の人の応援もあり、三千日の間続けられた。そして禅の師匠の長岡禅塾塾長の半頭大雅老師から、そろそろ十分だろうというお言葉を賜った。こうして水垢離は友人知人のお祝いの会をもって三千日で終了した。

3人の師匠との出会いとその教え

さて話を最初にもどすが、今西さんはいつも「私はご先祖のお陰で」と口癖のように言われていた。

今西さんは、奈良県の吉野で室町時代から続く上明代家、今西家をご先祖に持つ家に生まれた。父上は中国の北京、満州、朝鮮で原木卸商を営む事業家で、その方面ではかなり成功し財を築いたが、終戦で外地資産は没収されてしまった。昭和22年2月10日、今西さん一家5名は裸一貫、最後の引揚船「興安丸」で、北京から奈良に帰国した。しかし、高齢の父上は帰国後6月に逝去した。

戦後の食糧難で、母親の女手一つで子供3人を育てるのは大変厳しく苦難の日々が続いた。とても進学などできる状況ではなかったが、奈良県の郡山小学校の六年担任の矢尾一治先生の「この子は優秀なので中学へ進学させるべきだ」という熱心な勧めのおかげで、郡山中学に進学することができた。進学してからも郡山中学の星野宏朗校長が今西さんの素質を認めてくれ、いろいろバックアップしてくれた。その後高校、大学まで学ぶことができたのは「不思議なご縁と先祖の力であるとひしひし感じる」と今西さんは言っておられる。

今西さんは縁あって、建設不動産のビジネスの世界に入るが、20歳前半に人生の師匠とも言うべき3人の人物に出会う幸運を得た。一人は、東武鉄道グループの創業者根津嘉一郎(ねづかいちろう)の弟子であった田中塩海(えんかい)である。今西さんが大阪で借家した時の家主で、彼から「この世で大変というものはない。自分の命がとられそうになるとき以外は〝小変〟に過ぎない」と教えられた。今西さんは田中氏に誘われ一緒に事業もはじめるが、「建設不動産業はクレーム産業であり、クレームのたびに騒いでいては事は収まらないので、この言葉は問題処理に当たる気持ちに余裕を与えてくれた」と言っている。その後、田中氏の了解を得て会社を引き継いだ。

二人目は、銀行関係の役員をされその後上場企業の会長になった長野紀一である。「個人的に貸し借りするな。保証人になるな。手形をきるな。男気を出しすぎるな。政治に深く関与するな」。そして「一流の場所にビルを建て、社会に評価される事業と信用の創造をしなさい」と教えられた。

最後は、有名な経営コンサルタントの田辺昇一で「人生は人脈の総決算である」と、人のご縁の大切さを教えてくれた。

私からみると、今西さんこそ、この3人の師匠の言葉を忠実に実行されており、今日の成功はこの教えの賜物であった。今西さんはバブル崩壊による倒産の危機を先祖の縁と力で見事に乗りきった。現在は大阪防衛協会の理事長など多数の要職を務められ、平成15年には旭日双光章の叙勲、平成25年には天皇皇后両陛下のお招きで春の園遊会に招かれており、ある意味では位階人臣を極めている。

ご縁―不思議な力は継承されるもの

2012年に出版された『魂に響く108の言葉』（プロセスコンサルティング）では、渡部昇一、船井幸雄、田辺昇一、藤尾秀昭、眞島弘、渡邉五郎三郎などの有名人から推薦文を貰っている。

今西さんは「人生の先輩の方々から可愛がられ、一流を目指して、事業家、業界各界のリーダーになれたのは、先祖のご縁と周りからのお力添えのご縁という不思議な力の一言につきる」と謙虚に言われる。

話を聞いていて強く感じたことは、彼は先祖や周りの人から受けたご縁を、自分だけのものにするのではなく、周りの人や子孫にご縁を継承していこうと努力されていることだ。それで今西さんは「輪廻（りんね）という言葉があるが、私たち人間は、この世に生まれると同時に生かされているのだと思う。先祖から何かを引き継いでいるのである。それは有形な財産ではない。そういう物質的なものではない無形の財産と何かを引き継いでいると、私は経験的に確信している。そのように自分に引き継がれるものがあれば、私はそれを自分の子孫に対して徳を積んでゆかなければならない」と述べている。このような信条からギブ&ギブの精神で、他人様へのお役に立ち、徳を積むことを実践してこられ、現に私なども今西さんに大変お世話になっている。

また子孫にご縁を伝えることでも、ご子息で後継者の今西建設グループの社長今西頼久さんはお孫さんと一緒に、毎朝6時にご先祖さまの祀られている神棚に祝詞を奏上し、「大学」の素読や、中村天風先生の『誓詞』等を素読、父子相伝に努めておられる。さらに毎月一回、ご子息やお孫さんと一家でご先祖の墓参りをされているそうだ。

今西さんは東京、大阪、神戸などで多数のオフィスビルや分譲マンションの事業をされ、その信用と財産を子孫に伝えておられる。そして大事なのは先祖からのご縁で、それは一代で終わるのではなく、周りの人々や子孫に何代にも亘って引き継がれていくものだと強く感じた。

200年前の先祖に会われたご老師の縁

▼ご先祖様に出会った山川宗玄老師

蔵の中から発見された「関山詞林集」

岐阜県美濃加茂市にある正眼寺は、京都の妙心寺のご開山である関山慧玄(かんざんえげん)国師が隠棲していた所で、妙心寺の奥ノ院ともいわれる名刹である。現住職山川宗玄老師にお会いするためＪＲ高山線の美濃太田駅で降り、タクシーで約15分、山内に到着した。本堂に向かう途中には正眼寺短期大学の校舎がある。境内はごみ一つなく掃き清められており、そこには禅寺にふさわしい静寂があった。ちょうど7月の接心（一週間の特別修行期間）中であったが、ご住職で正眼短大の学長もされている私の禅の師匠山川老師にお時間をいただいた。

山川宗玄（やまかわそうげん）老師は先師の谷耕月（たにこうげつ）老師が病に倒れられたことで、平成6年に正眼寺の新しい住職として入寺された。数か月後に寺の裏にある蔵の中で行事に必要な軸物を捜していると、小振りの箱が偶然手に触れた。表書きを見ると「関山詞林集」と書いてあった。老師は「ああ、これか……」と安堵した。

正眼寺は、江戸時代に美濃伊深村の領主で大身旗本であった佐藤駿河守吉次が現在の寺領を寄進したことが基になってできたお寺であった。それで佐藤駿河守を寺の開基として今までお祀りしてきた。佐藤家は現在も続いており、そのご子孫から山川老師に電話があり、「佐藤家の家系を記録整理したいと思っている。それに関連し、駿河守の１５０年忌に関係者がお寺に集まり法要をした時、縁ある１５０人の人達が記念に唱った短歌が書かれた巻物が作られたと古文書にある。『関山詞林集』という巻物がまだ正眼寺にあるか調べてくれないか」と言ってこられたのだ。やっと見つかったこの「関山詞林集」は長さ四、五メートルもある和紙の巻物であった。

それは１５０人の短歌が書かれた詩集であった。「この古文書に間違いない」と思った山川老師は巻物を開いて中を見始めた。歌の下には作者名が記されている。何気なく目を移していくと10番目ほどの所に「田朝」という名前を見つけた。「これはもしかしたら」と山川老師は目が点になった。

田朝という名前になぜ目が留まったか。江戸時代に米津氏という、久喜藩や長瀞藩の藩主であった石高1万5000石の譜代大名がいた。この譜代大名は歴代の藩主に「田」という名前をつける人が多い一族であった。米津氏は菩提寺を武蔵国前沢村（現東京都東久留米市）に建立していた。寺号を米津寺とし、開基は当時の藩主の米津田盛である。現在でも米津氏歴代当主の墓が残っており、米津家墓所は多摩地区唯一の大名墓所で東京都の史跡に指定されている。

明治維新を迎えると、米津家も明治政府から子爵をさずけられ華族となるが、大名でなくなったため菩提寺としての米津寺の維持は大変になってきた。

そこで米津家はお姫様である米津サダを、臨済宗妙心寺派の米津寺に入れ、当時の住職清源和尚を養子として夫婦とした。そこに一女が生まれハルと名づけた。このハルが成長してから更にお寺を継がせることにした。そして埼玉県の野火止にある平林寺で修業した名古屋出身の山川宗端和尚を住職に迎え入れた。米津ハルは山川和尚と結婚して山川ハルとなった。

この夫婦には男4人、女4人の子がいたが、その一人が住職を継いだ。それがなんと山川宗玄老師のお父様であった（山川老師は山川ハルの孫）。もしかしたら佐藤駿河守一族と米津氏との交流があり、巻物に名前のあった田朝は米津氏の一族の方かもしれないと直感し、目が点になったのであった。そこで、現在の米津寺の住職である山川老師の弟さんに電話し、「米津氏に田朝という方がおられたか」と聞いてみると、「確かに田朝さんは8代目」という答が返ってきた。

山川老師は、「田朝さんは自分の先祖にあたる方だ。しかも私がこの度住職となった正眼寺の開基である大身旗本の佐藤駿河守と交流があり、その開祖の１５０回忌に出席し短歌まで残されているのです」と言われた。１５０回忌が行われたのは約２００年前であり、２００年後に住職になる正眼寺で自分自身の先祖に出会ったことになる。なんというご縁であろうか。

目に見えぬいくつもの偶然の重なり

山川老師は埼玉大学の理工学部を卒業され、ご縁があって昭和49年４月10日に岐阜県の正眼寺専門道場に掛塔（入門）、初めて岐阜県に足を踏み入れることになった。雲水としての修行三年目半ばを過ぎ、当時の住職で臨済宗妙心寺派の管長でもあった梶浦逸外（かじうらいつがい）老師の隠侍（老師のお世話をする人）となり、京都の本山に派遣され老師にお仕えした。その後、正眼寺は梶浦逸外老師の後を嗣いだ谷耕月老師が住職として活躍されるのだが、平成６年夏に谷老師はご病気で倒れられた。当時山川老師は和歌山県由良の興国寺の住職をされていたが、思いがけず正眼寺に呼び戻され、遷化された谷老師の後をついで正眼寺の住職を引き受けることになったのである。

先に述べた佐藤家から「関山詞林集」の問い合わせがあったのは、住職になったばかりのときだった。正眼寺の蔵にはそれまで一度も入ったことがなく、しかも谷老師からは引き継ぐ間も余りなく、蔵の内容について何も聞かされていなかった。それで、佐藤家の問い合わせには、暇があれば探してあげようと思っていたところ、たまたま蔵に入る用事があったのである。

山川老師が正眼寺に掛塔したのも偶然であり、ちょうど住職になったばかりの時に佐藤家からの問い合わせがあったのも偶然であり、当日蔵に出かけたのも偶然であった。田朝が詩の10番目ほどにあったから目に留まったが、中盤や終わりの方であれば見逃していたに違いなかった。

このように、偶然のご縁が多数重なり先祖の作った短歌に出会うことになったのも不思議というしかない。人と人とのご縁、物と物とのご縁、そして人と物とのご縁が、我々には見えない世界で何重にも網のように張りめぐらされており、ある時にこれが繋がっていくのだ。これはあるいは仏教でいう時節因縁が熟してご縁が繋がっていくということなのであろうか？

商人道を守り続けた京都の老舗のご縁

▼「先義後利」の家訓を守る半兵衛麩

330年続いた老舗の守り

大阪から京阪電車で京都に向かい、清水（きよみず）五条の駅で降りると、牛若丸と弁慶との出会いで有名な五条大橋がある。「京の五条の橋の上　大の男の弁慶は……」。私が子供の頃によく歌った歌だ。その橋のたもとに半兵衛麩（ふ）の本店がある。麩尽くしの美味しい料理が人気で、ランチを食べようと思ってもかなり前から予約しないと席がないほどである。

このお店は元禄二年（1689年）から約330年も麩づくりを続けてきた老舗で、現在の

11代目当主の玉置半兵衛さんにお会いできた。

—半兵衛さん、どうして、３３０年も商売が続いたと思いますか—

「材料にこだわり、時代の変化とともに麩を発展させながら、丹精を込めて伝統の味わいと技を守り続けてきたからだと思います。また先義後利と言って、義を先にして利を後にする家訓を代々守ってきたからだと思います。さらに社是として、『人に感謝、物に感謝、ご縁に感謝、自然に感謝』と〝感謝〟の精神を社員と共に徹底してきたからだと思います」

—「ご縁に感謝」とはどのようなことですか？—

「私が父親に子供の時に言われたのは、『あんなぁ、よおぅ聞きや。お父さんやお母さんがお前に恩を着せる意味でいうのではないが、お前がこの世に生まれたのは木の股から生まれてきたのではないのですよ。お父さんにも先祖があり、そのまたお父さんがありそれを先祖とよぶのです。その先祖のお陰で何百万個の中から一枚の宝くじが当たるような確率で人間に生まれてきたのです』と、まずこの世に生まれたご縁に大いに感謝をしなさいと教えられました。当時は戦争中でだれでも軍隊に行き、お国のために死ねと教えられた時代に、このように命を粗末にせず大事にしなさいと父親が教えてくれたのはありがたいことでした。

　加藤勝彦という命の大切さを描いた画家がいました。現在この店にも自宅にもたくさんの絵を掲示しています。彼は満州から命からがら、日本に引き上げてきた体験の持ち主です。昼間に行動すると襲撃を受けるので死体の中にわざと潜り込んで、夜に歩いてきたそうです。どうしてこのように頑張ったかといえば、死んだ友達などを供養したいという一心、必死の思いで日本に引き揚げてきたそうです。そこの壁にも〈無事〉という大きな絵を掲げていますが、彼は現在生きているご縁ほど幸せことはないといつも感謝していました。私もこの絵をみると、いつも生きている事への感謝こそがご縁の始まりであると思います」

「しかし戦争が始まった時には、麩の原料の小麦粉が軍の食料になり一切入ってこなくなりました。さらに焼き釜や粉を練る機械を父が国へ供出してしまい麩が作れなくなりました。それで十何年間も商売ができず、資産の売り食いで凌いだもので、大変苦しい時もありました」

「今のように商売ができるのは、３３０年も続いてきた先祖からの暖簾のご縁によるものだと思っています。ご先祖さんは大宮通りの上立売で商売をしていたと聞いています。広い区域なので上立売のどこで商売を始めたのかいつも知りたいと思っていました」

　ある日の昼ごろ、本社から五条のお店に帰ってくると、「社長、いい時に帰って来られましたなあ。幼い頃の友達という人が待っていますよ」と言われた。「久しぶりやなあ」とその友達としばらく歓談していると、たまたま横に居られたお客様が「ご主人、こんなもん持ってますが、見てくれませんか？」と言って、２枚の古文書のコピーを渡してくれた。それは四つの町内の石垣が崩れたときの分担金の協定書であったが、そこに「安居院前之町年寄麩屋半兵衛」と書かれていた。麩屋半兵衛とは我が家しかなく、それはまさに我が家の創業の地を特定するものであった。

　その後同じような資料が京都市の資料館でも見つかったが、麩屋には製造上の理由で必ず排水のため周囲に川が必要なのだが、そこには川がないので疑問に思っていた。もっと古い大きな地図で調べたところ、なんとそこには川があり、その後、川は埋め立てられていたのだ。こうして、間違いなく創業の地であることが分かった。

どうしてこのように創業の地が見つかったのか、その時は不思議に思った。①半兵衛さんはもともと創業の地はどこにあるか知りたいと常々考えていた。②いつも本社中心で仕事しており、本店に帰って来るのは一週間に一回ぐらいで珍しいことであった。③ちょうどそこに友達が尋ねてきており、④さらにその町の町内会の会長をされていた方がお客として来てくれていた。しかも数秒違えばすれ違うところであった。このように４つもの偶然のご縁が重なることは珍しいことだ。「これはきっと私の思いが先祖に通じて、先祖が引き合わせてくれたのだと思った。こうしたご縁こそ大事であり、それこそ生き方の最高峰としてこのご縁を大切にしなければならない」と思ったそうだ。

家訓「先義後利」と石田梅岩

半兵衛さんがなぜ先祖のご縁を大事にするかといえば、「先義後利」という教えによるのだと思う。半兵衛麩の家訓は、江戸時代を代表する商人哲学の提唱者、石田梅岩（いしだばいがん）の「石門心学（せきもんしんがく）」に基づいて制定されたものである。この「先義後利」の教えはもともと中国の「荀子」に出てくることばであったが、「商人として真っ当な道を先に行い、自分の欲は後にしなさい。嘘をついたり人を騙したりして金儲けするような人の道に外れたことをしていたら、商売を続けていくことができない」という意味で、この荀子の言葉を引用して石田梅岩が石門心学の金看板にしたものだ。

石門心学は、正直、倹約、勤勉などを分かりやすく説き、商いの利潤は武士の俸禄と同じく正当に請求できるという教えである。三代目の三十郎は深くこの教えに傾倒した。石田梅岩の弟子の杉浦宗恒に師事し、雅号の「宗心」をいただき、さらに二人の娘にも「梅」「岩」と名付けた。半兵衛さんの家の仏壇を開けると位牌に2人の名前があるそうだ。三代目はなぜ石門心学を熱心に勉強したかといえば、初代は御所で食事を準備する大膳寮で麸づくりを勉強し、お金も信用もない中で、苦労しながら麸づくりの商売を始めた。二代目は元禄の華やかな時代でもあり、商売を父と嫁にまかせ、自分は三味線の師匠をして生計を立てていたそうだ。三代目はそれを見ていて、母親に孝行したいと思い一所懸命に商売をはじめ石門心学を熱心に学んだ。彼は「先義後利」を玉置家の家訓として定め、三代目は四代目に、四代目は五代目にと、代々玉置家に伝えられ続けてきたのである。

半兵衛さんは子どもの頃から父親に「あんなぁ　よおぅきや」といろいろな話をしてもらった。

「始末とケチとは違う。ケチというのは要るもんも使わない。町内の寄付や一緒に何かするときも『うちは金がおへん』と言うて出さないのはケチや。そうやのうて、始末して残したお金を、役立つのならどうぞ使ってくださいと、ちゃんと出してあげなあかん。始末は決してケチやない。倹約なんや」

「便所というものは動物の葬式の場所なんや。だから綺麗にしないとあかん。人が便所を貸してと言わはったら、汚れていたら恰好が悪いから綺麗にするのではない。必要な栄養を全部お腹に入れて、最後にどうにもならんようになったものがお尻からでてくる。そのうんこを見てああ汚いなんて言うたらあかん。お父さんは毎日、便所から出てくるとき『ありがとうよ。すまんな』と言うて手を合わせて出てくるねん。あなたも昨日食べた海老さんや鶏さんに『おかげさんで生きさせてもろてます。有難う』と言って手を合わせて出といでや。そういうことの積み重ねで命の大切さが分かってきて、思いやりの心になっていくんやで」

「心にやましいことや悪いことはしたらあきません。それは誰かが『見てござる』と言って、誰かに見られているのだ。誰かとは神さんや仏さんかもしれないが、いや神さんや仏さんではなく自分自身のことで、自分が一番よく見ているのです」

「だからといって人を育てるばかりでは商売が成り立ちません。お金がないと商売が続けられません。それと商売がないと人を育てる場もありません」

このような話を父からよく聞いた半兵衛さんであるが、これが石門心学の教えとは知らなかった。それは梅岩の「財を残すは下、事業を残すは中、人を育てるは上。されど財なくば事業が続かず。事業なかずんば人育たず」というものである。このような父からの話を中心に纏めて『あんなぁ　よおぅききや』（京都新聞出版センター）という本を出版し、これがよく読まれベストセラーになった。

ある日、この本を読まれた方が「書かれていることは石田梅岩の考え方とそっくりだ」と言ってこられた。それまで父が話してくれたことと、石田梅岩との関係はわからなかった。お姉さんに言われて、押し入れの葛籠を開けてみると石田梅岩の「都鄙問答」「倹約斎家論」、石田梅岩の高弟の手島堵庵の「石田梅岩事跡」などの本が続々でてきた。びっくりしたのは「石田梅岩先生之霊位」という、大変迫力のある掛け軸が出てきた。これはなんと半兵衛さんの祖父が、明治天皇の侍従をされていた山岡鉄舟に直接揮毫してもらったそうで、祖父が床の間に掛けて、毎朝仕事の前に手を合わせていたという。やはり、この家には家訓がきっちり引き継がれてきているのだと思った。

　石門心学を研究する会は現在でも続いており、大阪に１７８５年（天明５年）以来続いている「心学明誠舎」がある。玉置半兵衛さんはこの会のメンバーで、半兵衛麩の家訓などについて何回も講演されており、私もお聞きしたことがある。私もこの会のメンバーで、講演させてもらったり、私の勤務先の太成学院大学に同会から講師を派遣してもらい、石門心学について学生向けに授業をしてもらったこともあった。半兵衛さんの今回の取材は友人の紹介によるが、半兵衛さんを以前から存じあげており、ご縁を感じている。

　半兵衛さんの話を聞いていて、３３０年もお店を続けておられるご縁は大変なことであるが、その裏にある老舗企業に共通しているのは、しっかりした家訓があり、そのご縁を子孫が忠実に守ってきた姿勢がある。半兵衛さんには頭が下がる思いであった。

先祖が導いてくれた社員とのご縁

　明治25年といえば今から約１２６年も前である。当時半兵衛麩では麩だけを製造販売していたが、麩と共に中国から大豆を原料として伝えられた湯葉（ゆば）の製造販売も始めることになった。それで同業の湯葉喜というお店から製造道具を一式譲り受け、その時から湯葉も扱い現在でも重要な商品となっている。

　半兵衛さんは湯葉喜をすっかり忘れていたが、ある時お嬢さんから今日半兵衛麩で採用した社員の大島さんが、「以前家では湯葉を作っていた」と言っていたという話を聞いた。半兵衛さんは大島さんに会って話をきくと、大島さんは１２６年前に営業を譲り受けた湯葉喜のお孫さんに当たることが分かった。結婚されて大島という名前に変わったと聞いたが、「何という先祖からのめぐり合わせ」なのかと驚いたそうだ。

これとよく似た話だが、半兵衛さんのお店から少し離れた所に京都の中央卸売市場があり、そこで知り合いの松井さんは乾物(かんぶつ)や乾し魚を商っており、半兵衛さんがそのお店に行くこともあった。松井さんが、仕事を終えて帰宅するときには、必ず半兵衛さんのお店の前を通るので、よくお店に寄って世間話をした。当時中学生だった娘さんがお茶を差し上げたりしていた。ある時松井さんという社員が入社されたが、彼女から「以前、家では中央市場でお店を出していた」と聞いた。それで松井さんに詳しく聞いてみるとよく半兵衛麩に寄ってくれた松井さんのお孫さんになることが分かった。さらに話を聞いてみると半兵衛麩の住所は問屋町というが、松井さんの曾祖父はそこでお店を出し近所に住んでいたそうだ。大島さんも松井さんも現在もお元気で半兵衛麩で働いておられるそうで、何という不思議なご縁なのかと思う。

先に述べた半兵衛麩の社是には「ご縁をありがとう」と、人との出会いに感謝することを上げている。半兵衛さんはまず感謝から始まり、これがご縁につながると言われていたが、２人の社員の入社の事を見ると「ご縁というのは、生きている時だけのものではない。死んでからも続くもので、ご先祖からの思いも続いており、２人が半兵衛麩に来てくれたのもご先祖さまからの引き合わせに違いない。人と人との出会いによりご縁ができる、このご縁により我々は動かされているのだ」と意味深長なことを言われていた。半兵衛さんは父親から「歴史を軽んじるものは廃れる」と言われたそうだが、私は半兵衛さんのお話を聞き現在の半兵衛麩の繁栄を見ていると、「先祖のご縁を軽んずるものは廃れる」と強く感じた。

さらにご縁というものは、時間という時空を超えて繋がるものであるという感慨を持った。

パンクしたバイクが紡いだ奥様とのご縁

これは半兵衛さんが25歳のころの話である。その日は、半兵衛麩で作った麩をバイクで大津まで配達に出かけた。配達が終わり京都に帰る山の中でバイクのタイヤがパンクしてしまった。「もう夕方なのでどこの店も開いていないだろう。どうしよう？」パンクしたバイクはとても重く動かすのに大変苦労したが、やっと一軒のバイク屋さんを見つけた。そこにゆくと「もう、しもうてしもた」と言われた。しかし「これから京都まで帰るので困っている」というと「それは可哀そうだね」と言って親切にも修理してくれた。

次に大津に配達した帰りにその店に寄り、「この前はありがとう」というと、「いやとんでもありません」などといろいろ雑談する間柄になった。そのバイク屋さんとは気が合い、これが機縁で親しくなり、車を買い変える時は、ご縁があるその店のお世話になった。また、そのお店によく来ていた客とも仲良くなった。

ある時その人から「うちの家内の妹にいい子がいるので、一回合ってみないか」と言われた。紹介された女性に会ってみると素晴らしい女性で、お互いに相思相愛になり結婚することになった。それが半兵衛さんの奥様である。結婚する時、奥様から「商売はあまり儲けなくとも正直にしてほしい。人を騙してまで商売で儲けるよりも、正直な一本筋の通っている人のほうが好きです。その上でちょっぴり利益があれば嬉しい」と言われた。それは半兵衛さんの考えとピッタリあっていた。

この奥様は良妻賢母で、半兵衛さんの商売を手伝い、家庭を切り盛りし全面的に支援された。２０１８年の初春、半兵衛さんが脳梗塞を患い病院に入院した。奥様は病院まで付き添ってこられ、あれこれと面倒をみてくれた。奥様が病院から帰った翌朝、半兵衛さんは家に電話をしたが誰も出ない。不思議に思いお嬢様にも電話したがこちらも電話が通じない。「いったいどうしたのだろうか？」と思った。後で分かったのは、病院から帰宅した奥様が、その日に脳内出血で風呂場で急死していたのだ。家族の方々は入院されている半兵衛さんを煩わせてはいけないと思い、すぐには連絡しなかったそうだ。「ライフ・イズ・ストレインジ（人生は不思議だ）」というが、なんという不思議な出来事であろうか？

今思うと、あの時パンクしなかったら、あの時バイク屋さんが開いていなかったら、友人が彼女を紹介してくれなかったら……。また結婚相手とは砂浜の一粒の砂と出会うようなもので、不思議なご縁で奥様と結ばれることになった。その奥様が自分の入院中に逝去されるとは、なんという無常なご縁であろうか。仏教では諸行無常といって「すべてのものがうつろいゆく」という教えがあるが、それを奥様が身を持って示されたのである。さらに仏教の四苦八苦の教えの一つに「愛別離苦」といって、愛する人とも別れなければならない苦しみがある。半兵衛さんはまさにこの苦しみをもろにご経験されてお気の毒に思うが、「人生は不思議だ」というご縁の奥深さをつくづく感じる話である。

第2章 ピンチをご縁で救われた日本人

ピンチはチャンスというが、人生では病気や事業の失敗などで困り抜くことがある。それにめげずに頑張りぬいていると「全く想定外の個人の計らいを超えた」ミラクルというべきご縁に助けられることがある。

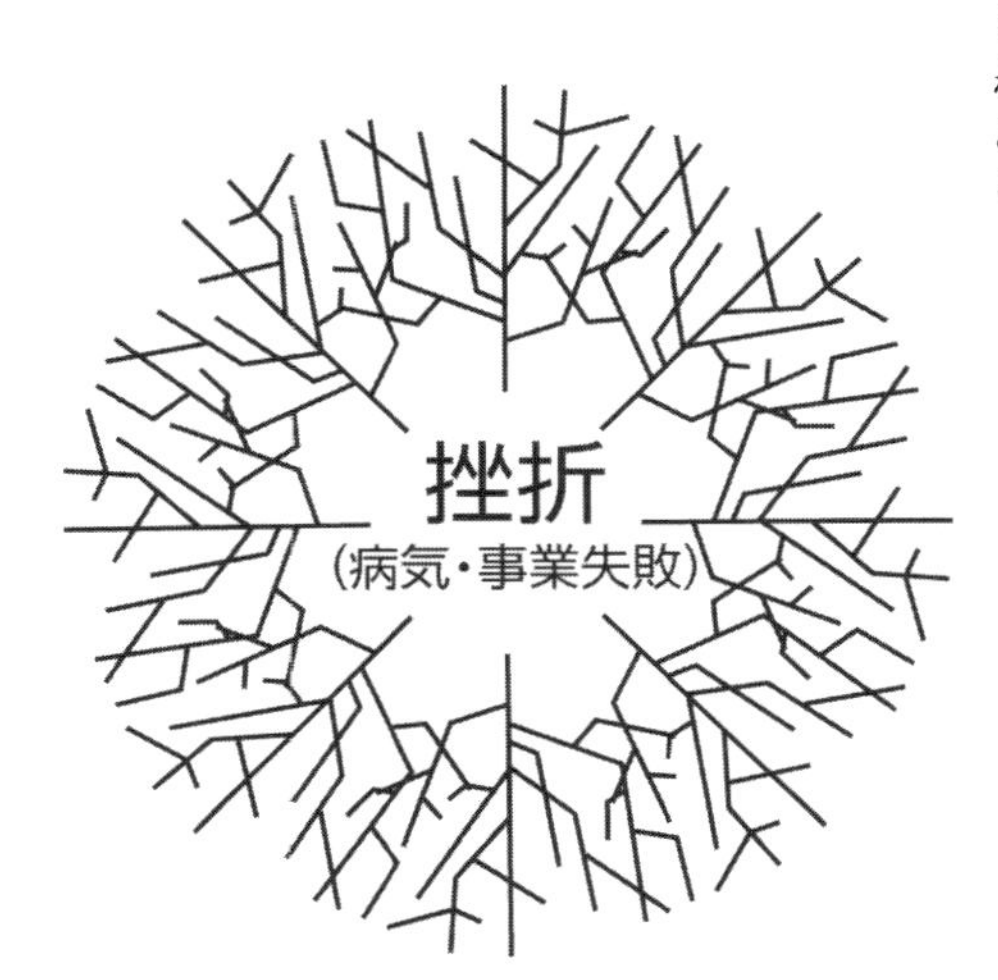

挫折が起爆剤となってご縁につながっていく

1. 劇的な出会いが縁を引き継ぐ

プロレスラーとの出会いで「愛の気」に開眼したご縁
▼サンダー杉山さんと新倉勝美さん

悪役レスラー、サンダー杉山との出会い

読者の皆さんはサンダー杉山（すぎやま）という名前を耳にしたり、新聞や雑誌で見たことがあるだろうか？　私のように高齢者の方はご存知かもしれない。

１９６８年のことだ。元世界空手チャンピオンの新倉勝美（にいくらかつみ）さんは異種格闘技の武道家としてアメリカ各地を転戦していた。試合から帰りお茶を飲んでいると、突然電話のベルが鳴った。

「トウキョー・ジョーですが、是非新倉さんに会いたい」

トウキョー・ジョーは悪役レスラーとして知られており、周囲の人は「あんな悪い奴が先生に何のようだ」「きっと喧嘩を売りに来たのだ」と色めきたった。しかし、せっかくのコンタクトなので、新倉先生は変なことがあれば「張り倒してやろう」と思い彼の下宿先に出かけた。

玄関のベルを押すとトウキョー・ジョーが二階から笑みを浮かべて階段をおりてきた。しっかりと新倉先生を抱きしめると、「よく来てくれたね。本当は私の方から出かけなければならないのに。呼び出して申し訳ない。悪役の私が出かけると迷惑をかけると思い呼びつけてしまった」と言った。この暖かい抱擁と優しい言葉で、新倉先生は「俺は負けた」と思ったそうだ。トウキョー・ジョーとは、後に日本プロレス界で名をはせたサンダー杉山のことである。プロレスでは悪役をやらされているが、実際に会ってみると心暖かい紳士であった。

「日本では力道山が空手チョップで活躍している。だが俺が試合で空手を使っても、相手にちっとも効かない。新倉さん、ぜひ空手を教えてほしい」

「分かりました。その代わり、私にも日本のレスリングをぜひ教えて下さい」

これを契機に、馬が合った二人は親交を深めていった。

「当時の空手仲間は他の格闘技仲間を敵に思い、相手に勝つことしか考えていなかった。挨拶も『オース、押忍』と言うだけで、マナーも決してよくなかった」

新倉先生はいつも恥ずかしい思いをしていたと言う。

「それに比べてオリンピック種目であるレスリングは杉山さんのようにスポーツマンシップであふれていた。勝っても負けてもお互いに讃えあったりして、そのマナーの良さに感心したものだ。杉山さんは常に人を思いやる、やさしい心情の持ち主だった。戦後アメリカには米兵と結婚し渡米しながら、その後離縁されてしまった薄幸の女性がたくさんいたが、杉山さんはそんな女性たちの面倒をよくみていた」

新倉先生はそうした杉山さんの行動に感心していた。

杉山さんとの出会いは、人に対する思いやりについて新倉先生の目を開かせた。そしてその後の生き方に大きな影響を与えた。

試合に勝つことだけに明け暮れていた自分に嫌気がさした新倉先生は、ある弟子の「それだけ力があるのなら他のことができるのでは……」という一言をきっかけに格闘技の世界から完全に引退した。そして、以前から修行していた気功を生かし、病に苦しんでいる人を助けようと、気功家となった。

一つの出会いが機縁となり人生が大きく変わったが、これこそ「ご縁」パワーの大きなマジックであった。

劇的な出会いのご縁

この出会いにより新しいご縁が連鎖的に始まる

武道家として渡米

新倉勝美先生は１９４３年神奈川県で生まれたが、体が小さくひ弱で、小さい時にはイジメにあっていた。その反動もあり何とか強くなりたいと願い多くの武道を修行してきた。

高校卒業後、空手は沖縄出身の師匠、合気道は創始者の植芝守平（うえしばもりへい）翁について学んだ。空手はめきめき腕をあげ、１９６７年には国際空手選手権大会でチャンピオンになった。24歳の時である。その他にも居合道、小手道、柔道、剣道、槍道などを修行し、獲得した段位数を合わせると数十段にもなる武道家になった。

空手の国際チャンピオンになった時、アメリカ人から「向こうにはまだ凄い選手がいるので、真のチャンピオンになりたいならアメリカに来い」と言われ、「それなら負けては生きて帰ってこられないが挑戦してやろう」と悲壮な決心をして、父や妻には3通の遺書を書くほどの覚悟を決めていた。

１９７6年に渡米、その時は各地に遠征して転戦を続けた。最初は空手の選手だけを相手に試合するつもりであったが、キックボクシングやムエタイなどの選手とも異種格闘技の試合をした。試合は壮絶を極め６回も骨折したが、２００回以上の試合をして負けたのは数試合だけであった。

日米間を行き来しながら、神奈川県内で道場を開いていたが、日本の子ども達を何回もアメリカに連れていき試合をさせた。一方でアメリカの優秀な子供を日本に呼んで指導している。その子は今ではアメリカのオリンピックチームの監督就任が確実というまでに成長した。

秩序を重んじる日本の武道界では新倉先生は異端視されていた。例えばブルース・リーの弟弟子と試合した時に後ろ廻しげりで顎をやられたが、これを日本空手にも取り入れてはどうかと言ったが、誰にも相手にされなかった。日本の武道界に限界を感じていた新倉先生は、これを機に思い切って本格的な渡米を決心した。時は１９８３年12月のことだった。１９８４年にはアメリカでの実績が認められ、空手の教師としてミシガン州の高校に招かれた。教育委員会からはオリンピックをめざす空手の選手を鍛えるよう依頼された。

「しかし、渡米したのは12月。手元には25ドル札一枚しかなかったんですよ。それで食べる物にも困り、夜の11時頃になると、レストランの近くのゴミ箱から捨てられたハンバーガーをあさって持ち帰りましてね。ハンバーガーのパンの部分は柔らかくて問題ないんですが、肉の部分は固くなっています。トイレに入って数分間だけ出る温水を口に含み、パンとハンバーガーを一緒に食べていく……。それは本当に辛かったですね」

そのような苦労をしながらも、先生の能力は徐々に認められるようになり、合気道と気功を教える道場をミシガン州に開くことが出来た。それ以来２０１７年までの34年間も米国で生活することになったのだ。

気功家に変身

新倉先生は子どものころから、忍術や動物の生態に興味があり、蛇などが気を出して相手を仕留めているのを見てその不思議さに目覚めた。また、気で実際に妹を動かせたことで、「気というものは実際にあるのだ」と実感し、自分でも気を操れる異能の才能を身に着けた。そして、武道にもこれを取り入れてみようと、合気道などで実践してみた。

１９７６年春、思いがけず7歳の長女が脳腫瘍を発症した。何度も手術が施されたが再発してしまう。自分の手で娘を治そうと決心して、毎日長時間にわたって娘に気を入れ続けた。これがきっかけとなり、気に対する思いをますます強くした。そして「気で何とか病める人の手助けをしたい」と毎日鍛錬に励むようになった。

娘の病状も回復し、「人には気というエネルギーがあり、愛情をもって行えば病気を治す力があるのではないか」と思い至ったという。

新倉先生はアメリカで気で病気を治す Ryokukai（稜空会）という組織を作った。そして、アメリカだけでなく日本や世界各国も訪問し、新倉式ＫＩ（気）の普及に努めた。この会のスローガンは「KI（気）is love、愛の気」といって、先生が生徒に教えるだけでなく、生徒自身がお互いにヒーリングを行い、共に無償の奉仕を行うものであった。常に相手に暖かい愛の気持ちを持たなければ、よい気が出ず、ヒーリングもできないと新倉先生は常に言われていた。それとよく言われたのは、「気はあれこれ理屈ではなく、小さい子供になって素直な気持ちですることが大切」ということだった。

このような「愛の気」という愛情あふれた精神で気を普及することができたのは小さいときからの母親の影響が大きいそうだ。

「小さい時の新倉家は裕福な農家で、親子三世代の16人が一緒に住んでいた。戦後のドサクサで、家族関係も複雑だったが、母親はいつも自分が悪者になって耐え忍び、家族の平安を保っていた。私はとてもまだその心境には達していない」

母親から受けた愛の精神を、武道家の勝負師として格闘技ばかりに明け暮れていた間は忘れかけていたが、サンダー杉山さんとの出会い、ご縁のお蔭で復活したのだといえるだろう。

先生と私との出会い

私は１９９３年春頃から先生が月２回ニューヨークで開かれている気のクラスに参加し始めた。デモンストレーションで大きな体の弟子達を一切手を触れずに気だけで自由自在に飛ばしているのを見て、ビックリしたものだ。私やスポーツ選手だった私の二男も先生の気で自由に飛ばされた。気の強い力を認識した。

一方で、先生が行っていた、医者から見放された重病患者や末期がん患者の治療のお手伝いをするようになった。それは私の価値観を変えるような事柄であった。

１９９７年秋に私がカリフォルニア州シリコンバレーに転勤する時、先生は「恐らく釣島さんの後を追ってサンフランシスコでも教えるようになりますよ」と言われた。その通り先生は１９９８年より毎月一回2日間、サンフランシスコに教えに来てくれることになった。

総合商社駐在員夫人と我々夫妻が先生のサンフランシスコ教室のお世話をすることになり、これは２００１年7月に私がアメリカを離れるまで続いた。私が日本に帰国する時、先生は「釣島さん、今度は日本で教えるから」と言われた。ちょうどその年の12月に京都府舞鶴市で熱心な支援者が集まり「愛の気」というＮＰＯ法人を作り、先生の一時帰国の機会を捉え、気の普及活動を始めた。私もこの法人には毎年、講演の機会を頂くなどご縁が今も続いている。

このようにして私達も先生と細い糸で繋がる不思議なご縁を紡がせて頂き感謝している。しかし何よりもサンダー杉山さんとの出会いが機縁となり、武道家から愛の気の気功家として先生ご自身が変わられたことで、先生の輝かしい足跡が積み重ねられているのだと思う。アメリカではブッシュ大統領（父）の姉、日本では当時の現職知事をヒーリングするまでに新倉式気功法を普及させたことには人生のご縁の有難さを感じる。

現在75歳の新倉先生は日本各地で気の治療をされている。そして「今までいろいろな方とのご縁で本当に助けられた。どの一つのご縁が欠けても今日はない」と、紡いできたご縁に感謝されていた。そういえば在米当時、先生は会場からホテルまでの往復の車の中で「いやー、こうして続けられるのも皆さんのお蔭ですよ。感謝以外の何ものでもありません」と話されていたのを家内は昨日のことのように思い出すと言っている。

パリでの出会いと初めて宇宙を飛んだカメラのご縁

▼国産カメラをつくったミノルタ・田嶋一雄さん

ヨーロッパ訪問と日足さんとの再会

１９２７年のことだ。田嶋一雄（たしまかずお）さんは雑貨や繊維製品を扱う日本の旅商団の一員として中近東や欧州訪問に出かけた。その帰りに「この際、ヨーロパで見聞を広めてみよう」と思いパリを訪問することにした。パリには同郷で親戚にあたる日足誠（ひびきまこと）さんが出迎えてくれた。日足さんはフランス女性と結婚されていたが、自宅に温かく迎えてくれ、「人生というものはな、言ってみれば賭けだ。運に大きく左右される。どうせそうなら、デッカク賭けることだ」と激励してくれた。日足さんと田嶋さんは和歌山県海南市の同郷で子どものときから弟同様に可愛がってもらったが、日足さんは驚くほど数奇な運命をもった方であった。

日足さんは有名な陸軍少将を父に持ち、東大法学部、アメリカのプリンストン大学と有名な大学を卒業した秀才であったが、フランス人の恋人を追いかけてフランスに渡った。しかし、職がなくパリで自動車の運転手をしていた時に、第一次世界大戦の講和会議の全権で来仏していた西園寺公望（さいおんじきんもち）一行の車が故障したのに遭遇した。素早く修理の手伝いをしたことが機縁となって日仏銀行パリ支店長になっている。

またある時、気晴らしで郊外の野原で寝そべっていたところ、年配の紳士と令嬢が乗っていた車が故障して困っていたので手早く直してあげた。それがなんと欧州最大の兵器会社の社長だった。その出会いは日疋さんが後に兵器専門の貿易会社を設立する機縁になっている。まさにご縁の不思議さを地で行く人であった。

田嶋さんがパリに来た時、日疋さんは仏国通商のパリ支配人をしており兵器企業に顔が利いた。「せっかくパリへきたのだからフランスで第一級の光学兵器工場を案内してあげよう」と田嶋さんを誘った。工場で製造されていたのは、なんと日本向けの測距機だった。「日本ではこういうものは作れないのですか」と質問する日疋さんに、「無茶だ、このような機器は最高に難しい」と田嶋さんは答えた。田嶋さんは当時輸出商品として扱っていた繊維が付加価値が低く利益も少ないと不満に思っていた。付加価値の高い光学機器をみて、「これを日本で製造できないか？　いやなんとかして製造してみたい」という思いが体中にあふれた。

天与のチャンスで創業、そして宇宙に飛んだカメラ

田嶋一雄さんは１８９９年に和歌山県海南市の裕福な商家に生まれ、慶応大学に進学する。有名な経済学者で文化勲章を受章された小泉信三（こいずみしんぞう）先生のゼミに属した。先生から多くの薫陶を受け、人生の師として先生に私淑する。卒業後は日本電報通信社（現電通）に就職するが、関東大震災を契機に退社し、父が経営していた神戸の貿易商社に入社。そして父の指示で先に述べた日本の旅商団として中近東や欧州を訪問することになったのである。

田嶋さんの帰国後、２人のドイツ人が訪ねてきて、カメラを作らないかと勧められた。「これこそ天与のチャンス」と思い、親の反対を受けながらも、一方で資金的な援助も受け、ドイ

ツ人らの技術支援で「日独写真機商店」(後のミノルタカメラ)を創業した。

１９２８年に兵庫県武庫川でカメラ生産を始めた。技術的、資金的、ストライキなど幾多の苦難に遭いながらも国産カメラを作り上げ、その後会社は順調に発展し、戦時中は海軍の要請で双眼鏡製造などの軍需工場に転換するが、戦災で主力３工場が焼失した。

戦後カメラ生産を再開し、１９４９年から海外に出荷するなど輸出に着目した。１９５４年にはニューヨークに駐在員を派遣し、田嶋さん自らも「進駐軍が帰国土産にカメラを買ってくれる。これからはアメリカへの輸出だ」とアメリカに渡航し輸出市場開拓の陣頭指揮を取った。１９５９年にはいち早くアメリカに現地法人を設立したのが成功した。

さらに１９６２年には、アメリカ初の有人衛星にグレン中佐がミノルタのカメラを持ち込んだことが世界的な話題になった。余談だが、グレン氏はその後25年間もアメリカの上院議員を務め大統領候補にもなったが、77歳の時に向井千秋さんと一緒に再度宇宙飛行し話題になった。そのグレン氏が日本を訪問したときに植樹された記念樹がコニカミノルタの堺サイトに今も保存されている。

田嶋さんはよほどＮＡＳＡと縁があるのか、その後１９６７年のアポロの月面着陸でもミノルタの「スペースメーター」を使って撮影された。この２回の快挙は日本の光学製品の良さを世界にアピールすることになった。１９７２年にはライカと提携し「ライツ・ミノルタＣＬ」を共同開発し、先進のドイツに追いついた。１９８５年、本格的なオートフォーカス「α７０００」という一眼レフが、市場の50％を占めるほどの大ヒット製品となり、その成功を見届けて田嶋さんは86歳で逝去した。

田嶋さんとのご縁と人生の転機

私がミノルタに入社できたのも奇妙なご縁の有り難さであった。大学4年の時に就職がなかなか決まらず困っていた。当時ゼミの同級生が父親の田嶋さんに私を会わせてくれた。

「就職の期間が終わっているのでミノルタの本体には無理だが、事務機の販売会社が新しくできるので、取りあえずそこで頑張ってみよ」

こう言って劣等生を救ってくれた。同級生の友人と田嶋さんは私にとって大恩人である。

入社後は、出来たばかりの事務機販売会社のことが気になられたのか、日曜日ごとに神戸の住吉にある社長の自宅に招かれた。とても聞き上手で、「事務機の販売の第一線の状況はどうかな」と問いかけられ、程度の低い若造の話も熱心に聞いてくれた。「どうすれば、他社に負けないか」などという難しい質問もあったが、接すれば接するほど温かみを感ずる人格者であった。

私にとって、若い時にこの巨人の謦咳(けいがい)に接することができたことは誠に僥倖であった。当時(昭和40年)は不況期だった。田嶋さんと松下幸之助は同郷で親交があったが、「松下電器も不況で困っている、幸之助さんも自ら営業本部長も兼ね、第一線で陣頭指揮している。偉い人やなー」とお話しされ、私も感動したものだ。

松下幸之助と田嶋さんは、上山勘太郎(うえやまかんたろう)(大日本除虫菊、金鳥)などと一緒に「音無会」を作っていた。和歌山県出身の企業家の集まりで、ここで親しくなり、松下幸之助が戦後初めて外遊するときには後事を田嶋さんに託すほどの関係であった。

松下幸之助も聞き上手な人であった。彼をよく知っている松下電機ＯＢに聞いた話だが、

「松下さんはいつも部下に、若い人の話をよく聞いてあげよ、彼らの話の出鼻をくじくな。彼らの話で参考になるのは千の一つもなく、砂漠での中で一つの砂を探すようなものである」と言われていたそうです。これは、若い人のモチベーションを上げることであるが、この一つの砂が、通常のルートから上がってくる情報とは違いダイヤモンドの価値がある情報が入手できたからに違いない。知人の話では「創業者（松下幸之助）の前にでると、若造にも、『君どう思う』とよく聞かれるので大変緊張した」そうだ。田嶋さんはどうして私の話などよく聞いてくれたか分からなかったが、この話を聞いて納得できるものがあった。

我々の人生でも、思いもよらぬ偶然の出会いが転機になり、新しい展開となり、ランプにスイッチが入るようにご縁が顕在化することがある、このような偶然がどうして起こるのか神のみぞ知るで全く分からない。田嶋さんと日疋さんのパリでの出会いによって、ミノルタの国産カメラが誕生することになった。この偶発は、自然に起きたのではなく、田嶋さんが日ごろからもっと付加価値のある商品を扱ってみたいという心構えを持って意図的に行動していたことが日疋さんとの出会いを呼び込んだのではなかろうか。

日疋さんの数奇な運命も同様である。私の場合でも何とか就職したいと思っていたことが僥倖を生んだと思う。スタンフォード大学のクランボルツ教授はこれを計画的偶発性理論（Planned Happenstance Theory）で説明し、近年注目されている。日ごろから俳優になりたいと思いこつこつ行動していたら、急にスカウトを受けた場合などである。彼は計画的偶発性は①好奇心、②粘り強さ、③柔軟性、④楽観性、⑤冒険心の５つの行動特性を日頃からもっている人に起こりやすいとしている。いずれにせよ、偶然の出来事で人生が大きく変わることがあるが、これがご縁の面白さでもあり、怖さでもある。

出会いのご縁を大事にしてノーベル賞を受賞

▼日本のご縁文化の価値を知っている大村智さん

ノーベル賞受賞スピーチのテーマは出会いとご縁の大切さ

2015年10月5日、夕方5時半過ぎ。「来た、来た、来たー」。大村智(おおむらさとし)さんの秘書が部屋に飛び込んできた。「ストックホルムからの電話です」。電話にでると、「あなたにノーベル賞を授与することが決定しました。受けてくれますか」という内容だった。ノーベル生理学・医学賞受賞決定の瞬間だった。

その時、大村さんが真っ先に思い出したのは15年前に亡くなった妻文子さんのことだった。彼女は「研究者と一緒になりたい」と言って大村さんと結婚した。結婚してからは、貧乏学者に不平も言わず内助の功に徹して、全身全霊で大村さんを助けた賢婦人であった。「あなたは将来ノーベル賞をもらう人だから」と夫を常に鼓舞していたという。大村さんは受賞を早速奥様に報告しなければならないと思い、自宅に電話してお嬢様に「お母さんに報告してくれよ」と頼んだそうだ。

ノーベル賞といえば、受賞者は「ノーベル・レクチャー」と呼ばれる記念講演を行うのが恒例である。これが歴史に残るので、どのようなスピーチを行うか、大村さんにとっては大きな課題であった。

「ノーベル賞を受賞できたのも人と人の出会いを大切にしたからだ。出会いを感じない人、出あっても生かさない人もいるが、袖振り合う縁も生かすというのが成功のもとだ」

この言葉には特に強い思い入れがある。それでスピーチには「私が日ごろから言っている、人と人の出会いを大切にするという座右の銘を伝えたい。それは茶道の一期一会の意味だ」と、出会いとご縁の大切さを入れようと決心した。彼は海外から講演を頼まれたときは「日本文化に関する内容は必ず入れることにしており、ノーベル・レクチャーだからといって特別という気持ちはなかった」。さらに「研究者や同僚など人だけでなく、微生物との出会いもご縁だ」と、モノにもご縁があることをよく理解していた。

それは、彼が海外で異文化に接する機会が多く、日本のご縁文化の価値とその大切さをよく認識していたからだろう。大村さんはこのスピーチを通じて自分の信条を外国人にも伝えたいと思い、原稿を19回も改訂し推敲に推敲を重ねたという。このスピーチを読んで、大村さんほど日本のご縁文化を大切に思っている人はいないのではないかと私は思った。

ご縁を大切に育てて生まれたご縁

大村さんはとても謙虚な人柄で、人間的にも素晴らしい方であるが、彼が多くの人との出会いでチャンスをつかみ、どうご縁を紡いできたかを見てみよう。

まず中学の恩師の鈴木勝枝先生は、農繁期に学校を休んで田んぼで働いていると、ぬかるんだあぜ道を歩いてきて「今日は学校でこんなことがあった」と教えてくれ、大村さんを随分可愛がってくれたそうだ。大村さんは研究者になって世界を飛び回るようになっても絵葉書で近況を知らせたという。山梨大学に進学してからは、担当教官の丸田銓二朗先生から科学者としての心構えを学び、地質学の田中元之進先生からは「どこの大学を出たとか、何を学んだとかいうことは、世の中に出てあまり役立たないものだよ。一番大事なのは、卒業してから5年間しっかり頑張ることだ。そうすると何か大きく開けてくるものだよ」と言われた。この助言で彼の視野が広がり、人生が大きく展開していったという。

大学を卒業して都立隅田工業高校夜間部の教員になった時には、油まみれの手で答案を書いている生徒をみて、「彼らがこれだけ頑張っているのだ、それに対して自分が恥ずかしい」と思い、もう一回勉強をやり直してみようと大学院進学を決意した。もし夜間高校のこうした生徒たちに出会わなければ、院への進学は思いつかなかったかもしれない。

ある大学へ助教として採用が決まりかけていたのに、急に状況が変わり不採用になった。その時、友人の佐藤公隆さんが北里研究所が学卒者を募集していることを教えてくれた。卒業してすでに7年が過ぎていたが、ここで採用されたのをきっかけに微生物研究の道に入ることができた。

アメリカへの研究留学には5つの大学からオファーがあったが、彼はその中で給与が一番安いウエスレーヤン大学を選んだ。「給与が安い代わりに何かある」と思ったからだ。それが大正解だった。そこにはアメリカ化学会の会長ティシュラー教授という大物研究者がいた。ティシュラー教授に認められた大村さんは、忙しい先生の代わりに研究室のマネージメントを任された。それに、先生を訪れる学会の有力者をほとんど紹介してもらったそうだ。

日本に帰国する時に、先生の紹介でアメリカの製薬会社大手メルクと共同研究を締結し、「大村方式」で特許料をもらうことになった。大村方式とは、研究資金を企業からもらい、有益な物質を発見したら、その使用権を企業に渡し、製品販売に伴う特許料を受け取るというものである。これによって北里研究所は総額２００億円もの特許料を稼ぐことができた。ティシュラー教授は正に大村さんの大恩人であった。

また優秀な研究者のキャンベルさんとの出会いにより、人と動物の病気を治すエパーメクチン、イベルメクチンの共同開発に成功した。この薬は世界で3億人の人を救った画期的なもので、両者共同でノーベル賞を受賞することになった。

このように、大村さんは多くの人達との出会い、その方々とご縁を紡ぎ、チャンスをつかみ、成功された人である。

大村さんが凄いのは、成功後は社会にお返しするご縁活動に必死に取り組まれたことだろう。北里研究所の理事長として「研究を経営する」ことに取り組み、財政基盤を強固にした。また、奥様が関係していた女子美術大学の理事長として芸術の振興にも努めた。さらに故郷の山梨に韮崎大村美術館を開設し、郷里に温泉を掘ったり、山梨科学アカデミーを設立されたりして、郷里に恩返しされている。ご縁をつかむ人間からご縁を与える人間に変身されて、正にご縁文化のジャイアンツといえる人である。

橋下知事に「むしろ邪魔」と率直に伝えた一瞬のご縁
▼大阪府の外郭団体改革と松崎光弘さん

橋下大阪府知事の外郭団体視察

２００７年２月に大阪府知事に当選した橋下徹さんは、大阪都構想の一つとして大阪府の外郭団体の改革に意欲を燃やしていた。橋下さんは外郭団体と公共施設の実態を視察して回り、２００８年１月に大阪府青少年会館を訪問した。彼は施設を見ていろいろ質問をしたが、問題点の一つが、施設で働いている人の給与が、外郭団体の財団（大阪府青少年財団）の職員は１０００万円、委託管理を受けている民間業者は３００万円と、人件費の格差が大きいことに注目した。

橋下知事は担当部署の大阪府職員に「民間の人は６名で１８８３万円、財団の人は５名で５０００万円と、仕事内容は変わらないのですか。また、このような格差があるのには特段の理由があるのですか」と聞くと、府の職員は「年齢差など！」と答えた。さらに橋下知事が「職種の内容など差があるのですか？」と聞くと「内容に差はありません」との答え。

民間出身で館長をされていた松崎光弘さんに、「それでは財団の２名は何の仕事をしているのですか」と聞くと、「府の委託事業を担当しているのが基本で、あとはスタジオの鍵開けをお願いしていいます」と答えが返ってきた。橋下知事が「実際には必要ないということですね」

と聞くと、松崎館長は「端的に申し上げれば、むしろ邪魔」と言った。

この視察が終わり府庁に帰った橋下知事は、その日の視察の感想として、「青少年会館でのあの話は衝撃的だった。財団職員は邪魔だと！　実態を見てよかった。2名の財団職員が邪魔だというのが民間の人の思いで、これこそがすべてです。仕事が同じで給与を3倍ももらっていれば民間の職員はやっておれないと思う」と述べた。

大阪府青少年会館は大阪市中央区にあった五階建てのビルで、座席数1200名の文化ホールもある、床面積約4000坪の大きな施設であった。問題になったのは、指定管理者制度で民間に委託しても、①いままで委託していた大阪府青少年財団のような外郭財団の職員を何名かを受け入れなければならないこと、②この外郭財団も府職員と変わらぬほどの高給をもらっていること、③同じ仕事をしていても財団職員と民間団体の職員には3倍もの給与格差があり、しかも財団職員が仕事ではあまり役に立っていなかったことなどが浮き彫りにされた。

以上のやり取りを含めて、橋下知事の大阪青少年会館訪問の様子は各テレビ局で放映された。松崎館長の「むしろ邪魔」という言葉が話題をよんだ。

鍵開けだけで1000万円？　財団職員は「むしろ邪魔」

松崎光弘さんは私の現在の勤務先、太成学院大学の元教授で、同僚教授として新学科の立ち上げなど私の弟分として一緒に仕事をした仲間であった。松崎さんは現在、㈱知識創発研究所の代表取締役で、東北学院大学特任教授として活躍しているが、久しぶりにお会いして当時のことを聞いてみた。

「今振り返ってみると面白い体験でしたね。財団職員と民間の人件費の格差が話題になりましたが、館長の私の人件費が500万円なのに、彼らは2倍の1000万円ももらっていました。私は『彼らは府の委託事業を担当しているのが基本で、あとはスタジオの鍵開けをお願いしている』と言いましたが、当時は〈鍵開けだけで1000万円〉という言葉が生まれ、世間で騒がれ私もビックリしました。しかし彼らが仕事の役には立たなかったことは事実ですよ。この会館の文化ホールはとても人気があり、土日にはよく使われていました。しかし彼らは自分のシフトを月~金を中心にして、土日には出勤せず仕事は業者に振っていました。しかも、民間職員がマイクや音響設備などの修理などをしていると、『きみら、給与安いのによう頑張るなあ！』などと皮肉を言っていたそうです。また施設の利用料金は青少年向には料金を安く設定していますが、明らかに大人たちばかりの団体にも青少年向けの安い料金で利用させてあげるなどの便宜を計っていたようです」

橋下知事との一期一会のご縁

松崎さんが館長になってから、このような悪弊はかなり駆逐されたそうだ。私は松崎さんに「あの事件があってから、あなたは大阪府に出入り禁止にならなかったのですか？」と聞いてみた。彼は「あれは外郭団体の職員のことを述べたのであって、自分たち府職員について言及されていないというスタンスだった」そうだ。私は「大阪府の職員は仕事を大変熱心にされている方が多かったと思うが？」と言うと、松崎さんは「その通りです。大阪府の職員に限らず、財団の職員も同じで、一部の方は大変熱心に仕事されていた」と答えた。

大阪府青少年会館は翌年の２００９年6月30日に廃止され、敷地は民間に払い下げられ、現在はマンションが建設されている。

廃止に伴い、松崎館長以下職員全員が失職することになったが、橋下知事の視察がなければ様々な事実は明らかにはならなかっただろう。松崎館長の「むしろ邪魔」発言は、当時の改革派にとってはよかったのではないか。ただし、会館は廃止されてしまったのだから、今までの様々な出会いや積み重ねてきたご縁はぷっつりと切られてしまったわけである。これも致し方のないことであろう。

考えてみると、橋下知事と松崎館長のご縁はほんの数時間のことだったが、会うべきときに出会った一期一会（いちごいちえ）のご縁だったのだろう。あの時明らかになった事実から改革の波はいろいろな部門に押し寄せていった。ご縁は息永く続いていくものでもあるが、こうした一瞬の一期一会のご縁も、私たちの周りにはあるように思えてならない。

人それぞれ人生観と生き方は違う。そのときの人間関係や様々な状況にもよるのを切ってしまってよい場合もあるのだろう。どちらがよいというのではない。自分自身の人生観や信条によって生きていくしかないということだと思う。

2. 戦争が機縁の過酷なご縁

インパール帰りでアメリカに日本食を広めたご縁
▼SUSHIと共同貿易・金井紀年さん

自分の身代わりで死んでくれた戦友

２００７年１月２日、ミャンマー（元ビルマ）とタイの国境近いモールメンの高校の裏山の丘でに一人の老紳士が静かにたたずんでいた。

「秋山、やっとたどりついたぞ。今までどれだけここに来たかったたか！　安らかに眠ってくれ。日本は大丈夫だ」

こう呼びかけると、戦友が亡くなった場所に線香を立てお酒を供え号泣した。とめどなく涙が流れ落ち60年間の思いが流れ出るようだった。

84歳のこの老紳士こそ、アメリカにおける寿司ブーム仕掛け人と言われ、南加商工会議所会頭、パンアメリカン日系人協会会長を務めた、東京共同貿易社長金井紀年（かないのりとし）であった。金井さんは在外日本人の投票権獲得の功績などを認められ旭日小授章を受勲された元陸軍主計少尉であった。

１９４５年、日本軍の敗色濃厚になった頃、金井さんはラングーン（現ヤンゴン）のビルマ方面軍貨物本廠に主計官として勤務していた。インパール作戦の敗残兵が戦地から命カラガラ帰還してくるのを見た軍司令部は、木村兵太郎大将以下幕僚は４月20日に突然姿をくらまし敵前逃亡してしまった。

「我々は見捨てられた」と金井さんたちは茫然自失となったが、戦友の秋山敏夫とともに、「ここにいては危ない」と４月23日には退却を始めた。食糧も武器もなく、追撃する敵軍の地上と空からの攻撃に悩まされた。２週間余りでタイ国境に近いモールメンの貨物支廠にやっとたどり着いた。途中離ればなれになっていた秋山ともここで再会できた。そこは女学校の校舎であったが、とにかく親友と同室で暮らすことになったのだ。しかし、無事たどり着いた安心感からか、金井さんはデング熱にかかり40度も熱がでて頭を上げることもできなくなってしまった。

５月10日、突然「空襲！」という叫び声がしてＢ24の爆音とともに鐘が鳴った。秋山が「逃げよう」と言ったが、金井さんはここで死んでもよいと思い「俺は動けないから、先に行ってくれ」と断った。秋山は「我々は狙われている。あぶない。逃げよう」と金井さんの右腕を肩に担いで立ち上がらせ一緒に逃げてくれた。しかし、敵の爆撃はすさまじく、炸裂弾と爆風で吹き飛ばされた。二人は散り散りになってしまった。

爆撃が終わり、金井さんは「秋山！、秋山！」と大声で叫びながら探しまわったが応答がない。「誰か将校が倒れているぞ」という声がしたので、かけつけてみると、秋山がそこで死んでいたのだ。「秋山は私の身代わりで死んでくれた」と思うと、言葉すら出なかった。

秋山さんと金井さんの出会いと親交

時代が前後するが、金井さんの記憶によれば、秋山との最初の出会いは、金井さんが１９４１年の東京商科大学（現一橋大学）に入学した時であった。郊外の川の土手を歩いていると、長身、白眉の男性が「君、どこの学校の出身？」と尋ねてきた。「府立九中です」と答えると、「これ君にあげる」と大きなリンゴを手渡しくれた。これが二人のいわばご縁の始まりだったといえる。秋山は金井さんの一年先輩であったが、「柔道部」と「剣道部」で交流しながら活躍した。

戦争が激しくなり学徒動員が発令されたが、二人は同じ部隊で南方方面への動員になった。乗った輸送船は敵の潜水艦に攻撃され続けながらも、何とかシンガポールにたどり着き、南方経理学校に入学することになった。

二人は馬が合い親交を深めていった。ある時、金井さんが軍靴の掃除を忘れたことに気づいた。大目玉を食らう覚悟をしていたところ、秋山が黙って掃除をしてくれており助かったこともあった。

その後、シンガポールから戦地ビルマのラングーン貨物本廠に二人は主計官として配属された。大変な仕事も多かったが、お互いに助け合った。二人の友情はますます強くなり、お互いのご縁も離れがたいものとなった。

日本に復員した金井さんは一時虚脱状態に陥ったが、「秋山こそ私の身代わりで死んでくれた。秋山の分も生きて、一度死んだ気で日本の復興に頑張ってみよう」と思い直した。秋山の魂が乗り移ったように、戦後の金井さんの激しいビジネスマンとしての活動が始まった。

しかし、金井さんのビジネス経歴は決して順調なものではなかった。最初は東京商大在学中から友人と２人でセメント製の屋根瓦製造販売会社を作った。順調にスタートしたが、時代が変わるとうまく行かず、金井さんが１８０万円の借金を全額背負うことになった。この時、設立されたばかりの日本航空に入社しないかという誘いがあり、心も動いたが、「秋山に誓った、日本の再生は、サラリーマンになることではない」と思い、断った。その後、自動車部品再生業を行い、背負った借金は返済することができた。

アメリカ人とすしとのご縁

その後知人が経営していた東京共同貿易という会社に出資した。日本食をアメリカに輸出することを業務としている会社である。１９５２年には経営参加する。しかし当時の輸出ビジネスは米国在住の日系人向けに缶詰を輸出するなどの細々としたものであった。そこでロサンゼルスにある兄弟会社の共同貿易への出張を繰り返し、日本から輸出できる有望商品を探し求め、売り歩いた。

しかし本格的にアメリカで日本食を販売するためには現地に骨を埋める必要があると考え、１９６４年に家族同伴でロサンゼルスに移住し、共同貿易の経営権も獲得した。

アメリカに移住してからは、日系人だけではなくアメリカ人にも受け入れられる商品開発にも重点を置き、日本製の薄焼き煎餅などを販売しヒット商品となったが、すぐに韓国・台湾から類似商品が出されてしまった。

生産コストの安い韓国や台湾には真似のできない商品を探していたところ、寿司が将来アメリカでも普及すると確信する機会があった。

もともと生魚（ローフィッシュ）を一切食べなかったアメリカ人の間で、ＳＵＳＨＩがどうして広まったのだろうか？　この〝仕掛人〟こそが金井紀年であった。

在米の金井さんは１９６５年頃からＳＵＳＨＩネタになる新鮮なマグロ、ハマチ、タイなどの魚介類を最初は氷詰めで、その後は冷凍で日本や韓国からの空輸での輸入を開始した。当時を知っている家内は、「金井さんは日本に帰国すると、よく百貨店の食料品売り場（デパ地下）に出かけられましたね。まだ冷凍技術もあまり発達していなかったので、冷凍食品などを見ながら戦略を練っていたのではないかと思います」と語っている。それに現在のようにインターネットで気軽に情報を得られる時代でもなかったから、とにかく自分の目で見て自分の足で稼いでＳＵＳＨＩとのご縁を築き広めたといえるだろう。

１９６０年頃より台湾や韓国産の日本食品類似品が出回り、価格では太刀打ち出来なくなっていた。台湾、韓国産の品質も上がり、「日本独自の真似されない商品」を模索していた金井さんさんが至った結論は寿司の販売であった。ロサンゼルスの日本食レストランに半年間通い、職人を説得し、寿司ネタケースを設置してもらった。そこから金井さんさんは寿司ネタ供給のために米国とアジアを飛び回り、寿司からＳＵＳＨＩへの土台を築いた。

１９６６年、商品買い付けのためユダヤ系アメリカ人のバイヤーを同行して日本に向かった。ためしに神田のすし屋に招待してみた。このアメリカ人は生ネタのＳＵＳＨＩが気に入り「これは美味しい」とよく食べた上、東京滞在中一人で毎日すし屋にでかけた。後で金井さんにはなんと10数万円の請求書が届いたそうだ。このアメリカ人は「これをアメリカでやればよい」

と助言してくれたが、その思いがけない行動を見て、「ＳＵＳＨＩが将来アメリカ人にも必ず普及する」と金井さんは確信したという。

このことが大きな機縁となって、金井さんは必死になってＳＵＳＨＩをアメリカで普及させた。

「１９７５年頃からアメリカ人にもＳＵＳＨＩを食べ始める人が増え、日本の時代劇〈ショーグン（将軍）〉がテレビ番組で大ヒットした。日本情緒を味わおうと日本食レストランに押しかけ、ＳＵＳＨＩがアメリカ人に受け入れられ次第にＳＵＳＨＩとして定着していった。さらに１９７７年には日本食は健康によいというマクガバンレポートが出され追い風になった」と語っていた。

日本食ブームとすし・酒

アメリカに急速にＳＵＳＨＩが普及した理由は、①おいしいカリフォルニア米の登場、②日本のＳＵＳＨＩに関連する技術力が世界で評価されたこと、③健康ブーム、の３つであるといわれている。当時のアメリカは肉食がほとんどであったという背景もあって、新鮮で美味しい上に、「太らない」「病気にならない」健康食として肥満に悩むアメリカ人にぴったりだった。しかも安価である。一般のスーパーマーケットでもパック入りで販売したり、店舗内にＳＵＳＨＩ　ＢＡＲを設ける所もあるほど普及した。

ＳＵＳＨＩ以外の日本食も急速に普及し、アメリカの日本食レストランは２０１０年には１万７０００店になり、さらに２０１７年にはアメリカとカナダをあわせると２万５３００店にもなったが、店舗の7割が日本人以外のオーナーによって経営されている。日本食は日本人の洗練された五感に基づいて、色や形や容器にこだわり、季節にあった新鮮な素材をいかしたおいしさが認められたが、今ではＳＵＳＨＩは世界語になっている。

最近は一般のスーパーマーケットでもパック入りで販売されるほど普及した。その後金井さんは本格的な日本食料理学校も作り、外人を含め日本食料理人を養成したことも一つの起因になっている。

さらに円高対策や更なる食材の普及には日本からの輸入だけに頼るのではなく、宝酒造（日本酒）、山本山（海苔）、山印味噌などと何度も商談を繰り返し説得し、１９７０〜１９９０年代に合弁で現地生産も開始した。

１９９０年代には地酒の本格輸出も開始し、安倍首相がオバマ大統領にふるまった獺祭（だっさい）などの名酒を広め、アメリカでＳＡＫＥブームの礎を築いた。ＳＵＳＨＩから始まった日本食は現在ラーメン、居酒屋などのＢ級グルメにも広がり、その裾野は拡大しつつある。さらに２０１４年に日本食がユネスコ世界文化遺産に登録されたことも追い風となり、日本食ブームから米国で日本食文化が形成されている。

戦友秋山の元への旅立ち

２０１７年４月、金井さんは共同貿易の現役会長を務めながら、惜しくも94歳で逝去した。

金井さんは復員後仕事をしていても「本来は自分が死ぬべき運命であったのが、秋山が助けてくれ身代わりになってくれた」との思いが彼のトラウマとして残り、何とか戦地を訪問し、秋山の菩提を弔いたいと思い続けてきた。その思いがやっと２００７年に60年ぶりに先述のように実現したのであった。

金井夫人は私の家内の叔母にあたり、私は若いときからいろいろと親交を得ることができた。２０１６年11月１日に金井さんから頂戴した直筆の手紙には、「小生が若い時に柔道（四段）をやっていたお陰で、今になって効果があるようです。病気もせずに一線で働いています」と書かれていたが、その２週間後に脳溢血で倒れて不帰の人となってしまった。人生の無常をこれほど感じたことはない。

金井さんはあの世で秋山さんに「君のご縁をついで、おれは日本の復興のために頑張った」ときっと報告していることだろう。

ユダヤ人を救った外交官杉原千畝が紡いだご縁
▼杉原弘樹さんと気功ヒーリング

外務省に背いてもユダヤ人6０００名にビザを発給

２００１年の初春、当時私は２回目の米国駐在で満13年目を迎えようとしており、カリフォルニア州シリコンバレーに駐在していた。ある日サンフランシスコ総領事の主催で、北カリフォルニア日本商工会議所の役員と在米のイスラエルビジネスマンとの親善交流会が公邸で開かれた。

その時のゲストスピーカーは杉原弘樹（すぎはらひろき）さんだった。彼は次のように話を始めた。

「私はまだ当時４歳の子どもでした。忘れもしない１９４０年7月18日のことです。父の杉原（すぎはら）千畝（ちうね）はリトアニアのカナウス日本領事館の領事代理をしていました。朝早く、我々が住んでいた領事館の窓を開けると、大勢の人たちが門の外に立っていました。私はなにが起こっているのかわからなかった。母親に聞くと『悪い人につかまって、殺されるかもしれないから、助けてくださいって、言っているのよ』と答えてくれました。私は『パパが助けてあげるの？　助けてあげよう。かわいそうだから』と言うと、母親は『そうですよ』と言いました」

この杉原弘樹さんこそ６０００名のユダヤ人に命のビザを発給した杉原千畝さんのご長男で、ユダヤ人難民を救った有名な話の始まりであった。

領事館の前をびっしりと埋め尽くした２００人もの群衆は、ナチスに追われポーランドから逃れてきたユダヤ人の難民であった。彼らは日本の領事館に行けば国外に亡命するための日本通過ビザを発給してくれると思い、集まった人々だった。

あくる日も多くの群衆が領事館の前を埋め尽くしていた。しかし領事といえども独断でビザは発給できない、杉原領事は「自分一人では決められない、難しい問題だから、日本の外務省に電報を打ってみる」と言って暗号電報を日本に送った。

次の日も、外では相変わらず騒ぎが続いていた。このままにしておくわけにはいかないが、門を開けると大混乱になってしまう。杉原領事は5人の代表を選んで話を聞くことにした。

「私たちは、ポーランドから逃げてきました。日本の領事館へ行けば、通過ビザがもらえると聞いてきました」

「数人分のビザでしたら、わたしの権限でも出すことができます。しかし、数百人、何千人にもなると本省の許可がいるのです」

こう答えて彼らに一旦引きとってもらった。やがて待ちに待った外務省からの返事が届いた。「行きたい国から入国の許可書をもらっていない人には、日本に入るビザを出してはいけない」と否定的な返事であった。

２日２晩のあいだ杉原領事は悩みつづけた。そして、「これだけの人たちを置いたまま、わたしたちは逃げ出すわけにはいかない」との結論に達し、奥様に「幸子、ぼくは外務省の命令に背いても、領事の権限でビザを出すことにする。いいだろう。外務省を辞めることになっても、ロシア語を使ってなにか仕事すれば、食べていくぐらいはできるだろう」と言った。

１９４０年７月29日、杉原領事は「皆さんがたに日本通過のビザを発行することになりました」と大きな声で発表した。

その日から杉原領事は手書きでのビザの発行を始めた。昼ごはんも食べず夜遅くまで仕事を続けた。ビザの発行を続けながら、何回も外務省に状況報告とビザ発行許可の電報を打ち続けた、しかし答えはノーであった。

杉原領事は疲れてくたくたになりながらも、１ヶ月以上も頑張ったが、ついに８月28日、「領事館を閉鎖して、ベルリンの日本大使館に移動せよ」との日本からの命令が下ってしまった。杉原領事一家は領事館を引き払いホテルに移った。するとユダヤ人たちはホテルに押しかけてきた。領事館を引き払ってしまったので正式ビザは発行できないが、杉原領事はそれに代わる許可書を発行し続けた。

８月31日、ベルリンへの移動のためにカナウスの駅に向かったが、ユダヤ人たちは必死に駅まで押しかけてきた。杉原領事は国際列車の発車時刻まで許可書を発行し続けた。「許してください。もうこれ以上書くことができません」と言うと、ユダヤ人たちは「ありがとう。杉原。バンザイニホン」と叫んだ。たくさんのユダヤ人の見送りで汽車はカナウスの駅を離れた。

杉原領事が発行したビザは２１１３通に上ったが、家族兼用ビザであったので約６０００名の人が救われることになった。ビザに代わる許可書も有効で、ユダヤ人たちはソ連経由で敦賀に入港し、神戸からアメリカなどの第三国に亡命していった。

これが有名な杉原千畝のビザ発行の逸話である。杉原弘樹さんはいろいろとエピソードを交えて話してくれた。ユダヤ人も日本人もこのスピーチに盛大な拍手を送った。

杉原弘樹氏さんに気功のヒーリング

スピーチを終えた杉原弘樹さんは大変お疲れの様子で、椅子にどっかり座って休んでいた。私が「どうかされたのですか?」と聞くと、「実は数週間前に胃癌の手術をしたので、食事が進まず、この数日間は全く物が食べられず困っています」と言われた。

「それは気の毒ですね。私は気功を少し学んでいます。がん患者などの病気の方にもボランティアで気のヒーリングをしています。これで元気になる方が多いのですが、杉原さんにもヒーリングしてみましょうか」

「是非お願いします」

椅子に座った杉原さんに私がヒーリングをしていると、総領事夫人が興味深く見ていた。

「なにをされているのですか。あなた医者なのですか」

「いいえ医者ではありません。気功のヒーリングをさせてもらっています」

私のヒーリングが終わると、杉原さんは元気になったようだ。今まで食欲がなかったのに、テーブルにあった握り寿司を数個食べ、「ああ！　久しぶりにおいしかった。元気が出てきた」と言われた。

そのころ杉原さんはカリフォルニア州の首都サクラメントにお住まいになっていたが、私の師匠で気功家の新倉勝美先生が月２回ほどサンフランシスコに来られ、気の練習とヒーリングをしていた。杉原さんに「新倉先生は主にがん患者などをヒーリングされているので、よければ杉原さんもどうですか」と誘ってみた。彼も空手の有段者で気功に興味を示し、その後数回新倉先生のヒーリングに来られた。腹水の水が引き一時元気になられ、日本に帰国し療養に努めたが、数か月後に残念ながら亡くなられた。

私にとっては、杉原さんとは不思議なご縁を感じ忘れがたい思い出になったが、杉原さんの話を聞いていると日本人とユダヤ人とはビジネスだけではなく何か深いご縁があるように感じた。

日本人とユダヤ人のご縁

▼樋口季一郎将軍の恩義は忘れない

ヨーロッパから逃れてきた2万人もの放浪のユダヤ人

私の故郷、淡路島の南あわじ市の福良湾を見渡す風光明媚な山の上に戦没学徒記念館がある。そこにはこの地に生まれた樋口季一郎（ひぐちきいちろう）陸軍中将の軍服や遺品が展示され、彼が２万名ものユダヤ人を救出した偉大なジェネラルであることが説明されていた。郷土の先輩だが、私は樋口中将のことはあまり知らなかった。

樋口季一郎がユダヤ人を救出したのは１９３８年3月10日のことだ。当時樋口はハルピン特務機関長をしていたが、彼はもともと親ユダヤの人道主義者と知られており、ユダヤ人の迫害を苦々しく思っていた。ハルピンの極東ユダヤ人協会のカウフマン会長は病院を経営している医者で、奥様が日本人という親日家であった。日頃親しくしているカウフマンが樋口に訴えた。

「大変だ、ドイツとポーランドの国境近くに住んでいたユダヤ人がナチスの迫害に遭い、満州国との国境に近いソ連のオトポールまで大挙してやって来ている。そこでテントを張って生活している。彼らはどこの国にも受け入れられず、満州国を最後の頼みとしてシベリア鉄道でここまでやって来た。零下数十度の極寒の地で、食糧はすでに尽き、飢餓と寒さのために凍死する者が続出している。前にも進めず、退くこともできず大変危険な状態にさらされている。ジェネラル、ヒグチ、何とかしてください」

国境に押し寄せたユダヤ人たちは満州国に通過ビザを発行するよう懇願していたが、満州国外交部はドイツに気兼ねしてビザの発行を躊躇していた。そのため、日頃からユダヤ人に理解があった樋口にカウフマンが嘆願してきたのであった。

この２か月半前の１９３７年12月26日、ハルピンで開かれた第一回極東ユダヤ人大会に来賓として出席した樋口は次のようにスピーチした。

「ユダヤ民族はあらゆる事柄に対して研究心に富み、極めて勤勉であり、特に経済、社会方面に偉大な能力を有し、かつ科学的分野において世界的貢献を果たしてきたと信じます。……欧州の若干の国ではかなり重大なるユダヤ問題がみられます。彼らが指摘するユダヤ民族に対する非難点は物質主義的であり、国際主義的ないし社会主義的であり、また非同化的でありますか……」

ユダヤ民族に対する深い同情と理解を示すこのスピーチを行った樋口は、ユダヤ人には大変頼りになる人物と映ったであろう。日本の有力な軍人が「親ユダヤ的なスピーチをした」ことはマスコミにも大きく取り上げられた。

ユダヤ難民に頼られた樋口は「これは政治問題に優先する人道問題だ、日露戦争で大恩を受けたユダヤ人に報いるには今しかない、助けを求める人達を見殺しにできない」と考えるに至った。奥様には「首になるから帰国の荷造りをせよ」と命じ、「この問題は私が解決する」と不退転の決意をした。

「閣下、独断専行は無謀です」という部下もあったが、樋口は満州国外交部に「これは人道問題である。一日延ばせば生命が重大問題となる。関東軍に遠慮せず、ビザを発給するように」と依頼した。一方で、満鉄総裁の松岡洋右（まつおかようすけ）に事情を説明し、「私が責任を持ちますから、ユダヤ人移送用の特別列車を仕立てくれませんか」と依頼した。当時の国際情勢をよく理解していた松岡は13便の「アジア号」を仕立ててくれた。その列車を利用して約2万人ともいわれたユダヤ人は満州国に入り、その八割は上海経由でアメリカに渡ったという。

ドイツの抗議に屈せず堂々と反論

日本とドイツの間では防共協定が結ばれたばかりであり、この樋口の処置に対して、ドイツのリッベントロップ外相はオットー駐日大使を通じて外務省に抗議した。その内容は「満州国にある貴国の重要任務にあるジェネラルは、わがドイツ国の国策を批判するのみか、ドイツ国家、およびヒトラー総統の計画と理想を妨害する行為に及んだのである。この要人については速やかに貴国における善処を希望する」というものであった

この抗議文は外務省から陸軍省に回され、陸軍省の指示で関東軍参謀長の東条英機（とうじょうひでき）に届けられた。樋口は東條から呼び出され査問を受けることになった。覚悟を決めた樋口は「日本国はドイツの属国ではなく、満州国もまた日本の属国ではないと信じるがゆえに、私の私的忠告による満州国外交部の正当なる判断に関連し、私を追及するドイツ、日本外務省、日本陸軍省の態度に大いなる疑問をもつものである」と堂々と反論し、ドイツと日本は別だと自分の立場を陳述した。東條は「樋口君、よくわかった。あなたの話はもっともである。ちゃんと筋が通っている。私は中央に対し、この問題は不問に付すように伝えておこう。もう帰れ」と樋口をか

ばった。東條は後に日米戦争を始めた首相として大きな責任は免れないが、この事件に関しては立派な軍人であった。

樋口のその後の軍歴は、陸軍中将に昇進し、第五方面軍司令官としてキスカ島から５１８３名もの兵士を濃霧に乗じて奇跡的に救出させた。さらに、太平洋戦争停戦後の１９４５年８月18日に千島列島最北端の占守島に８０００名余のソ連軍が突如奇襲上陸を企ててきた時、「断固反撃せよ」と指示を出し、水際作戦で敵を撃退し、スターリンの北海道領有の野望を打ち砕いた。これは太平洋戦争における日本軍の最後の勝利であり、これを指揮した司令官として記録されている。

樋口はユダヤ人救出をはじめ、一貫して人命を尊重する人道主義に徹した将軍として尊敬されており、私の郷里からこのような偉人が生まれたことに一つのご縁を感ずる。

日本人とユダヤ人はご縁の深い民族

さて杉原千畝や樋口季一郎が支援したユダヤ人と日本人は、お互いにご縁の関係が非常に深い民族といえるのではないだろうか。

例えば「日ユ同祖論」という、古代の大和民族と古代イスラエル人は共通の先祖を持つという理論もある。その根拠は、①皇室神道とユダヤ教は類似点が多いこと、②神社神道とユダヤ教の類似点が多い、③カタカナとヘブライ文字の類似点、④大和言葉とヘブライ語に類似点があることなどがあげられる。しかし、この説は奇説として認められていないが、古代よりユダヤ人と日本人は何となく親近感がある民族であったような気もしないではない。

日本人とユダヤ人の交流が始まるのは明治時代になってからであるが、日本が全国力を上げて戦った日露戦争では、厳しい財政状況のなか、戦費調達の見込みが立たなかった。欧米の銀行家が尻込みしていた中で、日本の戦時国債を引き受けてくれたのが、シフというユダヤ人金融家であった。当時の欧米の金融界では、シフの外債引き受けは冒険そのものであるとされていたが、シフはロシアで迫害されているユダヤ人を救うために日本の外債を引き受けたと言われている。

日本が日露戦争に勝利できたのは、ユダヤ人からのこうした支援があったからだった。また当時「黄禍論」という考えが広がり、日本は白人から差別されており、ユダヤ人も母国を持たない漂泊の民として差別されていた。

ユダヤ人と日本人はお互いに意識し合う中であったが、ナチスのユダヤ人迫害運動が激しくなるなかでの杉原、樋口のユダヤ人救済は、ある意味では日露戦争でのユダヤ人の好意に関する恩返しでもあった。

特筆すべきは、ナチスのユダヤ人迫害が激しかった１９３８年12月に、日本政府の当時の最高の意思決定機関であった五相会議（首相、陸軍、海軍、大蔵、外務の５閣僚）で「ユダヤ人対策要領」を決議している。それによると、ユダヤ人は「他国人ト同様公正ニ取扱ヒ是ヲ特別ニ排斥スルカ如キ処置ニ出ツルコトナシ」と、排斥はしないと決定されている。当時、国策としてこのような決定をしたのは日本以外にはなく、この人道主義的決定はいまでも高く評価されており、我々日本国民も自信をもって良いと思う。

戦後もユダヤ人は杉原、樋口の恩義を忘れなかった

また杉原、樋口に対して、ユダヤ人はその恩義を決して忘れていなかった。

占守島の戦いで敗北したソ連は、樋口を「戦犯」に指名し、連合軍総司令部に引き渡しを要求してきた。しかし、ニューヨークにあった米国ユダヤ会議は「オトポールの恩を返すのは、いましかない」と、樋口救済運動が燎原の火のごとく広がり、彼らの支援で樋口は難を逃れている。

また1969年、モスクワの帰りにイスラエルを訪問した杉原は、イスラエルのバルハフティック宗教大臣にこう言われた。

「覚えていらっしゃいますか。私はカナウスの領事館で貴方に面会したリーダーの一人でした」

バルハフティック大臣は杉原の命のビザで救われた一人だったのだ。

さらに、杉原はイスラエル政府からダイヤモンド入りの勲章を授与されており、四男の伸生もイスラエルのヘブライ大学に公費留学させてもらっている。

また1990年頃、幸子夫人がニューヨークのユダヤ人たちに招かれて来られたことがあった。命のビザで救われたユダヤ人が多数ニューヨークに住んでおり、彼らは涙を流しながら幸子夫人にお礼を言ったという。私はその時のパーティに出席できなかったが、その会に出席した友人から、熱気に満ちた模様を詳しく聞いたのを今でも鮮明に覚えている。

私とご縁のあったユダヤ人の話

杉原、樋口に救われたユダヤ人は、戦後のアメリカにもたくさんいた、彼らはビジネスの世

界で成功している人が多く、日本人とも接触が多かった。私の勤務していたミノルタでも、戦後初めてアメリカでカメラの販売を始めた時は、カメラの流通業界はユダヤ人の支配力が強く、日本製カメラの販売についてはユダヤ人に助けてもらったと先輩に聞いている。カメラ業界に限らず、家電や自動車業界のアメリカ進出には、ユダヤ人の支援があったそうだ。ユダヤ人は頭がよく勤勉に働くので、医者や弁護士、教師になっている人も多かった。

私の個人的な体験だが、ビジネスの世界ではユダヤ人はなかなか手ごわい相手で、タフ・ネゴシエイター（難しい、交渉の相手）として恐れられていたが、一般的に日本人には好意的だったように思う。その理由は、ＷＡＳＰ（白人、アングロサクソン、プロテスタント）中心の欧米社会では、ユダヤ人はマイノリティであったが、堅実でゆるぎない影響力を保っていた。それが東洋から進出してきたマイノリティである日本人とよく似ていたので、お互いに気心が通じ合ったのだろう。民族同士のご縁があったように思う。

私自身もユダヤ人に大変かわいがってもらったことがある。ニューヨーク州でミノルタの現地生産の責任者をしていた時、ハロルド・ジョナスという地元の大学の名誉教授と知り合いになった。彼は根付の収集家で、集めた根付をほとんど奈良の大和文華館に寄付するほどの親日家であった。たびたび工場に来て励ましてくれたが、阪神・淡路大震災の時は、家に呼ばれ多額の寄付を私に託してくれた。また病気で入院されていた時、私に会いたいと言われ、薬で一時的に意識をはっきりさせ、数十分間最後のお別れの話をさせていただいたことは今でも忘れられない。彼はコロンビア大学の大学院を出た学者であったが、父親はポーランドから移民してきた職人だったことをよく話してくれた。私は杉原や樋口のことは直接話題にはしなかったが、恐らく知っていたから私に親近感を感じて親切にしてくれたのだと思っている。また、工場を建設するときの地主と建築業者もユダヤ人一家で、家族ぐるみ大事にしてもらったものだ。

ご縁というものは、個人と個人に限らず民族と民族の間にもある。イザヤ・ベンダサンは１００万部も売れたベストセラー『日本人とユダヤ人』で、日本人とユダヤ人の文化の違いを述べ、いずれも世界中で特殊な民族であるとしている。一時日本はエコノミックアニマルと言われ恐れられた。それは頭が良く、よく働き、ずるさもあったが、成功した異端児に見られた１９８０年代にはジャパンバッシングで迫害され、これがアウトサイダーの成功者としてユダヤ人とよく似ていると言われた。それで、お互いに助けたり、助けられたりした歴史を繰り返しており、日本人とユダヤ人にはよくよくのご縁があり、ご縁文化の面白さを感じる。

満州帰りの闇屋から復活した森繁久彌さん

▼何倍ものご縁の不思議さを経験した人生

満州から引き揚げ、高知そして東京へ

１９４６年10月21日、森繁久彌（もりしげひさや）夫妻と母親、３人の子供の一家６人は満州からの引揚船で佐世保の土を踏んだ。焼けただれたとはいえ、日本の秋は悲しいばかりに美しく、あの木の下、あの山の下に住む人は異邦人ではなく日本人だと心強く思ったそうだ。

満州にいるとき友人から「高知の人は日本一善人だ。引き揚げたらぜひ僕の里に来い」と言われた。その友人を頼って三等車に乗り、多くのトンネルをぬけて2日後に高知についた。高知から2時間あまりバスに乗って終点の田野という町に着いたのは夜の9時頃であった。親切な女性の車掌さんが目指す大きな家まで連れていってくれた。「トントンと戸を叩いてもなかなか出てきてくれなかった。やっと細めに戸を開けてくれた」が、「今、本人は東京に職を求めて出かけています」と短い返事。ぴしゃりと戸を閉められしまった。車掌さんは「本当に気の毒です。私が今から宿屋を起こしますから」と探してくれたが、宿屋では「うちは引き揚げの方はお泊めできません」と言われ、疲れきっていた母親は泣きだしてしまったそうだ。しかし「お金は持っているから」と言うと態度が変わり泊めてくれたそうだ。

敗戦を契機に、満州の花形アナウンサーの身の上も暗転し、あてにしていた旧友にも結果的に裏切られることになってしまった。

その後駅前の収容所で数日すごしてから、東京・狛江の親戚の家の6畳一間に移り住むことになった。しかし、妻が子供の手をひいて炭や芋を小田急沿線に買い求める毎日を、森繁は見るに見かねて、「大阪の友達を訪ねてみよう。親戚もあることだし、何とかなるだろう」と大阪に出かけた。森繁は大阪の枚方市生まれで、名門の北野中学（現北野高校）を卒業しており、中学時代の友達が大阪にはたくさんいた。そのご縁を頼ってみようと思った。

徳島の網元との消滅したご縁

中学時代の友人は不思議とみんな戦死せずにいたが、道楽息子が多く、売り食いで生活していた人が多かった。彼は旧友の後をついて大阪の街をさまよい歩いたが、御堂筋のイチョウが散り六甲山に冬雲の気配が見えるころには、自分のための仕事がないことが分かった。すると森繁の甥が「おじさん、誰か漁師を知らないか？」と聞いてきた。話を聞いてみると「もし、漁場から都会の魚河岸まで闇で魚を運ぶと軽く20万円や30万円は儲かる」というのである。森繁は知り合いの紹介で、徳島県牟岐町の近くで自転車屋を経営している人の叔父が四国の八坂八浜きっての網元であることが分かった。甥と一緒に買主の大阪の魚河岸の旦那と話し合ってみると、「まあやってみなはれ、そいで相手の出方によって電報をおくれ。一部を公定（政府の統制ルート）に廻し、後は大会社の食料部に闇で卸すことで、こっちは手配します」と、四国の網元と話が付けば、魚を買ってくれることになった。

森繁は大阪からご縁を頼って徳島に向かったが、現地につくとお金はもう一銭もなかった。タバコまで物乞いする始末であった。紹介された自転車屋に会い、彼の叔父の網元をどう説得するかを相談した。すると自転車屋は、「自分は軍隊で中支（中国中部）を転戦していたが、森繁さんが上官になってくれると話がまとまりやすい」と言う。ほとんど軍隊経験などない森繁だったが、インスタント上官の将校になることにした。

自転車屋は叔父とだいたいの話をつけていたが、森繁が町一番の実力者であるこの叔父の網元と旅館で会うことになった。「ようおいでなされた、こいつがえろうお世話になったそうで……」と挨拶され、雲をつくような大男の網元との話は何とか纏まった。その夜は気をよくして、御馳走を食べて寝ていると、午前3時頃、暗黒の闇にドシッと大きな揺れがあり、森繁の頭に何かが落ちてきた。「地震だ、誰か……、誰か……」と裸足で表に飛び出すと、「津波がきたぞ、山へ逃げろ!」と叫ぶ声がする。森繁は山に逃げこんだ。夜が明けてみると、大きな船が山の中腹まで乗り上げていたり、流された家も多く見るも無残な状態であった。１９４６年12月21日に起きた昭和南海地震に遭遇したのであった。

自転車屋の奥さんの姿が見当たらず、皆で懸命に探してみると、彼女は津波にあい田んぼの桑の木にかかって無残な最期を遂げていた。

三度目のチャンスは東宝とのご縁復活

闇で大儲けするという、一度はつかみかけたご縁も自然災害には勝てなかった。夢は無残についえ去り、森繁は東京の家族のもとに帰った。質屋通いで正月は何とか過ごしたが、仕事はなかった。

すると知人から、「タイヤを２本卸してやるから売ってこい。一本２２００円で卸そう」という話があり、顧客探しに走り回った。やっと「２５００円で買ってやるよ」という客を見つけ、儲けの６００円を２人で分けた。しかし、このことを自動車会社の重役をしていた森繁の叔父に話すと「一本４５００円で買ってやったのに」と言われた。後の祭りであった。

奥さんはミシンを買って洋裁をしたり、森繁も戯曲を書いて懸賞に応募してみたが入賞することはなかった。

ある日、森繁が戦前に勤務していた東宝の役員の菊田一夫（きくたかずお）から「このハガキを見次第、東宝の本社の私を訪ねよ」という面白い便りがきた。喜び勇んで東宝に出社すると、菊田から「芝居をやってみる気はないか」と聞かれた。「ええ、やってみます」「自信があるか?」「はい、闇屋より自信がある」「じゃー、明後日有楽座にきてくれ」。とんとんと採用が決まった。

懐かしい有楽座に出かけ、菊田一夫から関係者に紹介してもらった。いよいよ芝居の配役の発表だ。なんと森繁は２人の主役の一人に選ばれていた。それから稽古が始まったのだが、ある晩稽古帰りにタクシーで谷中にある父親の墓参りに出かけ、墓前で「あなたから頂戴した遺産は全部使いはたしました。三度目のチャンスのご縁が巡ってきました。頂いた遺産と同額の金を稼いだ時に再度、墓参りに参ります」と誓ったそうだ。

その後、東宝撮影所から電話があり、衣笠貞之助（きぬがさていのすけ）監督の映画出演の声がかかり、映画「女優」に端役で出演したのをきっかけに、その後は映画、テレビ、ラジオなどで人気俳優として大活躍し、文化勲章も受章した。死後であるが、国民栄誉賞も追贈された。大きなご縁の花が開いたといえるだろう。

普通の人の何倍ものご縁の不思議さを経験した人生

森繁の前半生も面白い。彼は１９１３年大阪の枚方で生まれた。父は日本銀行大阪支店長などを務めた実業家、祖父は徳川幕府の大目付という名家である。しかし２歳の時、父が早死し、小学校１年生の時に親戚の家の養子になり、姓が菅沼から森繁に変わり、枚方から鳴尾（西宮市）に移る。大阪の名門北野中学に進学するが、化学、物理は大好きだが歴史、地理は大嫌いで、歴史の試験の時は故意に白紙で出し、５分で教室を退室した。これが咎められ中学３年生の時に落第を経験する。

それから早稲田第一高等学院、早稲田大学商学部と進学するが、もともと物まねがうまかったので、早稲田の演劇研究会に入り先輩の山本薩夫などと大活躍する。しかし森繁は大学の教練の授業が大嫌いで出席しなかった。何回も呼びだされ注意を受けると、「それでは大学を辞めればよいのでしょう」と3年で中退してしまった。根性はあったが、変わった性格の青年であった。

それから、東宝に入社して演劇の道に入るが、なかなか目が出ず苦労し、親からもらった遺産をすべて使いつくし辛酸（しんさん）をなめ、ご縁をつかめなかった。

ところが、NHKのアナウンサー募集があり、応募者1000名という難関のなか、6回もテストされた結果、30名の合格者の中に見事に入ることができ良縁をえた。森繁は外地勤務を希望し満州に配属された。満州の新京中央放送局の花形アナウンサーになってからは、彼は大変身して人の三倍働こうと大活躍した。満州奥地や蒙古などへの取材旅行を精力的にこなし、アナウンサーだけではなく放送の技術全般でも大いに研究した。しかし、日本の敗戦に会い、一時は満州に残ろうと思ったそうだが、やむなく日本に復員し、先に述べたような境遇を味わった。

人生には山あり谷ありというが、森繁の人生をみていると、名家に生まれて恵まれた良縁を得た幼少期を送ったが、中学での落第や大学の中退で挫折し、ご縁に恵まれない人生を味わうことになった。まさに起伏の多い前半生で、演劇活動では芽が出ずご縁に恵まれなかったが、満州に赴任してアナウンサーとして天を突くようなご縁に恵まれた。彼の人生には上り坂と下り坂のご縁のほかに、もう一つの坂である「まさかの坂（魔坂）」を敗戦で経験し、ドン底に落ちてしまった。しかし、森繁は極寒の満州での経験を思い出し、「大きな困難こそ大きなチャンス」だという信念で頑張り通し、大きなチャンスをつかんで国民的俳優に上り詰めた。普通の人の何倍ものご縁の不思議さを経験した人生であった。

３．病気や事業の失敗を契機にしたご縁

日米の２人の女性の命をつなぐ強い絆
▼アンドレアさんと明美さんの国を超えた不思議なご縁

生と死を深く見つめた人の遺書

１９９０年代前半のことだ。ニューヨーク州北西部のビンガムトン市郊外にある私の親友松島良一（まつしまりょういち）さんを訪問した。松島さんは前妻のアンドレア松島さんの遺品から遺書が見つかったと言って私に見せてくれた。

「私は幸福でした。私は死を恐れていません。どうか私の死を悲しまないで下さい。私が生きたことを喜んで下さい。

私の心臓が鼓動をやめ、私の呼吸が停止する日がくるでしょう。その日がくれば、薬や器械を使って、私のなかに人工的な生命を吹き込まないでください。昇りゆく朝日を、子供たちの

微笑を、舞い上がる鳥をまだ一度もみたことのない人に、私の目をあげてください。暗闇しか知らずに生きてきた人に、色と光を教えてあげて下さい。それらの人に、器械から解放される自由を味あわせてあげて下さい。私の腎臓と肝臓と血液は、それらがあれば生き延べられる人にあげて下さい。それらの人に、器械から解放される自由を味わわせてあげてください。ちょうど私がその自由の喜びを知ったように。私の心臓は、一番優秀な医学部に上げてください。脳も摘出して下さい。そしてそこを解剖して下さい。神の作りそこなった心臓が、少しも脳に悪影響を及ぼしていないことを示してください。ドクターたちに私の心臓を研究してもらって、心臓病の子供たちが、苦痛もなく不安もなく、走ったり生活したりできる治療法を探して下さい。また他の人がそれで生き延べられるかもしれないものがあれば、私のあらゆる器官をつかって下さい。

残りの部分は焼いて湖の見える丘の上の、あなたのお母様の墓に私の骨をいれてください。私はその場所を知っているし、好きだから、決して淋しくはないでしょう。私の弱さや欠点も、同時に埋めて下さい。でも他の人や人生に対する私の愛情は長く忘れないで、他人に親切するとき、私を思い出して下さい。私のためにそうしてくれたら、私は限られた生命を超えて、生き続けるでしょう。私の魂は、あなたを愛し続けるでしょう」

アメリカと日本で心臓移植を待つ二人の女性

アンドレアは重い心臓病を患っていた。一縷の望みを持って心臓移植手術を受けるため、サンフランシスコ郊外のスタンフォード大学病院に入院したが、１９８５年１月、残念ながら亡くなられた。１９８０年代の初めは心臓肺臓両移植を成功させているのはスタンフォード大学病院が世界中で唯一だった。松島さんは、「移植手術を受けたいという生涯の夢は実現したが、生きて手術室を出ることはできませんでした」と、今回の取材にコメントを寄せてくれた。亡くなったアンドレアさんの遺品を松島さんが整理していると、罫のない手書き日記帳が見つかった。この日記帳には「To Ryo-chan」とだけ書いてあり、日記とは別に日頃考えていたことを短い文章で綴ってあった。日付はとぎれとぎれで、数年前から書き始め、入院のためにニューヨークを離れるまで書かれていた。その中に前述の、多くの人へのメッセージともいうべき遺書（結果的に遺書になった）が見つかった。原文はもちろん英文で書かれていたが、私はこのノートを見せて頂いて、こんなふうに生死を超え、悟り切った心境の人がいたのかと鳥肌が立つ想いがした。

アンドレアさんが亡くなる前の話だが、アンドレア松島さんとその夫の松島良一さんは、自分の体に適合する心臓と肺臓の提供者が見つかるのを、１９８３年よりスタンフォード大学病院で待っていた。一方で仲田明美（なかたあけみ）さんは、日本ではまだ行われていなかった心肺移植（心臓と肺を同時に移植する）をアメリカで受けたいと思い、スタンフォード大学病院に申込みドナーが現れのを待っていた。

アンドレアは夫の影響で、日本への関心が極めて深く、同じドナー待ちに日本人がいることを聞き、自分で英和辞典を引きながら手紙を書き、明美さんが入院していた大阪の国立循環器センターに手紙を出していた。そこから二つの生命をかけた日米の強い絆を結ぶ文通が始まり、まさにご縁を紡ぎながらご縁を深めていくやり取りが始まったのである。

海を越えた二人の手紙のやり取り

前述の遺書と以下の手紙（一部原文のまま）は、後藤正治（ごとうまさはる）著『二つの生命』（岩波同時代文庫）から引用している。なお、（ ）内の訳も同様である。

「明美様　はじめて書きます。今日テラビ（テレビ）は内（家）にきました。きょ年、あなたの名前知っていました。私のしゅじん（主人）は日本（で）シャムウエイ先生にあいました。私はスタンフォードの肺・心移植候補者に指定されました。九か月スタンフォードへんに（近くで）提供者が待っています。

私はアメリカ人です。三十三歳です。十一年前日本人と結婚しました。もう二かい日本に行きました。あなたはお元気ですか。お待っては（待つのは）やさしくありませんですがお元気で。私は来ての前（ここに来るまでに）もう十五か月ニューヨークで待っていました。しんぱいしないです。

あなたのスタンフォードに来ての時にあいたいのです。その前に英語がよく勉強してください。質問があればなんでもして下さい。

今も（今まで）十八人に心市（肺）移殖（移植）をしました。九人は友人です。あと十一人もここに待っています。毎月皆さんはミーティングをあります（します）。皆さんはお友人になりました。

カリフォルニアに（は）良いおてんきですから良くなります。ニューヨークの冬はとっても寒いですから私の心ぞ（心臓）が弱くなります。

草く（早く）アメリカに来て下さい。手術で元気になるからまた日本に行きたいのです。良一のきょだい（兄弟）は姫路にいます。私は姫路城の前のさくらを見たいのです。お元気で。そちらの皆様によろしく。

かしこ

松島アンドレア

昭和五十九年四月二十日

この手紙は日本語で、しかもなんと毛筆で書かれていたそうで、松島さんに聞いてみても、彼女は松島さんの助けを受けずに、英和辞書を引きながら自分一人で書いたという。信じられないことである。

手紙をもらった仲田明美は大阪外国語大学（現大阪大学）フランス語科を卒業した大変意志の強い女性であった。当時日本では移植手術は受けられないので、渡米してまで心臓手術を受けたいと決意し、マスコミでも話題になった。彼女はアンドレアからの手紙でどれだけ慰められたか分からない、これで生きる力が湧いてきたと言う。お互いに病気を克服できれば明美さんの故郷の松山で一緒に桜を見たいと夢見ていた。

この生命の慟哭というか、日米２人の女性のやり取りには、うかがい知れないほどの強くて深いご縁での結び目がある。アンドレアの手紙に明美さんは次のような返事を出している。

「親愛なるアンドレア。お手紙ありがとうございました。とてもうれしく読みました。というのも、私は日本で心肺移植を希望して待機している唯一の患者だからです。あなたは、わざわざ日本語で手紙を書いて下さいましたが、おそらく、多くの時間を費やしとてもあなたを疲れさせたことと存じます。私は少し英語が読めます。どうか次回からは英語で書いてください。私は、大学で英語とフランス語を勉強しました。充分ではありません。というのも病気が進み、この三年間はほとんど勉強ができていません。私の病気は、この四年間の間にとても悪くなりました。昨年十一月、睡眠中に重体に陥り、私の心臓は三分間止まってしまいました。それからは奇跡的に回復しましたが、以降、動くことができなくなり、いまも立つことはできません。本日（一九八四年五月三十日）二通目のお便りを受け取りました。

それを読んで、私は涙をこぼしてしまいました。あなたを見知らぬ他人だと思えません。本当に早くお目にかかりたく願っています。けれども、いろんな条件がそれを阻んでいます。たとえば、日本人女性である私の心肺のサイズは、アメリカ人のそれと比べると余りにも小さいのです。またいまのコンディションでは、スタンフォードを訪れるのもむつかしい。もう少しよくなるのを待って下さい。

ジェイミソン先生は私に、忍耐強くあること、そうすれば成し遂げられることができるでしょう、と手紙を書いてくださいました。その言葉を信じています。命ある限り生きる努力を放棄しません。二人とも完全に回復したとき、一緒に、日本の満開の桜を見ましょう。私の郷里は松山です。松山は桜の名所として有名です。いつかご主人とともに、是非いらして下さい。

心肺移植を待っておられる十一人の方々によろしくお伝え下さい。私の手紙も見せて下さい。調子のよいとき、お便り下さいませ。私もそうします。私の記事はいま手元にありません。後便で送ります。お身体を大切に。

一九八四年五月三十日

心肺移植を待ちながら相手を思いやる心情

この後、アンドレアは明美さんに英文も含め励ましの手紙を25通も出している。一方で仲田明美さんは病気が進み、身体の自由が利かなかったこともあり、４、５通しか返事を出すことができなかった。

この２人の手紙のやり取りはテレビ朝日の特別番組、ドキュメンタリー「アンドレアからの手紙」（1時間）として放映され、女優の藤純子さんが朗読をされた。これに感銘を受けたノンフィクション作家の後藤正治さんは関係者から取材し『二つの生命』を上梓し、詳しく２人の生きざまとその絆を記述されている。

２人とも生死をさまよう状況におかれて、感覚は研ぎ澄まされ、高い精神レベルのご縁で結ばれており、この本を読んだ多くの人は涙せずにはいられなかったと思う。また人なつこいアンドレアだからできたことで、手術を待つ患者や家族のサポートグループを作りお互いに励ましあい、医者やドナーを募っている組織の人を病院に招いて話を聞いたり、毎月「Recycle of Life」というニュースレターを発行した。その後、この活動はスタンフォード大学病院のその道のパイオニアにまでなった。

アンドレアの25通の手紙のうち、17通目は次のようなものだ。

「親愛なる妹へ
あなたの手紙は今日届きました。私にとってなんという喜びでしょう。明美さん、私はあなたに語るべき一つの真実があります。なぜあなたはあきらめてはいけないのか、ということなのです。ドクター・ジェイミソンは１９８３年８月。私に話してくれました。誰かがあなたの前に待っているので、あなたを連れてこれないということなのです。今年の春も、スタンフォードで同じことを話していました。たぶんそれは私のことなのです。私はあなたが小柄で血液型がO型であることを知っています。現在ここで待っている待機患者の中では、小柄でO型なのは私だけなのです。つまり私が手術を受けるか、あるいは死んでしまうまで、あなたはこちらに来られない。私の待機は、そのままあなたの時間を無駄にしています。このことを知ることは、私を非常に悲しくさせました。私は自分自身が生きたいだけ、あなたも生きてほしいのです（以下略）……」（１９８４年11月28日）

ドナーの出現と二人の相次ぐ死

「親愛なる妹へ」という書き出しでわかるように、アンドレアは明美さんを自分の妹のように思っていた。もし心臓提供者が現れれば、明美さんより先に自分がその心臓を使うかもしれないと責任を感じ、明美さんへ申し訳ないと思い、その心情を手紙で告白している。自分のことで頭が一杯な状態でよくも他人にこれだけ思いやりを与えられるのかと、アンドレアの心に驚く。

この間約10カ月もお互いの文通が続いたが、１９８５年1月5日にアンドレアさんに念願のドナーが現れ、スタンフォード大学病院で手術を受けることができるようになった。

手術前に松島さんとアンドレアはある約束をしていた。「アンドレア、聞こえるかい」と言って手を握り、意識があれば手を握り返すということであった。約束通り松島さんは何回も

「アンドレア、聞こえるかい」と手を握ったが、握り返されなかった。13時間半にも及ぶ長い手術にも拘らず出血多量でついに彼女は帰らぬ人となった。松島さんは経営していたニューヨーク州ベスタルとコネチカット州ブランフォードの二軒のステーキハウスをマネージャーに任せていたが、スタンフォードを後にしてニューヨーク州の実家にむなしく帰ることになった。彼女が亡くなった時、遺言通り遺体は大学病院に献体し、使える臓器は使ってもらい、残った臓器が火葬にされたそうだ。葬儀は病院の近くのカソリック教会で行われたが、関係した多くの人々が参集してくれて、花いっぱいの中でアメージング・グレースを歌ってくれる人もあり、厳かな葬儀であったという。さらにニューヨークの教会でも惜しまれながら再度葬儀が営まれたという。

アンドレアが亡くなってちょうど3年後の１９８８年1月に明美さんも亡くなった。明美さんは生前、アンドレアのことを「私たちはおたがいの顔を合わせたこともなかったけれど、魂の共鳴板がぴったり一致して、お互いの感じていることが手に取るようにわかった」と述べている。それに対してアンドレアはその遺書で「私は限られた生命を超えて、生き続けるでしょう」と書いている。アンドレアが「あなたのお母様の墓に私の骨をいれてください」と望んでいたので、日本ではなくアメリカのニューヨーク州のバッファロー市の丘の上の墓地に松島さんの両親の遺骨を分骨し、その横にアンドレアの遺骨も埋葬したそうだ。彼女の希望どおりアンドレアは松島さんの両親と隣同士となり、今もさまざまなことを語りあっていることだろう。

二人の女性の魂の感応道交

私は松島さんに、「アンドレアは天使のように見えるが、今から見てどんな感じですか」と聞いてみた。

「その通りです。彼女は自分の持っているものを、何でも他人に差し出し、他人には親身にいつも相談にのってあげていた。ヘルプ、ヘルプに徹した素晴らしいハートの持ち主で、死後何十年もたった今でも、いろいろな方々が彼女に深く感謝をしている。人生は長さではなく、その生きた質であり、まさに彼女の生きざまそのものだ」。

アンドレアと明美さんの二人が、励ましあい、お互いの絆が強く清く結ばれた関係はどうしてできたのだろうか？　我々凡人の心（意識）はヘドロのように煩悩や我欲でドロドロと濁っている。ちょうど溜め池の底のように透明度がかなり悪いものだと思う。しかしもともと清純な魂を持っていた2人は、難病にあって精神の葛藤を乗り越えることで濁りがだんだん半透明になり、病気で死線を超えるほど心が高まると、心の煩悩や我欲という泥が少なくなり、我執を離れ徐々に澄み透明度を増してゆき、最後にはバイカル湖の水のように透明度が１００％に近い状態にまでなっていたと見える。このように心が澄んでくると、類は友を呼び自分の心の透明度に共鳴した良質の友人とご縁を通じて、このような2人のやり取りが続いた違いないと思う。

さらに私は、2人のご縁に関しては現世のご縁を超えたあの世も含む魂同士のご縁ではないかと思う。アンドレアは自分の遺骨は姫路の義母の墓に入れてほしいと言っていた。一方で明美さんはアンドレア夫妻と一緒に故郷の松山で桜を見ようと言っていた。私は、恐らくアンドレアの魂はその後、日本まで飛んで行き、明美さんの故郷の松山で明美さんの魂と出会い、お互いに談笑しながらいまごろは松山の桜を見ていると思った。

絆やご縁は日本特有のものだと先に述べたが、しかしアンドレアと明美さんの行動を見ると、絆とかご縁をはるかに超えた魂同士が感応道交したものであり、今でもあの世で２人のご縁は続いているのではないかと思う。

日米の絆を引き継ぐ牡丹プロジェクト

松島さんはその後再婚され、ロータリアンとして、日本から多くの学生をアメリカに留学させたり、一方でアメリカ人の学生を日本に送るなど、日米のご縁を結ぶ活動の支援をされている。ロータリアンとしては、中部ニューヨーク州地区のディリック・ガバナー（7つの郡にある44のクラブを統括）の要職も経験されている。

松島さんは、アンドレアの架けた日米の強い絆を引き継いで、ロータリークラブでの日本の牡丹（ぼたん）プロジェクトで現在精力的に活動している。日本とアメリカを結ぶために自分ができることとは経済や政治ではなく、できれば日米の文化活動だと松島さんは考えた。ニューヨーク州の北部は冬が寒く、どこの家でも庭が広いので春には庭の花が咲くのを心待ちにしている。松島さんは、以前からアメリカにはほとんどない華やかな牡丹の花に注目して、自宅で少し植えていた。いろいろな花は鹿に食い尽くされるが、牡丹と芍薬、水仙はどうしたわけか鹿は食べない。それで牡丹はノースアメリカの寒い地域には生育条件はピッタリだと思えた。「そうだ、牡丹は華やかでアメリカにもってこいだ！　日本の牡丹でアメリカの庭を飾ってみよう」と松島さんは考えた。

早速、日本の牡丹の産地を調べると、島根県の松江市の近くの中海に浮かぶ大根島があった。そこは全国一の牡丹の産地で、牡丹は島根県のシンボル的存在で「県の花」になっていることが分かった。日本に帰国したとき、現地のくにびき農協を通じて、大根島(だいこんじま)の園芸家の桑垣さんを紹介してもらった。そして２０１７年産の２１００本の牡丹をアメリカに輸出してもらうことにした。

現地では、各地のロータリークラブを通じて、牡丹一本を10ドルで買ってもらい、彼らが20ドルで売り、10ドルは彼らの資金集めにしてもらうことにした。アメリカでは牡丹が少なく、松島さんはフィラデルフィアのフラワーショーで牡丹が一本59ドルで売られていたのを見たそうで、20ドルは大変リーズナブルな値段であった。早速２１００本の牡丹を２０１７年の春に輸入し、ニューヨーク州を中心に他の州を含めロータリークラブを通じて各家に買ってもらった。

その年に植えられた牡丹は２０１８年の春に一斉に開花することになった。ニューヨーク州のフリービルに住むＤ・フラックスさんからは、２０１８年5月26日のEメールで「サンフランシスコまで通じる我が家の小道に12本買った牡丹のうち3本が咲き始めた」など、多数の感謝のメッセージが届いた。松島さんは個人的な友人がいるボストンからサンフランシスコまで牡丹をばら撒き募金集めをしたが、彼らの夢は「ボストンからサンフランシスコまで牡丹街道を作る」ことにあるそうだ。

町起こしをねらい、ニューヨーク州のジョンソン市では２０１８年5月27日に「日本の牡丹の日」というイベントを行ってくれた。そのために、大根島の桑垣さんやくにびき農協の方など3名が日本より30本の牡丹を空輸して参加してくれた。当日は市長をはじめ、現地の楽団や各種ショウなど現地の芸術家が集まり活発なイベントが行われ、日米親善に寄与した集まりになった。黒字にはならなかったが、それでも44のコミュニティや学校の美化運動、さらには地元活性化のための2万1０００ドルが集まったことになる。

改めて考えてみると、このイベントはアンドレアと明美さんが培った日米の強い絆を間違いなく引き継ぐものであると同時に、きっと2人の菩提をも伴う行事にもなっているのだ。ご縁というものは国を超えて不思議なことが多く続いていくのだと実感した。

大病を克服し実業家から住職へのご縁

▼井本全海流ご縁の繁盛学

大病を契機に変わった人生観

大阪難波駅から南海電鉄高野線三日市町駅で下車してタクシーで約8分、真言宗松尾山勝光寺に到着する。ここは大阪府河内長野市で、府内とは思えないほど静寂な場所にあり、お寺から渓を下ってゆくと霊滝があり、年間を通じて滝行の修行に来られる方が多い。この寺の住職の井本全海（いもとぜんかい）和尚は非常に起伏に富んだ人生を送ってきた方である。

井本さんは高校と大学の受験に失敗し、大学は第二志望の和歌山大学に入学した。和歌山大学といえば関西では名門の国立大学であったが、井本さんは第一志望校に入学できなかったことが一つのトラウマとなって和歌山大学を中途退学した。入試の挫折感が劣等感として残り、井本さんの青年時代はこれに悩み続けてきたという。

井本さんは家業の「みよし質舗」を母親より受け継いで経営していた。ところが30歳を過ぎた頃、ある日突然喀血した。療養所はまさに籠の鳥で、気分がさえず一日中何をしても面白くなかった。病院に行くと結核と診断され、療養所に入院し、世間から隔離されることになった。病院食は美味しくないし、お尻に痛い注射はされる。楽しいはずの入浴もうっとうしく感じられた。一番困ったのは、喀血していたため一人でトイレに行けない時は誰かに付き添ってもらう必要があった。この時、健康の有難さを痛感したという。何で自分がこんなひどい病気になるのか、トイレにすら普通に行けないのが情けなく、睡眠薬を飲まないと眠れない日が続いた。

この入院は1年2か月も続き、奈落の淵に落とされたような気持ちになった。もう一つは仕事ができない辛さであった。仕事人間が400日も仕事を取り上げられた辛さは筆舌には尽くしがたく、仕事がしたくてたまらなかったそうだ。井本さんに「釣島さん、給与は出すが会社には来なくてよいと言われたら何日間耐えられますか?」と聞かれ、私は「10日間ぐらいかな?」と答えた。井本さんは「たいがいの人は1か月も持たないと言っていた」と言った。

井本さんの入院中、家業の質舗は奥さんが何とかやりくりしていたそうだ。この大病の経験を通じて井本さんは、仕事ができる有難さ、健康でいられる有難さを心底から認識することができたそうだが、「神は人を鍛えるために艱難を与える」ことを身をもって体験し、価値観が変わったそうだ。

退院後、井本さんの仕事に対する見方がガラッと変わった。仕事に対して大変厳しくなったそうだ。井本さんは、仕事に対する真剣度が30～40点ぐらいの人がいたとしたら、経営者が上手に育てて50～60点にできれば大成功だという。人間には楽をしたいという動物本能が刷り込まれているので真剣度を上げるのは非常に難しいそうだ。

猛烈に働いた井本さんは、後に宝石卸売業の㈱丸善を創業する。現在は、会社の会長というビジネスマンの顔と、勝光寺住職としての顔がある。この勝光寺住職として活躍する背景には不思議なご縁が関わっている。

井本さんの母親の井本凡勝さんは、大変な働き者で大阪で風呂屋や質舗を経営していたが、１９５６年、42歳の時のある夜、若者を抱いた不動尊（抱き不動）が夢枕に立ち「我を祀れよ」と告げた。あまりに強烈な出来事に「自分に白羽の矢が立ったのだ」と思い、不動尊を滝のあるところで祀ることを決心されたそうだ。凡勝さんは何かに取りつかれたように托鉢をしながら祀る場所を探しまわった。そして昭和35年の春、大阪府河内長野市でお多福壺と呼ばれている滝のある場所がご縁の導きで見つかった。ここはすべてが霊場としてふさわしいところであった。

母親が開いた勝光寺住職への道

しかし、お多福壺までは道がなかったので、霊場を開くにはまず道作りから始めなければならなかった。そして石垣を作り、お寺の建物を建て、花や樹木を植えるのも凡勝さんと父の治馬さんとの二人で始めた。途中で、何度も台風や集中豪雨に遭い、道作りだけでも20年もかかったが、重労働にも「女でも不動さんと二人三脚でがんばる」と頑張り通し、１９７０年にご本尊の不動尊を安置する本堂も完成させた。松尾山勝光寺を完成させるまでに約半世紀もかかったが、凡勝さんは大僧正・大阿闍梨(だいあじゃり)の称号を得て２００４年、90歳で逝去された。生前からお寺は長男である全海さんに任せると言われていたので、全海さんは「安心して任せてください」と母親の手を握りしめた。

２００８年、井本さんは、宝石卸売業の仕事をご子息に譲り、真言密教の大本山である高野山の三宝院に70歳近くの高齢で入り、厳しい修行をされた。護摩行や読経、坐禅などの修行を見事に全うされ、飛鷹全隆師より全海という法名を授かり僧侶として得度された。

井本さんが住職として引き継いだ勝光寺は、大阪でも数少ない滝行のできるお寺として大変人気がある。滝行は健康維持に大いに役立つと言われ、心身の修養、鍛錬になり、煩悩や汚れを落とす、マイナスイオンが溢れ心身が癒されるなどの効能があるという。滝には偉大なパワーがあり、大きな活力が与えられ、リフレッシュ効果があるということが知られるようになると、滝行だけを希望する人々がたくさんやってくるようになった。

井本さんはこの世に生をうけて70余年、ビジネスやお寺の仕事をしていく中で人間としての根本的な問題について思考を重ねた。波乱万丈の人生の修羅場や実体験の中でつかみ取ったものを２０１３年に『人間繁盛の法則』（致知出版社）という本にまとめている。

人間繁盛学と研修会

井本さんの人間繁盛の法則では、人間は動物性と人間性の二面性を持っている。動物性は先天的な人間の本性で、機械でいえばエンジンに当たるものである。人間性とは後天的なもので、人間の自分を高める習慣にあたり、機械でいえばコントローラに当たるものである。この動物性と人間性のバランスを上手にとっていくことを人間繁盛の基本にしている。しかし、人間は動物性人間が基本にあるので、なまくらで、しんどいこと、辛いこと、面倒なことはできるだけ避けたいし、仕事への取り組みには積極的ではない。この人間の動物的な本性も肯定するところにこの理論の特徴がある。この本の理論を基本にしながら、井本さんは「住職をしている勝光寺で、若者たちが自己変革をするための修行と研修」を発願された。

この研修には、①企業人研修、②良婚・良親・良子を育てる為の寺婚塾、③就活塾、④後継者二世育成塾など多彩なプログラムがある。その一つである「人間繁盛寺子屋塾」には半日コース、一日コース、一泊二日コースがあるが、一日コースは坐禅、滝行、写経、人間繁盛学、読書研究会の研修内容になっている。

この研修は大いに人気を呼び、年間１２００人もの参加者がいるそうだ。参加者は学生や若手のビジネスパーソン、主婦、経営者など多彩であるが、「人間繁

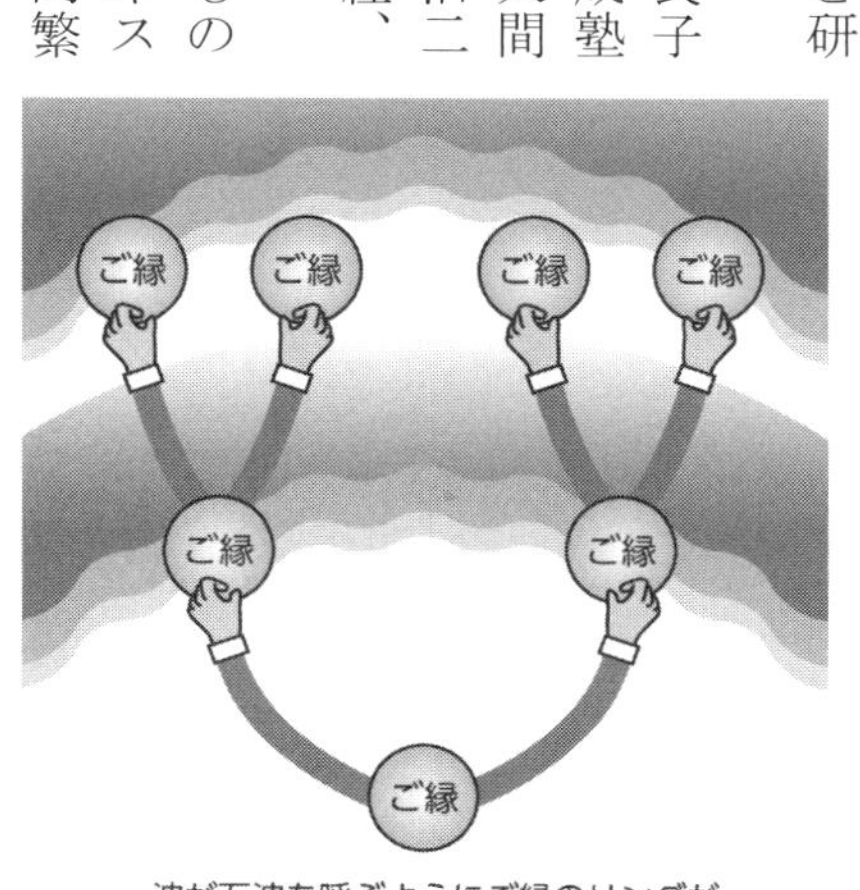

一波が万波を呼ぶようにご縁のリングが
次々とつながっていく

盛の法則」に興味を示し同志を広げてくれる人も多いそうだ。

井本さんは「人間繁盛学」を提唱されているが、これは言い換えれば「井本流ご縁の繁盛学」というもので、年間１２００人もの新しいご縁を広げていることになる。

複雑系の理論に「ペキンのバタフライ」というものがある。北京で蝶々が羽ばたくと、一波が万波を呼んで次第に大きくなり、この風がカリブ海まで達するとハリケーンになるという理論である。井本さんが起こした「人間繁盛学」の新しいご縁の風が１２００人の人々に伝わりそれが起爆剤になり、さらに大きなご縁の風が日本に巻き起こることを期待している。ご縁の面白さを改めて実感する。

患者と医者の信頼のご縁

▼玉置半兵衛さんと竹中温医師の出会い

医者への信頼があったからできたリハビリ

半兵衛麩当主の玉置半兵衛さんは現在83歳。まだまだ矍鑠（かくしゃく）とされていて、ビジネスに文化活動に活躍されている。これは今から15年前の60歳代後半の頃の話だ。

胃の調子がおかしくなったが、仕事が忙しく胃潰瘍ぐらいならそのうち治ると思って放っておいた。しかしなかなか治らないので、みかねた奥様がかかりつけの医者に相談すると、「ピカイチの専門の医者を紹介する」と言ってくれた。その医者は日赤病院の副院長をしていた竹中温先生であった。先生はあっさりと「胃がんである」と宣告した。

「がんの表面の面積の大きさは分かるが、深さはわからない。とにかく手術してみることだ」

覚悟を決めた半兵衛さんが「俎板(まないた)の鯉です。よろしくお願いします」と言うと、先生は「それは違う。俎板の上の鯉は料理されて死んでしまうのだ。私はあなたを決して殺しません」と言ってくれた。これを聞いて「この先生なら命を預けてもよい。いい先生に巡り合えるご縁を頂戴した。すべて先生におまかせしよう」としっかり覚悟ができた。

手術は竹中先生自らの執刀で、長時間に及んだが、最高の手術だった。

手術が終わった翌日、「院内を歩きなさい。そうすれば腸や胃が動き、元の場所に収まり回復が早くなるのです」と言われた。手術したばかりでひどい痛みが残っており、ベッドから立ち上がるのもやっとの思いであった。しかし、「先生があれだけやってくれたのだ。その期待に応えるためにも頑張ってみよう」と決意した。点滴棒にすがりながら、痛みを我慢して、一歩一歩とひたすら院内を歩いた。昼も夜も廊下を歩き続けてみた。聞いてみると、歩行距離は１２００メートルにも達したそうだ。普通は50メートル歩けば十分なのに、なんと30倍も歩いたのだ。病院の人に驚かれたが、自分でもよく頑張ったものだと思った。この努力のお陰で、普通１ヶ月もかかる入院期間が半分の15日で退院することができた。

この時に感じたのは、ご縁とは人との出会いで、ただ会っただけではダメである。先生が「あなたを殺しません」と言ってくれたので、心から近づき、心が通じ、徹底的に歩いてみようと決心し、それを実行することで本当のご縁が先生とできたのだ。これこそ、医者と患者のめぐり合わせのご縁なのだ。医者は多数の患者を相手にするが、患者にとっては一対一の出会いであり、この出会いによって運命が決まる。

玉置さんは竹中先生と最高の出会いのご縁を頂戴したことを実感したそうだ。

誠心誠意尽くすことでご縁が続く

退院してから1年後、竹中先生からの頼みごとがあった。「外科の医者の学会があり、医者以外の人に講演してもらいたいので、玉置さんお願いします」とのこと。命の恩人の竹中先生の依頼なので、喜んで会場の京都府立医大に出かけた。半兵衛さんは医学部の階段教室で精一杯講演した。その時の講演録が学会報に掲載されると、それを見た病院の事務局長の団体から、経営についての講演依頼があった。

このように、竹中先生との出会いが機縁となって次々と縁がつながっていった。玉置さんは言う。

「一つのご縁があれば、相手は何を思っているかを察して、それに答えてあげるように努力すれば次のご縁がつながってくる。海外のネットワークのように損得で考えるとご縁は続かない。その人に誠心誠意尽くすことでご縁が続くのだ。これこそ日本人が大事にして来た習慣で、今の若い人々にも是非これを続けて欲しい」

社長解任から、ルイボスティーにたどり着いたご縁

▼悪縁も良縁も包み込んだ植松規浩さん

ことごとく失敗したビジネス

時は1970年。当時27歳の植松規浩（うえまつのりひろ）さんは、彼が設立した広告会社新陽広告㈱の社長だった。

「売上は約24億円もあるし、従業員も70数名、利益もどんどん上がり、おらが人生！」

「ライバルといえばあのリクルートの江副浩正さん」

なにしろ大手の顧客のコカ・コーラからの広告出稿はリクルートには広告予算のうちの40%、新陽広告にはそれに勝る60%も廻してくれていた。しかし「お宅には人間関係で仕事を出しているが、企画力は江副の方が素晴らしい！」とよく言われ、耳が痛かったそうだ。

広告媒体のテレビ局や新聞社はハデな人が多く、景気もよかった当時は大阪北新地のクラブで接待招待漬けの毎日であった。

「香川県から大阪に出て、苦学して近畿大学の理工学部を中退したが、いままで貧乏暮らしの連続で遊んだことがない、北新地での豪遊は面白くてしょうがなかった。少し浮かれ過ぎていたのだと思う」

そうしたある日会社に出勤してみると、役員たちが「臨時の株主総会を開きたい」と言ってきた。そして株主総会の席上、「接待で遊びまわっている植松社長の下では、我々はやっていい

けない。株式も植松さんの叔父の賛同も得て51％を取得しています。社長を辞めてください」と突然解任されてしまった。晴天の霹靂とはこのことで、ほんとうにビックリしたという。

植松さんは急いで日本プロスペリティ㈱という新会社をつくり広告代理店の仕事も続けたが、社長解任のショックは大きかった。なんとか彼らを見返してやろうと、次々と新しいビジネスを始めた。アメリカからギター、ミンクのコート、ダイヤモンドを輸入したり、リコーの教育機器の教材の販売などをした。しかしミンクのコートなどは日本人のサイズに合わず、デザインも合わずで、仕入れ値の半額で北新地のホステスにやっと買ってもらった。

ことごとくビジネスは失敗し、数えてみると10年間で15社も設立していた。植松さんは奥さんに、「失敗でとうとう金がなくなってしもた。お前もなんとか働いてくれないか」と言ったところ、「あなたは調子のよい時は遊びまわっていて、調子が悪くなると私に働いてくれとは何事ですか？　子供が4人もいるのに家にお金を入れないあなたには何の値打ちもない。最低月に50万円を家庭に入れてくれないと困ります」と言われた。植松さんは「おれに値打ちはないとはよく言ったものだ。それでは毎月50万円稼いでやろう」と決心した。

「反省してみると、当時は家にもあまり帰らず、奥さんも機嫌が悪く、長男には『僕が大きくなったらパパをやっつけてあげる』とまで言われましたよ」

周りは敵ばかりになり、まさに四面楚歌、悪縁を招いてしまっていた。

成功哲学との出会いが人生を変えた

ピンチに陥った植松さんはもがき苦しんでいた。

「何とかしなければと思い、ある図書館に行ってみました。そこで『敵を味方にする法、説得力』（ロバート・コンクリン著）という本に出会いました。家族や会社の人など敵に囲まれていた私にはピッタリで、これだと思ったのです」

同時に読んだ、現代成功哲学の祖といわれるジェームズ・アレンの『成功哲学』には「人は自分が考えたようになるということだ」と書かれていた。これが答えだと植松さんは確信した。

「今までの自分の考え方は間違いで、自分自身の考え方を変えれば周りの敵は味方になる」

そこで、自分を変えるために『成功哲学』のＡＩＡ（Adventure In Attitude）トップセミナーに村上和男さんなどと一緒に熱心に通った。植松さんは17歳から日記をつけていて、その頃から「良心を生かしてこそ人間の価値」と日記に書いており、もともと高い向上心を持っていた。それから『成功哲学』の勉強に拍車がかかった。

「木乃伊(みいら)取りが木乃伊になってしまったんです。それでこの研修を日本中に広めてみようと、この本の翻訳者であった柳平彬と共同で日本生涯学習センター（ＮＰＣ）を設立しました」

植松さんは成功哲学のＡＩＡ研修講師となってプログラムを売り込みに回ったが、受講者には詐欺まがいのネットワーク・ビジネスを行っている人もおり、まじめなこの手法を実施するとかえって売上が落ちる会社もあった。

「研修をやるより、そんなにＡＩＡがよいなら自分で実践してみたら」と言ってくれる人がおり、「それなら、よっしゃ、やったろ。これからは努力、熱意、忍耐を提供するのだ」と決心し、誰よりも熱心にこの考えを実践することになった。

それは１９８２年、植松さん40歳、まさに不惑の年である。

「私は真理と正義に基づかない限り、いかなる富も地位も長く続かないことを知っている。利己的な目標を立てたりはしまい。誰でも人々の援助のお陰で成功できるのだ。だから私は人々のために尽くそう。思いやりを身に着け、憎しみや、我儘や皮肉や妬みをやめるのだ。人々を苦しませて成功できない。私は自分を愛すると同じように他人を愛する。そうすれば私の自信はかたまり成功するのだ」

毎朝この言葉を斉唱したそうだ。植松さんとのご縁ができて以来、とにかくその行動力には驚かされる。行動力、向上心に加えて努力の人でもあるといつも感心してしまう。

「このAIAの研修にはまり込んでいた証拠として、当時親しくしていた武山泰雄さん（元日本経済新聞社常務、主幹、論説委員長）と田岡満さん（元甲陽運輸社長、山口組三代目田岡一雄の長男）と2人の大物に勧めて受講してもらった。田岡さんは喜んでくれたが、『こんなものを信じたら私は生きていけなくなる』と言われた、武山先生にも『その通りだ。これはやくざには通用しない』といわれた」

仕事は「物質的なものを追い求めるのでなく、世のため人のためにするのだ」と考えを変えると、周りのご縁ががらりと変わってきた。

無名のルイボスティーを世界に広める

「1987年に研修で沖縄に出かけたが、南アフリカ原産で、飲むと健康になるというルイボスティーの話を聞きました。そのころ日本ではルイボスティーのことはほとんど知られていなかったので、早速南アに飛んで話を聞いてみました」

「これを日本に輸入すれば貧しいこの国を助けることになり、日本の人も健康になるのでこれをやってみようと決心したのです。日本だけでなく東南アジアでの独占販売権も取得しました」

「健康になるといっても、科学的な証拠がいると思い、京都府立医大の吉川先生や熊本医大の前田先生に分析を依頼したところ、ルイボスティーは強い抗酸化作用があり、人の自然治癒力が強まるという科学的証拠が入手できました」

「先生方もこのデータの内容を宣伝してくれるし、マスコミも、ルイボスティーは健康によいと取り上げてくれました。ルイボスティーはどんどん世界に広まり、ビジネスも順調に伸び、南アへの訪問を繰り返しました」

「ある時、飛行機で南ア国会議員のミタ・セペレペレさんと隣り合わせになりました。彼女はマンデラ大統領と共にアパルト・ヘイト活動を行い、37年間も国外逃亡生活をしていた人です」

彼女から「南アにとって、これから必要なのは子供たちへの教育です。机一つ、腰掛け一つでもいいから援助してほしい。それに、無理をしないでできることを続け下さい」と言われ、植松さんは大いに感激した。

ルイボスティー事業を引き継いでいるご子息と共に、南アへの支援活動は現在も続けている。

「当初所持していた日本と東南アジアでのルイボスティーの独占販売権も、ルイボスティーが世に知られてきたので、独占すべきでないと思いました。先に入手した抗酸化性の科学データは南アにさしあげました。南アがこのデータを使って宣伝すると、多くの会社がこのビジネスに参入し、ルイボスティーはあっという間に世間に知られるようになりました。世間のためと思い、独占権を放棄してお金儲けを諦めましたが、気楽に自由な生活ができてかえってよかったと思います」

自由な生活の中で世間に恩返し

植松さんの生活態度が変わると、親に反抗していた4人の子供たちもすっかり親を見直し、三菱電機やヤマザキマザックなどの大企業を退職し、植松さんの仕事を手伝うようになった。現在はルイボスティーの事業や広告会社の仕事は4人の子供たちに譲り、植松さんは、その後縁があって見つかった野生のルイボスティーの普及活動のみを行っている。

「自分を高めるために、伝説的な国際ジャーナリストであった武山泰雄先生が主催されている泰山会のセミナーに熱心に通いました。このセミナーには財界のトップが集まっていました。武山先生とは大変昵懇になり、亡くなられる前に武山家の守り刀を私に渡されて、後はよろしく頼むと言われたのです。偉いことを頼まれたと思いましたが、先生の意思を継ぐために兵庫県の出石(いずし)に泰志庵(たいしあん)を作り、先生の資料の保存と研修活動を行っています」

そして、「社会の基盤となる家族を基礎に、大切な人との絆を強める」ことを実現する事業の一環として、2013年には岐阜県で採れたさざれ石を大阪の天満宮に寄付し、これは現在境内に安置されている。また、柳井俊二元駐米大使を大阪に招いて講演会も定期的に開催している。

畏友・植松規浩さんは、社長を解任され、会社を15社も作りすべて失敗している。悪縁続きで人生のドン底を見た人である。しかし成功哲学に出会い、自分の考えを変えたことで、周りのご縁がすっかり良縁に変わってしまった。「ご縁」(悪縁も良縁も)は植松さんの人生の歩みと共に生み出されてきたもので、そこに人の生きざまの面白さを感じ、共感できるものがあると思う。

三度も死にかけて立ち直った商工会議所会頭のご縁
▼ご縁の実が結んだ永木康司さんの人生

３回も自死を考えた経営者

１９９０年のことだ。当時50歳の永木康司（ながきこうじ）さんは㈱永木精機社長として会社の役員会を思い切って伊豆の料亭で開いた。

「今日は人生最後の日だ。わしが死ねば大金の生命保険を掛けているので、会社は何とか保険金で生き残れる。明日こそ死のう」

そう決心し、会議中もその死に方についてあれやこれやと思いめぐらしていた。

役員会が終わり、その夜、部屋に戻った永木さんは、連日の心労から思わず「首が凝ってしようがない」とつぶやいた。それを聞いた電電公社ＯＢで先代の関係で会社の顧問をされていた方が「それは首がまわらんということだ」と言った。二人は大笑いしたが、この時、なぜか死ぬ気が失せて、もう一度やり直してみようという思いが湧き出てきた。翌日の大阪の本社に帰る予定を変更し、東京に営業に出かけようという気持ちになった。

顧問の方は、永木さんが明日は死のうと思い詰めていたことなど露知らず、ふと吐いた言葉で永木さんが変心できたのだから、人生の機縁とは不思議なものである。

永木さんは自死しようと思ったことが3回あったという。最初は、前年度のバブル絶頂の時に青森県六ケ所村に新工場を建設したのだが、完成したとたんにバブルがはじけて、予定していた電力会社からの注文が入らなくなり、借金でそれこそ「首がまわらなくなった」時である。この危機は、銀行の6・9%という高金利を、数回にわたり低金利に借り変えて何とか切り抜けた。

しかし、さらにオイルショックやドルショックに襲われ、永木精機も苦境に立たされた。ある日、販売の問屋さんがメーカー各社を集めて代理店会議を開いた。終了後、旅館の風呂につかりながら永木さんは「会社の資金繰りが回らない。死のう」と思い詰めていた。風呂には年配の社長たちもおり、口々に「資金繰りが回らないどころか、会社が赤字で困っている。こんなん初めてや」と話していた。これを聞いて、「永木精機は資金繰りは苦しいが、会社はまだ黒字だ。大丈夫だ、心配することはない」と思い直すことができたそうだ。

そして3回目は、市議会議長や家族と一緒にグアム島へ旅行し、海で泳いでいた時、「このまま沖に泳いで行けば、潮に流されて死ねる。事故死と思われる」と。しかしその時、弟さんが永木さんの生命保険を解約し、会社の資金に回していたことを知り、「これでは死ぬに死ねない」と思いとどまったそうだ。

私はこの話を聞いて、「ええ！　ほんま。永木さんそんなこと考えたことあるの？」とびっくりしたが、ビジネスの厳しさを実感するとともに、ふとした機縁で生きながらえることができた人生の不思議さに驚きを感じた。

ご縁に助けられて

3回も自死を考えた永木康司さんは、現在売上高約30億円、従業員182名を抱えて大繁盛している㈱永木精機会長で、大東商工会議所会頭としても活躍している方である。永木さんは私の長年の畏友なので「なんで死のうと思ったのですか」と率直に聞いてみた。

「六ケ所村に工場を作ったし、大阪にも従業員がたくさんいる。会社はどうしても潰せない。社長として責任があり、会社を守りたい一心でした」

私は、専門である日米の経営者の違いを永木さんに話した。

「日本の経営者は、祖先や社員に申し訳ないという思いが強い。自分の給与を減額し、生命保険をあてに自死された経営者も多くみられた。アメリカでは、経営不振の会社でも十分売買でき、買収したファンドがリストラなどして会社を専門家が再生する。日本の経営者は可哀そうですね」

これは日本の経営者の立場の良さでもあり、悪さでもあると思った。

永木康司さんの生い立ちや、これまでのご縁のつながりを紹介しよう。

永木さんは昭和15年生まれ。永木精機を設立した父親と小学校の芦田博志（あしだひろし）先生の勧めで同志社の香里中学に入学し、長男なのでゆくゆくは会社を継ぐと思い大学は商学部に入り、当時日本の中小企業経営の重鎮であった竹林庄太郎（たけばやししょうたろう）先生のゼミに入った。

大阪で京都の大徳寺大仙院住職の尾関宗園（おぜきそうえん）和尚の講演を聞く機会があった。この講演に感激した永木さんはこの和尚に是非ともお会いしたいと思った。ゼミの先輩の伝手があり、大仙院で会うことができた。和尚に気に入られた永木さんはカバン持ちをするようになった。一緒に出かけるのだが、速足で歩く和尚のあとを、電電公社が初めて発売した重い携帯電話を抱えて追いかける毎日であった。

和尚のカバン持ちで泊まった宿で、雑誌『致知』を読んだ。この雑誌の縁で多くの師と出会い、とてもいい勉強ができたそうだ。

尾関老和尚が東京の電気事業連合会に招かれた。電気事業連合会といえば日本全国の電力会社を束ねる権威ある組織である。そこで、副会長で元東京電力常務の大垣忠雄(おおがきただお)を紹介された。その時、大垣さんに「青森県の六ケ所村に原子力燃料をリサイクルする日本原燃産業（現日本原燃サービス）を作る。そこに陣中見舞いに行きたいが、私の代わりに予定を聞きに行ってくれないか」と言われた。「青森県のどこにあるのかわかりませんが行きます」と答え、永木さんは初めて六ケ所村を訪問した。その後、尾関和尚が六ケ所村の原燃で講演する際、永木さんが和尚をご案内した。

大垣さんは日本原燃産業社長を務められたが、「原子力燃料のリサイクルのために電力業界あげて、青森県に無理をお願いして原燃の施設を六ケ所村に作ることになった。その地元への条件として、原燃の他に多くの企業をそこに誘致することになっているが、どこの会社も進出せず困っている。永木精機でなんとかならないか？」と依頼された。永木さんは当時48歳であったが、「〃義を見てせざるは勇無きなり〃と言うが、ヨッシャうちでやってみよう」と決心し、進出第一号として工場を建設することになった。この進出は地元は大歓迎であったが、〃好事魔多し〟で、バブル崩壊の影響で会社の経営危機を招くひとつの要因にもなった。

永木流ご縁の広げ方

永木さんに「永木精機として、六ケ所村進出はよかったのですか」と聞いてみた。
「人生〝塞翁が馬〟といいますが、六ケ所村の工場がなければ、永木精機はとおーに潰れていました。各電力会社が足踏みしている時に〝よく進出してくれた、ありがとう〟と感謝され、主要取引先の電力会社とは良好な関係になり、関西電力の宮本一さん（元副社長）とも知り合いになり、その後のビジネスがやりやすくなったことも大きかったですね。地元の青森県との関係もよくなり、一昨日も青森県知事が会社に来てくれたところです。こちらが出会いを大事にすれば向こうも大事にしてくれて、これでご縁が広がってゆくのですね」

これこそまさに縁尋機妙である。

永木さんが26歳の時に父親が急逝し、会社を引き継ぐことになった。経営のことが何もわからず苦労したが、その時心の支えとなったのは父の代から番頭を務めた福山栄さんであった。さらに、千葉県柏市にあるモラロジー研究所が主催する「経営と道徳の３日間研修」に参加していろいろ勉強した。永木精機では研究開発に力を入れて、ホットプラーという、停電時間を最小限に留めて電線工事ができる工具を開発したことが大きかった。

社会にもご縁を広げたいと思った永木さんは、２０１０年９月末までの４年間、大阪家庭裁判所の家事調停委員をした。夫婦仲直りのための調停かと思ったが、離婚を前提とした調停がほとんどだったのが意外だった。そしてその年の11月から大東商工会議所副会頭となり、２０

16年には会頭となり、会の発展のために今も奮闘している。

永木流幸福への道

1989年、所属している東大阪西ロータリークラブでは少子化の問題が取り上げられていた。永木さんは、若者がまじめな結婚生活を送れるように、よい出会いの機会を与えてあげることができないかと常々思っていた。

2017年7月、婚活を支援するために個人的に「ご縁お結びの会」を設立した。この組織は非営利なので、入会金1000円さえ払えば何回見合いをしてもよく、結婚が成立した時には3万円を支払ってもらうが、これは結婚祝金としてお返しする。申し込みがあっても簡単には会わせず、まず易学でチェックし、相性のよい人だけを本人のみで見合いさせることにしている。見合いのときは永木夫妻も立ち合うそうだ。それに責任があるので、紹介は知人と知人の知人だけを受け付けることにしているので、申し込みは現在はかなり限られている。

永木さんは最後にご縁をこう総括してくれた。

「出張や人から誘われるときは積極的に出かけるようにしている。それは自分と他人との出会いがご縁を生むからである。つながる出会いとつながらない出会いがあるが、何がつながり何がつながらないかはわからない。しかし意外な出会いもある。好き嫌いを入れるとチャンスはなくなるので入れない。これが幸福への道である」と

私は永木さんの話を聞いていて「縁ありて花開く、恩ありて実を結ぶ」という言葉を思い出した。父親に始まり、尾関和尚、大垣さんなどとのご縁があり、3回も自死しようと思ったこ

とも克服し、商工会議所会頭になるなど花が開いた。一方で、各方面で出会った多くの方々との出会いに感謝し、そのご恩に報いるために、六ケ所村の工場建設や「ご縁お結びの会」を開いた。ご縁の実が結んだ人生であると実感した。

バブルから立ち直り親友千万円、信者一億円のご縁
▼井本全海さんの「人的財産」

バブルが弾けて難題が山済み

バブルが弾けた１９９０年代のことだ、１９７６年に井本全海さんが大阪の船場で創業した貴金属輸入卸業の㈱丸善は、１９７０年～８０年代の日本経済の高度成長の波に乗り順調に業績を伸ばしてきた。１９８６年には南船場宝飾現金卸連盟も創立し、井本さんは初代会長に就任した。バブル景気の始まった頃で、業績も絶好調で「天狗になった気持ちで」仕事に邁進していた。

しかし１９９０年にバブルが弾けると丸善の業績も低迷し始める。その対策に頭を悩ませていたある日のことだ。井本さんの右腕として一番信頼していた営業部長が「もっと良い会社を作りたいので、会社を辞めさせて下さい」と言ってきたのだ。

晴天の霹靂とはこのことで、今まで一心同体で仕事をしてきたやり手の営業部長が辞めたい

とは何事か、と驚いたが彼を止めることは出来なかった。そして彼はなんと丸善のライバル会社を近くに設立してしまった。有能な社員を7名もごっそり連れていき、顧客も持って行き、仕入れ先のメーカーも持って行き、2人のスポンサーもつけてしまった。これで丸善の売上は半減し、会社は半死半生状態になってしまった。

バブル崩壊で景気が低迷している上に、この事件が重なり、その後の会社経営は難問が山積みとなり、地獄に落とされた心境であった。会社で寝泊りし、眠れない夜は睡眠薬を飲みながら、なんとか会社を維持していた。辞めた営業部長に対しての恨みつらみの思いは5～6年も続いていた。

辞めた営業部長が、丸善のヒト、モノ、カネの重要資産をごっそり持って行ってしまった。その上「あのわがまま社長ではダメだ。このままでは潰れるかもしれない。あなた方を路頭に迷わす訳にはいかない。もっと良い会社を作ろう」と連れていった社員に言っていたそうだ。

振り子の法則で気づく自分自身と人間繁盛

しかしある時、井本さんは「もしかしたら、彼らが辞めたのは自分に原因があったのではないか」と思いあたった。

「自分は完璧主義者の上に、超が付くほど頑固で褒めることが少なく、社員の欠点ばかりに目をむけて、ボヤキの専門で、人の話も最後まで聞いていなかった。それで社員の心は離れていったのだ」

自分がいやな社長であることに心底気づいたのであった。井本さんは振り子の原理の考え方を現在提唱されている。振り子というのは右に振れたり、左に振れたりする。

「この事件は自分の身から出た錆で、自分が蒔いた種であることに気づかず、マイナスの方に振り子がふれてどうしても左右の中心点で止まって、プラスの方に振れもどすことが出来ず、5〜6年ものた打ち回ることになってしまった。しかし本当に自分が悪いことに気が付くと、あの営業部長の与えてくれた試練のお蔭で反省させられ、本当の自分に気が付くことができた」

振り子の法則のように、苦しみが大きく、苦しみに振り子が大きくスウィングすると、逆にそれを何とか克服すれば、プラスへ大きくスウィングすることが分かった。「大ピンチ」が「大チャンス」に、「しまった」が「シメタ」に変わるのだ。振り子は、左に振れたら右に振れる、マイナスに振れたらプラスに振れる、大きく振れたら大きく振れる。ここが人生の切所(せっしょ)で、5〜6年も大きくマイナスに振り子がふれていたので、これに気づき、反省し再出発すると大きくプラスにスウィングできるのだ。大事なのは自分の人間性をもっと大きく高める必要があるのだと井本さんは気づいたのであった。

このままではいけない、自分を変革し人間性を高めない限り、自分の将来も会社の未来もないと思い「人間貧乏」から「人間繁盛」に変えてみようと思った。しかし、それは簡単な道のりではなく、もがき苦しみながらも、いろいろな人の出会いやご縁で徐々に自分の変革を試みてみた。この時、会社経営には「理念」が必要なように、人間には「哲学」が不可欠だと思った。そして思想家の芳村思風先生の「人間は理性よりも命の根源である感性が主役である」という感性論哲学の人間観に心が激しく震え、真剣に勉強して大阪思風塾を立ち上げた。さらに高野山で修行をしたりして、井本さん自身が勉強と修行を重ね「人間繁盛の法則」を作りあげた。「人間繁盛」とは「生き生きわくわく輝いている魅力的な人間」、一言でいえば「元気人間」のことで、人間繁盛には孫子の「敵を知り己を知る」の言葉のように、「自分とは」「人間とは」「人生とは」「生きるとは」「使命とは」など、自分自身を良く知り人間としての根本的な課題を解決することであった。井本さんは大阪府河内長野市の勝光寺の寺子屋塾で「人間繁盛」の生き方の研修会を行っている。

人間繁盛学の源は人儲け（ご縁紡ぎ）

人間繁盛学の一つに「仕事繁盛、商売繁盛」という教えがあり、これは自力と他力と運の活用だと井本さんは提唱している。この教えは大きな大木に喩えて、繁茂している大木でも地上に現れている幹や葉、特に果実としての実がたくさん成ることが繁盛することで、これを「仕事繁盛、商売繁盛」する金儲けと呼んでいる。しかし、一方でこの大木を支えているのは地下にある根の部分であり、この根の部分は日頃築いてきたご縁による人脈の大きさやその強さによっている。このことを井本さんは「果実の金儲け」に対して「根の部分を人儲け」と言っており、井本さんも当時はまだ弱かったが、日頃築いていた人儲けでなんとか会社を倒産させずに維持できたと言っている。井本さんは現に丸善の社長の座を２００８年に息子さんに譲られ、現在は会長として指導している。丸善は現在大阪の船場の一等地に４階建てのビルを構え、資本金９０００万円、社員数30名の堂々たる企業に成長している。

井本さんは言う。

「人はビジネスでは金儲けするために、お金を追いかけることに必死になる、しかしお金は追いかければ追いかけるほど逃げていく。お金を追いかけるのではなく、日頃から人やご縁を大事にして人脈を固め人儲けに精を出していれば、一人でにお金がたまってくるのだ。大風が吹いても木が倒れないのと同じで、会社や人も倒れることはない」

井本流人的財産

井本さんは、ご縁を大事にして人儲けで作り上げた人脈を「人的財産」と呼んでいる。人的資産の資産価値は「知人10万円、友人１００万円、親友１０００万円、信者１億円、弟子10億円」と、ご縁つくりについて名言を吐いている。

知人がいれば、ちょっとしたことで情報を提供してくれ10万円の価値がある。友人であれば、情報だけでなく手を貸してくれ１００万円の価値がある。親友となるとなかなかできないが、いざとなれば本当に親身になって助けてくれ、１０００万円の価値がある。信者などを獲得することは普通の人には大変限られてくるが、もし信者ができれば、我を忘れて支援してくれ１億円の価値がある。弟子といえば、普通の人は弟子を作ることは到底無理であるが、自分の思想や技術を後世に伝えてくれる弟子が出来れば貨幣価値で表せないものがある。師匠の禅僧から、禅僧の価値は「一箇半箇」の例えで、一人でも半人でも自分の本当の弟子を養成できるかどうかで決まると言われたことがある。高僧と言われる禅僧でも本当の弟子を養成することは至難な技であるようで、もし貨幣価値で表すとすれば10億円もの価値がある。

井本さんのこの人脈や人儲けのことを貨幣価値で表したご縁による人脈作りの必要性を説明したものは大変わかりやすい。我々もこの人的資産をこの方式で計算して果たしていくらの貨幣価値をもっているか計算してみると面白い。これはご縁達成価値ともいえる。いずれにせよ人脈作りとはご縁作りのことで、いまさらながらご縁の重要性を認識させられた。

4．窮すれば変ず、変ずれば通ずのご縁

坐禅で開眼してV9を達成した川上哲治さん

▼梶浦逸外老師とのご縁

梶浦老師からの球禅一味の教え

1958年、打撃の神様と言われた川上哲治（かわかみてつはる）は日本シリーズの敗戦後、報道関係者に「許されるのであれば第一線を退きたい」とついに引退を宣言した。そして巨人軍の水原監督と一緒に、読売新聞と巨人軍のオーナーであった正力松太郎さんに引退したいと報告にいった。

正力さんは「まだやれるじゃないか。坐禅でもして気持ちを整えたらどうだ。私も戦犯で収監されていた巣鴨プリズンでは、夜中でも煌々と電気がついていたが、坐禅の修行のお陰で快眠できた」と言われた。川上さんはそれまで、坐禅など夢にも考えたことがなかったそうだが、正力さんの一言で心が動かされ、家に帰り奥さんにも相談して、もう一度正力さんを訪ねた。

い方がいらっしゃる。私もかなわぬ老師なので紹介しよう」と言われた。

「禅寺に行ってみたいです」と言うと、正力さんは「岐阜県の正眼寺に梶浦逸外老師という凄い方がいらっしゃる。私もかなわぬ老師なので紹介しよう」と言われた。

１週間後、正力さんの紹介状を持って正眼寺を訪問し、梶浦老師に引見をお願いした。梶浦老師といえば臨済宗妙心寺派の管長もされた名僧であった。川上さんは野球で行き詰まり、いかに悩んでいるかを老師に詳しく伝えた。梶浦老師は「いくら正力さんから頼まれても、あなた自身が真剣に修行するのでなければ、お断りしようと思っていたが、お話を聞いてみると、一所懸命やってきたのがわかったから、これからここで修行してもよい」と許可してくれた。それで「あなたは野球はわかっているが、禅はまだわかっていないので、よく修行して球禅一味という境地を作り上げなさい」と言われた。

それから一カ月間、川上さんは一室を与えられ、午前３時半起床から夜遅くまで、一般の雲水となんらかわることがない厳しい修行が始まった。

坐禅の座り方は正式には結跏趺坐といって両足をモモの上に置いて座るが、川上さんはモモが非常に大きくそれができなかった。それで、座布団をたくさん重ねたり、椅子座りしながら坐禅をしたそうだ。ずっと後になってからは片足だけモモの上に置く、半跏で足を組んで坐禅したが、それでも足が痛くてしようがなかったそうだ。

梶浦老師からは「球禅一味」の気持ちで試合に向かえと言われたが、とてもそんな気にはなれなかった。川上さんが監督になって最初のシーズンに負けが続き、チームはどん底であった。すると梶浦老師から電話があり「おめでとう」と言われた。川上さんは老師がなにを言っておられるのかさっぱりわからなかった。よく話を聞いてみると、「どん底というのはもうこれ以上落ちることもない、これからは良くなるのだとポジティブに考えよ」との老師からの励ましの言葉であった。

梶浦老師がよく言われた言葉に「窮すれば変ず、変ずれば通ず」というものがあった。「我々が窮したと言っても本当に窮していない、もっともっと窮し続ければ、変じないのだ。窮し切ってこれ以上窮し切れないところまで来ると、必ず誰かが助けてくれるなど、変化が出てくる」という意味でもあった。

これを契機に、梶浦老師のこの言葉を金科玉条として川上さんは本格的に禅の修行をされ、精神的にも淘汰されてきた。禅語に「縁尋機妙、多逢聖因」という言葉がある。これは「人との縁を重ねていき、よい人と交わってよい結果が得られる」という意味だが、川上監督は正力社主から梶浦老師との縁尋（縁を重ねる）がなければ、あの前人未到の巨人軍のシリーズＶ９が達成されることもなく、偉大な結果も残せなかったのではないかと思う。

まさにこの禅語のような両者の出会いであったが、川上さんはその後、正眼寺短大の理事に就任され、年２回の理事会に出席されるなど正眼寺とは深い関係を結んだ。

梶浦老師が京都の妙心寺派管長をされていた時も含め、隠侍（老師に直接使え、老師の世話をする人）をされていたのが、現在正眼寺の住職をされている山川宗玄老師であった。その山川老師に川上監督の逸話を聞いてみた。

坐禅にも川上流の工夫

川上さんは現役の監督時代は超多忙で、新聞記事のスポーツ欄も見なければならず、自由時間がほとんどなかった。一方で梶浦老師からは坐禅の修行を疎かにしてはならないと言われていた。それで、川上さんが唯一時間を取れるのは、朝のトイレに入っているときだったそうだ。

川上さんはトイレに入り用をすますと、洋式のトイレの蓋をして、坐禅を始めるのが習わしだった。坐禅といっても、川上さんの坐禅はその日に控えている試合をイメージする坐禅で、試合を１回から９回までイメージする。対戦相手の投手（例えば中日の権藤）にどう対抗してゆくか、試合が劣勢に追い込まれた時にそれをどう打開してくか、それぞれのシーンをイメージし整理した。厳しい状況を克服しながら９回で逆転し、１点差で勝利を得るということをいつもイメージしていたという。

川上さんは、禅の公案のように、どんな難局でも対応できる厳しい状況をイメージで克服し、そして穏やかな気持ちで試合に臨むことを工夫していた。まさに川上流の「自分の職業を生かす坐禅」であった。

川上さんは熊本工業高校の生徒の時、家が貧しかったため苦学しながらも特待生扱いで通学した。野球の才能を認められ、父の反対を受けたものの、支度金３００円、月給１１０円で満17歳の時に巨人軍と入団契約した。この支度金で家が借金のために失った土地の一部を買い戻したそうだ。

しかし、１週間後に新設球団の南海ホークスから支度金５００円、月給１５０円と、巨人をはるかに上回る条件で勧誘があった。川上さんは「しまった」と思われたそうだ。しかし、これがご縁の不思議なところで、もし川上さんが条件に釣られて南海に入団していたら、Ｖ９を達成するほど大活躍できたかどうか大いに疑問である。当時は「巨人・大鵬・卵焼き」という言葉も生まれたほどで、巨人軍の川上であればこそあれだけ球界に名を売ったことは間違いなく、人生何が幸せになるか分からない。

ここで思い出すのは「随縁」という仏教用語である。多少不本意でもご縁に従うことが重要で、長い目でみればこれが幸運をもたらすという意味である。私も含め多くの人はいつも目先の欲にとらわれて、人生に失敗を重ねてきたことがなかっただろうか？ 川上さんの例をみても、この用語の重要性をいまさらながら思い知らされた。

檀家制度を廃止して築いた新しいご縁

▼寺院改革の旗手、橋本英樹さん

宅配便納骨を受け付けるお寺

ＪＲ上越・北陸新幹線の熊谷駅を降りると、私のアメリカ時代からの敬友の橋本英樹（はしもとえいじゅ）さんが出迎えてくれた。車で10分ほどで、橋本さんが住職をされている見性院（けんしょういん）に着く。４２０年続く曹洞宗のお寺である。

このお寺の境内には３６２区画の宗教・宗派・国籍不問で入れる熊谷霊園があった。曹洞宗に限らず仏教各宗派の方のお墓があり、十字架を刻んだキリスト教の墓が設置されているのにまず驚いた。霊園の前には永代供養のための納骨堂があり、子孫からの供養が期待できず、納骨堂で永代供養してもらう人が最近は多くなっているそうだ。

見性院の納骨堂で話題になったのは宅配便による納骨制度である。近親者の遺骨を家で保管したままその処置に困っている人が意外と多く、納骨セットというパックを３０００円で発売している。遺骨をいれて宅配便で見性院に送り、３万円を支払うと、供養したうえで納骨堂に遺骨を納めてくれるのだ。

この制度については、依頼者がお寺にもゆかず遺骨を宅配便で送り納骨するなど何事かと、一時宗教関係者やマスコミなどから痛烈に批判された。橋本さんに最近の状況を聞いてみると、宅配便納骨を受け付ける寺が増えてからこうした批判も少なくなり、見性院ではコンスタントに毎月10～15件の依頼があるそうだ。

多くの人を一緒に納骨するので、個人の墓誌がない。この問題を解決するために「字彫」という大きな御影石の合同墓誌の碑があり、墓誌が欲しい場合は３万円で戒名または俗名、命日、享年を碑に刻んでくれる。興味深かったのは生前字彫といって、夫婦や親しい仲間が死後も仲良くするよう生前に隣合わせに名前を刻んでもらうというもので、死後もさまざまなご縁が続くようにとの心情があるのだろう。

また動物愛護供養塔というペット供養の納骨堂もあった。ここにも字彫の墓誌があり、山田ポチ（愛犬）、田中ミャオ（愛猫）などと字彫りしてあった。飼い主とペットの強いご縁が感じられた。またペットの場合、火葬してくれる車（移動式ペット火葬炉）が見性院まで来て、その場で簡単な葬儀と火葬をして納骨するサービスがあると聞き驚いた。

その他水子供養サービスの地蔵菩薩もあり、死産の方が多く供養されるようだ。

寺院改革の旗手、橋本住職

私は見性院に入山するなり、普通のお寺とはかなり違うことに驚いたが、この橋本英樹さんこそ、いま寺院改革の旗手として、新聞、雑誌、テレビなどに頻繁に登場している僧侶である。

橋本さんは２００７年に先代の父親からお寺を継ぎ、正式に住職に就任した。その後、地下に溜まっていたマグマが一挙に地上に流れだすように、橋本さんの寺院改革のエネルギーが爆発した。２０１２年６月には檀家制度を廃止し世間の話題を呼んだ。マスコミに初登場するのは２０１３年８月28日のテレビ東京「ワールドビジネスサテライト」で、最近は頻繁にテレビ、新聞、雑誌などの取材を受けている。

見性院が廃止した檀家制度とはどのようなものか見てみよう。

江戸時代の島原の乱の後、幕府は人民の統治の手段として宗門人別帳という戸籍制度をつくり、その運営を寺院に委ね、誰でも必ずどこかのお寺に属する寺壇制度が出発点であった。この檀家制度により、お寺を中心として先祖供養、寺子屋などの教育、地域一帯の一部の行政、個人の生活相談など、今でいうコミュニティ活動を行ってきた。特に寺子屋では「読み、書き、ソロバン」を子どもに教えていたが、子どもは７～８歳で入学し、授業は朝７時～午後２時半頃まであり、年間の休日は50日前後しかなかった。

江戸時代末期になると、子どもの就学率が70％を超え識字率も高まってきた。身分や職業により大きく異なるが、男性の40％程度が読み、書きができたのではないかと言われ、寺子屋の果たした役割は大きい。一方で檀家は菩提寺に戸籍を保証され、葬儀もしてもらい宗教的な安心を得る代わりに、経済的にお寺を支えていた。またお寺は行政の末端機関を担当していたので、幕法では檀家がお寺から離れることが禁じられていた。今でいえばお寺の住職は公務員や教師の一部の役割を果たしたことになる。

明治時代になり廃仏毀釈があり、檀家がお寺を離れることが出来るようになったが、地方では地縁、血縁を重視した家制度が健在で、最近まで地域の名士や旧家など有力者を中心に地域をまとめお寺を支える制度が存続してきた。また明治以降はほとんどの宗派で僧侶が妻帯できるようになり、住職も世襲することが多く、檀家とお寺は固定されていった。

お寺の収入はすべて檀家に依存し、檀家は先祖代々のお墓によってお寺に縛られていた。しかしこの檀家とお寺が固定しているので、檀家がお寺を変わらないと同時に、お寺も新しい檀家を増やすことができず、ある意味では腐れ縁のような関係になった。檀家も時代と共に宗教心が薄くなり、葬祭費を安くあげることを考え、お布施も減らすようになった。

家制度の崩壊と人口減の過疎化で檀家数も減少し、お寺の経営も非常に難しくなってきた。現在日本ではお寺が7万5900余り存在し、コンビニエンス・ストアの5万3300よりも多いといわれているが、2015年10月の朝日新聞の調査によれば、住職のいない無住のお寺が1万2065寺に増え、お寺全体の約16%に上っている。さらに少子高齢化や人口の大都市への流出などにより、将来お寺は4割も消滅するという予測もあるほどだ。

檀家制度廃止と寺との新たなご縁

橋本さんはこのような袋小路に追い込まれた寺院経営を打開するには「お寺が檀家から自由になる、信徒がお寺から自由になること」が必要で、「すべてはそこから始まる」と確信したそうだ。それには思い切って「檀家制度の廃止しかない」と考え、２０１１年４月のお寺の役員会に「檀家制度の廃止」を図ったそうだ。すると「お寺が潰れるのではないか」「近隣の寺との関係はどうか」「本山から破門されてしまうのではないか」など会議は大紛糾した。

この問題は感情的にも一筋縄ではいかないので、橋本さんは、議論を尽くし、根気よく説得を続け会合を重ねていった。最初の役員会から１年３か月後の２０１２年６月に全員一致ではないが、「檀家制度廃止」に踏み込むことができた。

檀家制度の廃止により、従来のお寺と檀家との関係は白紙になり、お互いに縛ることも見返りを求めることもなくなった。それで旧檀家には、賛同して頂ける方には信徒に移行して欲しいと連絡し、賛同された方は新たに信徒になり、新しいご縁の関係が始まった。信徒は檀家と違い、寄付や毎年支払う護持会費、墓地の年間管理料を負担する必要がなくなる。見性院に墓だけを持ち、信徒をやめて他のお寺に法事を頼むこともできる。

一方、見性院も開かれたお寺として、お墓の利用者も宗教や宗派を問わず広く募集したため、キリスト教の方のお墓もできた。また永代供養も全国から受け入れている。日本の法律では信仰の自由を規定されていながら、これが制限されている面もあったが、これで本当の意味での信仰の自由が確保されたことになった。

私見を述べるが、檀家と寺院を固定することは封建時代の遺物に見えてしようがない。例えば、私は浄土真宗の檀家の家に生まれた、大学では仏教青年会に入会したが、指導僧侶の酒井得元老師（駒沢大学教授）から禅宗の指導を受け、その後アメリカ生活でも禅宗の修行をしてきたので、浄土真宗よりも禅宗に興味があり、禅宗の信者だと自認している。お寺の方から見ても、子孫が転居したり、私のように宗旨替えする人もいるので、今までのように檀家を固定するのが難しくなってきている。

お寺とのご縁の関係は橋本さんが言われるように、檀家制度を離れて「信仰の自由」の精神からその人々の趣向に合ったお寺とご縁を結ぶべきだと思う。

すべての人に開かれた「みんなのお寺」をめざして

檀家制度を解消して三年たった頃、信徒との会として「随縁会」を立ち上げた。「随縁」とは先にも引用したが、一般には「縁に随［したがって］物が生起し変化する」という意味であるが、見性院では「縁を貴び、仏に帰依し、縁に報いる」という意味を込めて随縁会とした。

随縁会の会員には「特別会員」「普通会員」「自由会員」の３つがある。「自由会員」は、見性院の墓地を利用している人で、それ以上の関係は自由な人。「普通会員」は、葬儀や法事を見性院で行っている人で、見性院の行事にも参加される人。「特別会員」は、見性院に深く関与され、行事にも積極的に参加される人だそうだ。この三つの会員とも会費は全て無料で運営されている。「特別会員」が上で「自由会員」が下という意味ではなく、信徒は自分の事情でどの会員になるかを選び期限内に見性院に「承諾書」を提出するもので、個人の自由意思を尊重している。

このように、檀家制度廃止が約４００軒あった旧檀家に大きな戸惑いを与えたことは事実である。見性院の旧檀家は市街地と農村の両方にまたがっていたが、市街地の若い世代は概ね新しい体制に賛同してくれたが、農村部での旧檀家には違和感を持っている人もいた。賛同せず、見性院の方針を批判している人もいる。

橋本さんは、見性院はすべての人に開かれた「みんなのお寺」にしたいと考えている。「みんなのお寺」とは、寄付・年会費、管理費が不要で、宗教・宗派・国籍を問わず利用できるお寺のことだそうだ。

ご縁の関係でいえば、旧態依然の檀家制度は制度疲労しており、見性院のような信者との自由なご縁の結び方こそ、これからの寺院に求められており、この改革についてゆけない寺院は消滅せざるを得ないと思う。そのような意味で「縁を貴び、仏に帰依し、縁に報いる」という随縁会の行き方は大いに参考にすべきものだと思う。

檀家制度は制度疲労を起こしている

２０１８年５月９日、曹洞宗の総持寺系宗政会派「総和会」の北信越管区は「檀家制度の在り方」を考えるシンポジウムを松本市のホテルで開催した。この大会には大本山総持寺監院の乙川暎元老師をはじめ北信越の曹洞宗僧侶が１８０人も参加したが、大会のパネリストとして、寺院コンサルタントの薄井秀夫氏などと一緒に見性院の橋本英樹住職が登場していた。

橋本さんは、先に紹介したように２０１２年に檀家制度の廃止を断行した僧侶であるが、この時、旧檀家の一部には「そんなことをすれば、本山から破門されるのではないか」と大いに心配された。「檀家制度廃止」により橋本さんが本山から破門されることはなかったが、周囲の曹洞宗寺院からは猛反発を受けることになった。

曹洞宗は全国で寺院数が１万５０００もある大組織で、「本末制度」で運営されている。「本末制度」とは、永平寺と総持寺の２つの大本山の下に全体を統括する宗務庁があり、その下に県レベルで宗務所がある。埼玉県には２つの宗務所があり、さらにその下に教区がある。見性院は埼玉県第一宗務所の一つの教区に属しており、その中でも本寺と末寺がありピラミッド型の組織で全国を管理している。見性院は最末端の末寺になるが、教区のお寺からは煙たがられ、曹洞宗の宗務庁に、見性院の行動の是正を要請する動きもあった。

このように、曹洞宗内で異端児のように思われている見性院の橋本住職を正式にパネリストとして招待したことは画期的なことであった。この背景には、インターネットを使った僧侶派遣や墓じまいなどさまざまな問題があり、今までの檀家制度が制度疲労を起こしてきているという事情が出てきたからだと言えよう。

異業種の参入で変わるお葬式

日本の政治・経済・社会情勢は激変しており、寺院側も旧態依然とした「本末制度」による閉ざされたやり方では時代の要請についていけなくなっている。例えば「本末制度」では、葬儀や法事は教区内で僧侶を派遣しあってすべて寺院のみで運営していくこととしていた。そのため、見性院のような末端の末寺では、自由な寺院活動が制限されてきた。

しかし近年、寺院以外の参入も多くなってきた。

この制度に大きな風穴を開けたのが「イオンのお葬式」であった。大手スーパー・イオンが２００９年から始めたもので、ホームページによると18万５０００円から65万５０００円までの葬儀プランがあり、利用者が自由に申し込める。一般の人は葬儀の相場が分からず困っていたが、オープンなこのプランは画期的なことだと言われた。しかし問題になったのは、「戒名料」の目安をイオンがホームページに公表したことだ。２０１０年、全日本仏教会は「戒名をつけるのは値段のついたサービスではなく、人々の宗教心から出た寄付行為であり、課税対象になっていない」と反論した。これを受けてイオンは戒名料金の掲載を止めることになった。

次に起きたのは、２０１５年に始まったアマゾンの「お坊さん便」である。これはＩＴベンチャー企業の「みんれび（現よりそう）」が3万5０００円からの定額を払えば、インターネット経由で僧侶を派遣し、法事などを執り行う（戒名、葬儀は別料金）というものであった。これに対して全日本仏教会は「宗教行為をサービスとして商品にしているもので、諸外国の宗教事情をみてもそのような例はない」と批判し、アマゾンに対して「お坊さん便」の販売中止を申し入れた。しかしアマゾンはそれを黙殺している。現実には5年で「お坊さん便」への問い合わせは18倍にも伸びており、利用者から受け入れられている。「開かれたご縁」の時代も大きく変わってきている。

一方、直葬（じきそう）といって僧侶からの供養ぬきで遺体を直接火葬場に持ち込む人、樹木葬や海への散骨など簡単に葬儀を行う人、簡略化した家族葬を行う人も増えてきている。これらは、安泰であった寺院経営に大きな影響を与えている。

私も「葬儀や法事の時にいくらお布施を出せばよいか、相場が分からず戸惑っている」と聞くことがよくある。また、急な不幸に混乱している遺族に「〇〇様のお宅では▲▲の葬式をさせていただきました。お宅様の格式では☆☆の葬儀を」と葬儀社に勧められ、何だかわからないうちにびっくりするような価格の葬式をしてしまい、後で後悔した人の話もよく聞いた。

費用を「見える化」して質の高い葬儀を

橋本さんは、見性院を「みんなのお寺」にするため、寺院改革の一つとして、お布施の額を明示することにした。これはイオンの葬式やアマゾンの「お坊さん便」に対抗するためでもあった。この金額は、葬儀に１００万円とか２００万円かかったと言われることに比べてかなり低額になっている。見性院でもかつては導師一人で葬儀・通夜（戒名：信士・信女）を行うと50万円であったが、思い切って20万円に変更したそうだ。

法事や葬儀は宗教行為かサービス行為か、大いに議論の分かれるところであるが、橋本さんは、宗教行為であるが、昨今の利用者の変化をみるとサービス行為での自由競争の時代になったと解釈しているようだ。

見性院では、葬儀業者のセレモニー・ホールとは一味違う「本堂葬儀」を打ち出している。導師を務める僧侶の質、そして葬儀を執行する場所などで、質の高い葬儀で供養したいと橋本さんは考えている。まず遺族の家に僧侶が出向き、死者の横で「枕経」を上げる。その後、棺を本堂に移し、歴史を刻んだ鉦や太鼓、法具を使い、厳かな雰囲気で葬儀を施行する。火葬が終わると再びお寺に戻り、儀式を行い、墓地に向かうという

葬　儀

位階	導師一人（通夜・葬儀）	導師＋脇僧二人	一日葬（導師一人）
俗名（戒名なし）	10〜15万円	20〜30万円	8〜13万円
生前戒名授与の方	10〜15万円	20〜30万円	8〜13万円
信士・信女※	20〜25万円	30〜40万円	15〜25万円
居士・大姉※	30〜45万円	40〜55万円	25〜45万円
院居士・院大姉※	40〜65万円	50〜75万円	35〜55万円

※印は戒名授与が含まれています。一日葬は通夜がございません。

一連の流れである。

また墓地の販売についても、お寺の名義を借りて高額な値段で墓地販売業者が墓地を販売したり、墓石も業者が間に入り高額で販売されているのが現状だったが、見性院では石材業者から直接仕入れることで、相場の三分の二の値段で墓石を販売している。

最近では、転勤などで移住する人が多く、それに伴い墓を移動することが多くなってきた。しかし檀家が寺院にある墓地から墓を移すのは容易ではない。改葬や墓じまいの際、高額の離檀料を要求されることが多いが、見性院では檀家制度がなくなったので離檀料は発生しない。ここでも「開かれたご縁」を実行されている。

お寺の事業がサービス行為とすれば、いかに利用者に受け入れられるかの競争であり、その数字が結果を表すことになる。見性院では収支計算書や財産目録などの数字を公開している。それによれば、橋本さんが2007年に先代からお寺を引き継いだ時の収入は2000万円～3000万円であったが、2017年の決算では1億5500万円になっている。わずか10年で約6倍にも伸びており、この数字が見性院の取り組みが社会に受け入れられていることを雄弁に語っている。見性院では、常勤僧侶5名、非常勤僧侶5名、事務職員5名が勤務しており、完全に中小企業のような形態で発展している。

橋本さんの話を聞いていて、封建時代の名残の「本末制度」のような「がんじがらめのご縁」ではなく、これからの寺院は時代の変化に応じて「開かれたご縁」に変貌しない限り、経営は難しくなるであろう。

超宗派の僧侶の研修会「善友会」で講演

２０１７年2月22日、超宗派の僧侶の研修会「善友会」が京都・知恩院の和順会館で開かれた。埼玉県熊谷市の見性院の橋本英樹住職は私に、経営学部教授の立場から「寺院改革」についての講演を依頼してきた。

この背景には、人口が減少する中で僧侶派遣会社が乱立し、お布施の低価格化や僧侶の質の低下に歯止めがかからなくなって、仏教寺院を取り巻く環境が激変していることがあった。そのため橋本さんは一念発起して、今後に不安を持つ寺院の中で志のある僧侶を集め、寺の経営や檀家の関係も含めて研鑽し、新しいご縁の会を作ろうと思ったそうだ。今までの仏教界は先に述べたように「本末制度」の縦社会中心で、各宗派が分断され宗派を超えて交流することが少なかった。このような状況を改めるため、超宗派で横のつながりを作り、人材育成、寺院救済、経営改革などを議論する任意の団体として善友会は設立された。

２０１３年に善友会のホームページを立ち上げ、２０１５年には第一回の研修会を開いた。この会の事務局は見性院にあるが、会員は曹洞宗、浄土宗、浄土真宗、真言宗、天台宗、日蓮宗、臨済宗、それに神道の神官を含め当初は１００名以上の人が参加した。しかし誓約書の提出などで縛りを厳しくしたので、現在の会員数は62名である。

「善友」とは善行を共に修め、切磋琢磨して最高の友を得るという僧侶の別名だそうだ。優秀な僧侶の支援、救済、人材育成と現代僧侶の資質向上を目的とし、広く社会に貢献しながら、絶大な信用を得ていくことが使命だそうである。今まで関東を中心に会合を重ねてきたが、会員の中には関西地区に住んでいる人も多いので、関西善友会を発足させた。今までの宗派内でのご縁から発展して宗派を超え、地域を超えた新しいご縁の関係と言えるだろう。

知恩院で開かれたのは、善友会の第4回研修会で、井本全海住職（河内長野市・勝光寺）も講師として招かれていた。私のような素人が何を話してよいか困ったが、怖いもの知らずで、次のような内容をお話しさせて頂いた。

①アメリカのキリスト教の牧師のサービス

信者との結びつきが強く、日曜日の説教については大変よく準備している。信者から厳しい評価をうけるので牧師の間は競争社会である。日本の僧侶も彼らに学ぶ必要がある。

②宗教者としての僧侶

仏教の本来の目的は民衆を救うこと、信者の悩みを聞き、心の平安を与えることである。葬儀の目的は死者の追悼だか、悲しんでいる遺族への心のケアもしなければならない。しかし旧仏教は「腐ったタイ」と言われるように、宗教者としての本来の使命を僧侶が忘れている。新興宗教は「新鮮なイワシ」といわれ、むしろ彼らの方が不完全な所が多いが宗教者の使命を果たしている。旧仏教の僧侶も本来の使命に立ち返るべきだ。

③寺院経営の二面性

寺院経営には二面性がある。一つはコミュニティの視点で、みんなのお寺として、ベストなサービスをして檀家など受益者のコミュニティーに歓迎されなければならない。もう一つはビジネスの視点で、適正な利潤を上げて、事業やお寺の母体を継続維持する必要がある。そのためには各寺院のコアーコンピタンス（強み）を伸ばしてゆき、変えるものと、変えないものをはっきりさせる必要がある。

④寺院でのサービスの視点

儀式（葬式・法事）と法施（説教その他で信者に安心をあたえる）のバランスが必要で、究極には三方よしといって、お寺よし、檀家よし、世間よしでなければならない。

⑤今後の課題についての議論

・どのような寺院が生き残るのか？

檀家が多い寺院でなく、本山との関係が強い寺院でもなく、規模が大きく、組織がしっかりしている寺院でもなく、信者に如何に受け入れられるかである。

・どのようにすれば寺院の収益が上がるのか？

経営分析をして、利益を追求することでもなく、儲かる事業を見つけてそれを伸ばしてゆくことでもなく、地道に目的に向かって努力すれば、儲けは後からついてくる。松下幸之助や出光佐三など儲けを口にしなかった人ほど結果的には利益を上げている。

おおむねこんなことを話したが、最後に、善友会のメンバーが寺院制度を改革して社会のために役立ちたいと決意し、本気で「相手の立場に立ったサービス」を考え、徹底的に実行すれば、日本の仏教界をひっくり返すほど大化けすると激励させていただいた。

橋本住職との出会いと「開かれたお寺」

全く怖いもの知らずで、プロの僧侶の方々に偉そうなことをいったものだと大いに反省しているのだが、２０１８年10月の関西善友会の研修会にも講演を依頼されたところから、私の話が多少なりとも役に立ったのではないかと思っている。

橋本さんと私は、１９９９年頃、曹洞宗北米総監の秋葉玄吾老師が運営されていたサンフランシスコの「好人庵」という禅寺で出会った。そこでは定期的に坐禅会を開いていたが、駒沢大学大学院の博士課程を満期修了された橋本さんは、好人庵のお手伝いをしながら、スタンフォード大学の宗教学部の研究員もしていた。

橋本さんとは馬が合い、一緒に宗教施設に出掛けたり、自宅にもたびたび招いた。橋本さんはサンフランシスコの前はロサンゼルスの曹洞宗のお寺にも滞在していたという。仏教寺院といっても、日本とは違い「開かれたお寺」であり、大きな刺激になったそうである。橋本さんが檀家制度廃止に踏みこんだのもこの体験が原点になったそうだ。

「開かれたお寺」では、①住職はお寺に住まず、別の住居がある。②橋本さんはゲストルームに住んでいたが、そこは常時解放され自由に使えた。③茶道、華道、書道、座禅会など文化教室を開いており、コミュニティーセンターのような役割を果たしていた。④キリスト教の日曜礼拝のように月に一度の「祥月法要」を行い、その後食事会で親睦を図っていた。⑤曹洞宗のお寺の半径１キロ以内に、真言宗、浄土宗、浄土真宗のお寺があり宗派を超えた会合をもっていた。

橋本さんの檀家制度廃止は、この①～④を踏まえたもので、善友会の立ち上げは⑤を踏まえていた。このアメリカの留学経験がなければ今回の改革は断行できなかったという。また私にとって意外なのは、橋本さんが「今日あるのは釣島さんの影響です」と言われたことだ。私が紹介した『致知』と『理念と経営』という２つの雑誌が大変刺激になっているとのことだった。家内曰く、「初めてお会いしたとき、静かでやや控えめな方と思っていた。寺院改革をされるには相当の努力と覚悟がいるわ。やはり海を渡っていろいろな見聞を広めることってすごく大事だ、と今さらながら思う。経験を無駄にしない姿勢は立派」と。

私がサンフランシスコで橋本さんに出会ったのは、シリコンバレーに新しい会社を設立し、そのストレスを解消しようと禅寺に通っていた時だった。橋本さんは帰国して檀家制度廃止による寺院改革を断行された。そして善友会という、宗派を超えた新しいご縁の会を設立し、新たなご縁を紡いでいる。その会で私が講演させていただいた。人生とご縁は大変不思議なものだとつくづく思う。

うつ病を克服して、ベストセラー作家になったご縁

▼「定年後」を流行語にした楠木新さん

雇用延長制度とベストセラー『定年後』

最近「定年後」という言葉が一つのブームとなって、テレビ、新聞、週刊誌などでたびたび特集されている、その発信人である神戸松蔭女子学院大学教授の楠木新(くすのきあらた)先生にお会いしてその辺りの事情を聞いてみた。

「現在50代のビジネスパーソンは定年後について関心や不安を抱えており、その人たちをターゲットに本を書いてみました。それが予想外にヒットして『定年後』（中公新書）は25万部、

『定年準備』(中公新書)は5万部、合計30万部を超えるベストセラーになりました。この本に多くの人が関心をよせてくれた要因は、最近人生100年時代を迎えると言われ出したことでしょう。」

楠木さんが58歳の時、勤めていた大手生命保険会社に60歳以降の雇用延長制度ができた。「60歳で退職するか、再雇用を選択するか、ケンケンガクガクの議論が飛び交いました。当時は再雇用しかチョイスがないというのが大方の意見でした」

楠木さんの話を聞きながら、私は複雑系の科学でいう「エージェント」という言葉を思い出した。エージェントとは、ある目的のために戦略をもって行動する人のことであり、楠木先生は、その時ごとに目的を定め、戦略をもってそれぞれのご縁を紡いで今日まで歩いてこられた人である。

楠木さんは60歳定年になった際、再就職せず、意図的に無職を体験して「定年後」の人々の心情を追体験された。こうしたエージェントとしての意図的な行動によって、「定年後」という一種の流行語を世間に発信できたのだと思う。

楠木さんは在職中から活発に執筆活動を続けて、現在まで17冊の本を上梓している。これまでの歩みは、まさに蜘蛛の糸のような細いものを、中心の点から徐々に張りめぐらすようにご縁を組み合わせてこられている。組み合わせが一つ違えば今日の楠木さんの立ち位置は違っていたかもしれない。

運命のメールとインタビュー取材

47歳の頃のこと。保険の確認作業をする会社に人事担当部長として出向していた楠木さんは本部に復帰した。その前年から体が重かったが、新しい仕事に慣れないせいか、ついに体調をくずしてしまった。やる気はあるのに体がついていかないのだ。ブレーキとアクセルを同時に踏んでいるような状態だった。１ヶ月の休職期間の後、復帰したが、また体調が悪くなってしまった。病院に行くと「うつ状態」という診断書が出た。さらに約1年休職することになった。体調不良は合計で2年ぐらい続いた。しかし50歳の時に、思いがけずその体調不良がすっと抜けた。

平社員として復帰した楠木さんは、自分の将来をどうするか模索し始めた。時間があったので、「会社員から独立や起業で転身した人たち」に興味を持ち、彼らへのインタビューを始めた。大学院生として取材する方が納得して受けてもらえると思い、大阪府立大学の社会人大学院に入学した。大学院時代の２年間はインタビューに没頭したが、無事に修士号を得た。

ある日、休職した時期の原稿を読んだ朝日新聞の記者から「メンタルヘルス」の記事を書かないかというメールがあった。これが運命のメールであった。このメールを見落としていたらそれからの楠木さんはなかったかもしれない。「メンタルヘルス」の原稿は難しいが、「会社員から転身した人たち」ならば書けると言うと、記者は関心を示した。

思いがけないご縁のスタートとなった。それから毎週土曜日に約1年余り、計60回の記事を書いた。記事を新聞社に送ると、ベテラン記者が添削してくれた。文章はこうやって書くのかと大変勉強になり、後の作家活動の基礎になった。

楠木さんが出版した本の中でも『人事部はみている』（日経プレミアシリーズ）は13万部も売れている。「多くの生きた材料を会社で見つめながら、それを元に執筆した本がベストセラーになった」そうだ。優秀なビジネスパーソンは多いが、それをうまく発信できる人は意外といないので、この分野では敵がいないブルーオーシャン市場だそうだ。その後『左遷論』（中公新書）、『経理部はみている』（日経プレミアシリーズ）など、企業に関する本を執筆した。「会社でまじめに勤務しながら、人事や経理など周りの状況をよく観察し、材料を会社の職場から得て執筆できたと思う」と話し、また成功の秘訣は「理屈ではなく、サラリーマンの目線になって彼らを代弁する本を書けば、世間に受け入れられる、との思いにたって執筆したのがよかったのだと思う」という。

大学教授就任への努力と良好なご縁紡ぎ

楠木さんは大学教授になろうという目標も持っていた。そのことで友人を介して私を訪ねてきた。２０１８年4月、神戸松蔭女子学院大学の教授に就任し、大学では「組織論」や「リーダーシップ論」などの講座を担当されている。インタビューをやりやすくするために大学院に入学して得た修士号が、資格審査で役に立ったという。

楠木さんは現在、仕事の合間をみて、全国を回って月に数回の講演をこなしているほか、週刊誌などの取材も応じきれないほどあるという。超多忙な毎日である。

病気で休職↓平社員↓転身者へのインタビュー開始↓**（調査のために大学院入学）**↓大学院入学↓**（文章修業）**↓朝日新聞の記事連載↓会社に勤めながらの作家活動↓**（サラリーマンか**

ら見た人事の調査）↓『人事部は見ている』がベストセラーに↓（**サラリーマンから見た経理部の調査**）↓定年退職↓（**定年退職に対する調査**）↓フリーランサー↓（**大学教授就任**）となっている。

楠木さんは（**太字**）に書いた戦略を持って行動したエージェントそのものであるが、今があるのはこの戦略だけではないと思う。ベテランの新聞記者や書籍編集者に出会ったこと、そして彼らと良好なご縁を紡いだからである。さらに、朝日新聞の記事で取材した人たちが全員、実名で新聞に掲載することを了解してくれるというご縁にも恵まれた。

また、楠木さんは「こころの定年研究会」というファンクラブを70回以上も開催し、良き読者層ともご縁を紡がれた。この会には私も出席させてもらっている。

良きご縁に恵まれたことで今日の成功があると思い、改めてご縁の重要性を認識した。

第３章
ご縁の不思議を体感している日本人

１＋２＝３が本来の科学の原理であるが、場合によっては１＋２＝３・５になることもあり、複雑系ではこれを創発と呼んでいる。例えば人が他人に影響を与え、それがまた自分や別の人を動かし、次第に社会全体を変えていく。これはご縁を紡ぎ、それを広げ全体の総和が３・５となる不思議なご縁の働きである。

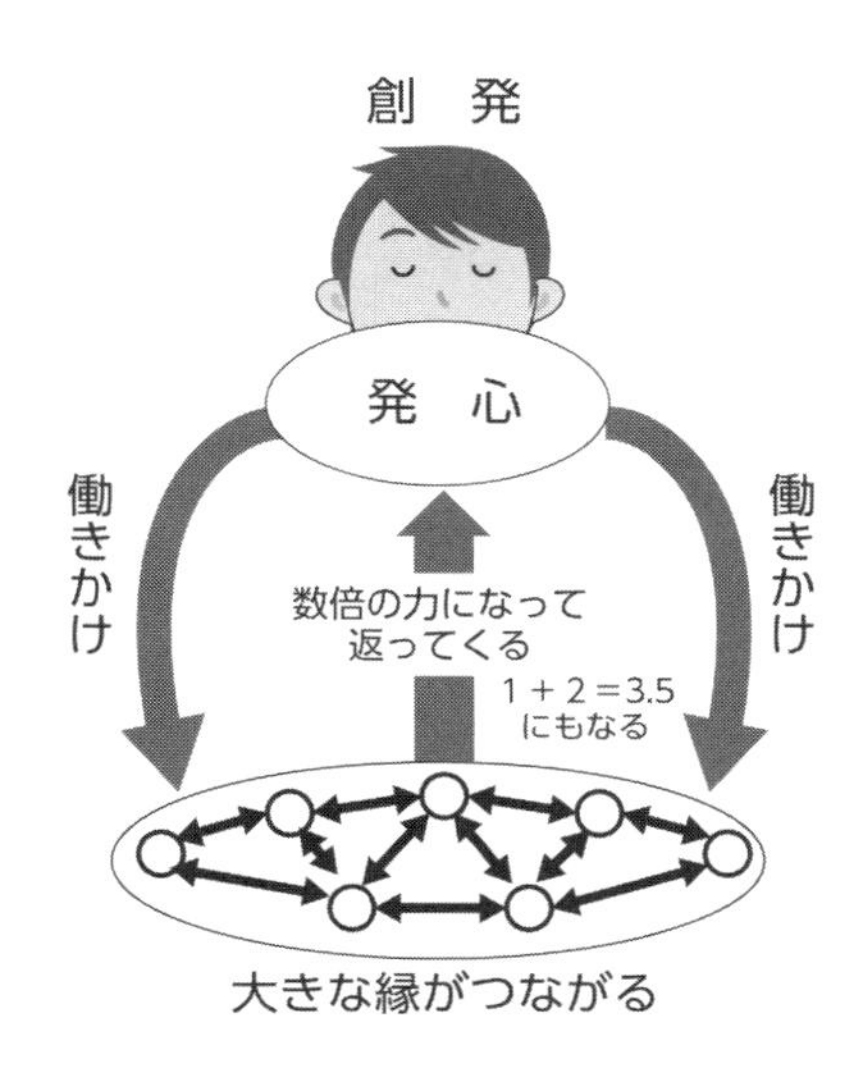

1. 大事なご縁を生かした人たち

ご縁と経営の神様松下幸之助

▼すべてのご縁に感謝した人生

毎年の入社式でご縁の話

1962年度の松下電器（現パナソニック）の入社式で、松下幸之助は「よくよくの縁で結ばれる」というテーマで、新入社員に次のような話をしている。

「松下電器への志願は皆さんの他にも相当多数の方がありましたが、選考の結果、皆さんがパスされましてここにめでたく入社……いよいよここの社員となったのでありますから、よくよくの縁と申しますか、そういうものが、皆さんと松下電器のあいだに強く結ばれたということになろう。なんぼ両者が好きあっていても、縁がなければ結ばれないとよくいいます。これはやはり縁があったということだと思います。……ある店は偶然なことから取引ができた。……自然につながりが醸成されて離れることのできない強い絆が結ばれた。そういうように結ばれた縁、結ばれた運命というものに立脚して、心を広く物事を考えてみますと、辛抱のできないことも辛抱する」。

松下さんは毎年入社式で「ご縁が大事だ」と言い続けている。これほどご縁を大事に思い、実践された方は珍しい。

ご縁を育て深めた天涯孤独の境遇

これについて、長年にわたり松下電器の秘書室長をされ、歴代の社長に仕えた青木治朗さんにお聞きしてみた。青木さんは現在、大阪企業家ミュージアムのスタッフをされている。

「松下幸之助は8人兄姉の三男、末っ子で育ち、11歳の時に父を、18歳の時に母を亡くしています。さらに、五人の姉、二人の兄の肉親七人がすべて亡くなり、26歳で天涯孤独になったそうですね」

「そうです。これで肉親とのご縁は切れてしまい、小学校も4年しか行っていないので学友もおらず、何でも相談できる人がなくなりました。それで、人との出会いや交流をとても大事にされ、さまざまな会合を通じて知り合った方々と親睦を深め、その方々とのご縁を大事にされました。

例えば江崎グリコの創業者の江崎利一とは、新聞社の招待旅行でたまたま同室になりました。二人とも学歴も金もなく、跡継ぎ息子が早死し、人脈なしの状況で事業を始めたという、境遇がよく似ていたので、馬が合い肝胆相照らす仲になりました。二人は一文なしから事業を始めたことで「文なし会」という会を作り、中山製鋼所の中山悦治、サントリーの鳥井信治郎とも大変親しくされていました。鳥井さんも学歴がなく、丁稚から這い上がった方で、境遇がよく似ていました。年長の鳥井さんに幸之助はかわいがってもらったようです。伊集院静さんの小説『琥珀の夢』にそのあたりの状況がよく書かれています。

幸之助が五代自転車店に丁稚奉公していた時、島井商店は上得意先で、幸之助は修理した高級舶来自転車の納品によく島井商店にでかけました。その時、島井さんが『ぼん！　きばりや』と暖かく激励してくれたことが一生忘れられなかったそうです。戦後、松下家がＧＨＱから「財閥家族」に指定され資産が凍結された時、多額の支援を島井さんから受けたことなどもありました。島井さんは生涯を通じて松下さんが敬愛する先輩でした」

後年、大阪築港に島井信治郎の銅像が完成し、除幕式の案内が松下さんにも届いた。87歳の松下さんは、その頃は商いや公の席にはほとんど出向くことはなく、体調もすぐれなかった。しかしサントリー本社に「松下幸之助、喜んで出席させていただきます」と返書が届いた。誰よりも驚いたのは佐治敬三社長であった。しかも当日、松下さんはスピーチを申し出、出会いから今日まで続くかけがえのないご縁への感謝を述べた。佐治社長はスピーチを聞きながら、父である島井信治郎への恩義を忘れない松下さんの姿に涙を流したという。そして、松下さんの葬儀では、佐治さんが棺を運んだ。二人のご縁はこのような形で続いていったのだ。

青木さんの話を続けよう。

「『文なし会』の他に『午七会』という会がありました。午年生まれの人が集まる会で、ここにも熱心に通われ、関西電力の太田垣士郎（おおたがきしろう）とは特に親しく裸のつき合いをされていました。また松下幸之助主催の『和楽会』というお茶の会では、同業でありながら、お互い辛酸をなめながらも事業をやってきたシャープの早川徳次（はやかわとくじ）さんとは馬が合い、お互いに尊敬しあっていました」

ご縁は人智を超えた不思議な力

松下幸之助は『折々の記』という、人生での出会いについて書いた本を出版している。その一節にこんな文章がある。

「人の縁とは不思議なもの、ありがたいものです。……その時々の状態が、もしちょっとでも異なっていたら、あるいはその人との出会いはなかったかもしれない。……出会いというものには、理屈では説明しきれない、何か目に見えない力が働いている。……ぼくは、この人と人とを結ぶ縁というものにも、ずいぶんと恵まれていた」

松下さんほどご縁に恵まれ、ご縁を大事にした人は珍しいが、後に松下電器の技術担当副社長として活躍する中尾哲二郎（なかおてつじろう）との不思議なご縁について記している。

中尾さんはもともと東京の人であったが、関東大震災に遭い大阪に移り、松下電器の下請けの旋盤工をしていた。彼の作業を見ていた松下さんは「君は若いのに仕事がうまいね」と感心した。それを中尾さんの雇い主に言うと「あれはとにかく文句が多くて、困っている。いっそのこと、あれを大将の方で使ってくれまへんか」と言われ、松下さんは喜んで中尾さんを採用することにした。

中尾さんの技術は素晴らしく、立派な仕事をしてくれて大いに助けになったそうだ。ところがある日、中尾さんが「東京でお世話になった元の親方が会社を再建するそうです。それを助けたいので会社をやめさせてください」と言ってきた。幸之助は掌中の玉を奪われるような思いだったが、「中尾君は人間として立派なことをしようとしているのだから」と、引きとめず、送別会までしてあげた。そして「中尾君、もしうまく行かなかったら、よそに行かず松下電器に帰ってきてもらいたい」と言って送り出した。中尾さんは4、5年東京で懸命に働いたが、会社はうまくゆかなかった。それで、約束を守り松下電器に復帰し、その後技術部門の責任者として活躍し、副社長まで務めることになった。

「中尾君とのそうした出会いのいきさつを思い出してみますと、そこには人智を超えた不思議なご縁の力というものが働いていた」と松下さんは言っている。

松下電器の大番頭といわれた高橋荒太郎は、高橋さんが15年間経営していた朝日乾電池が松下電器と業務提携することになったのが機縁で松下電器に移籍することになった。高橋さんは後に松下電器の会長になり、松下幸之助のよき女房役として大松下を支えることになるが、松下さんはこう言っている。

「朝日乾電池との提携がなければ、高橋君は入社しなかった。そこには個人的な意志や希望を超えた縁の力が働いている。だからその縁のあったことを謙虚に喜び、その喜びの心でお互いのつながりを大事にし、さらに強めたい」

すべてのご縁に感謝した人生

松下さんは肉親とのご縁が薄かったが、両親とのご縁についても次のように述べている。

「母親は、9歳で奉公に出るとき紀の川駅まで送ってくれ、体に気をつけて、奉公先の主人に可愛がってもらうようにと精いっぱいの愛情をそそいでくれた。父親は、つらいことがあっても辛抱して出世せいよと励ましてくれた。姉や母親から大阪貯金局で夜間に勉強できる給仕の仕事を勧められた。父親は『わしは反対じゃ。奉公を続けてやがて商売をもって身をたてよ』

と言って励ましてくれた。後から考えると父の助言はさすがに当を得たものであった」

両親とは短い縁であったが、それを大変感謝しているのはさすが松下幸之助である。

一方、仕事で関係された方とのご縁は非常に大事にされている。瀬戸内寂聴さんの『ご縁まんだら』には、「思いがけない人と人が出会い、心惹かれたりうとましく思ったりする。一つの縁から次の縁に結びつき、縁の輪が広がって行く。結んだつもりの縁も、ふとしたことから切れることがある。けれども、切れたと思ったのは、ひとの浅墓な考えで、一度結んだ縁は切れることはない。それが人生の恐ろしさであり、有り難さである」という記述がある。これは松下幸之助の人生そのもののように見える。

寿司職人からスタンフォード大学客員研究員へのご縁

▼良質なご縁を積み重ねた田舞徳太郎さん

辛い境遇のなかでも培った向学心

日本創造教育研究所代表の田舞徳太郎（たまいとくたろう）さんはカリスマ的経営指導者で、私の友人である。私がミノルタ米国法人の社長をしていた時、スタンフォード大学の客員研究員として赴任していた田舞さんとのご縁を得た。私は月刊誌『致知』の「気づきの成功学」の連載を愛読していたので、ある会で紹介された時、初対面とは思えない気持ちだった。

田舞さんは、父親が石炭関係の大きな商売をされていたが、中学3年生の時に倒産してしまい、父親の実家に預けられた。8歳の時には両親が離婚し、大変辛い子供時代を過した。長崎県平戸市の中学を卒業すると、父親の借金の一部を肩代わりしてもよいというお鮨屋さんが現れ、田舞さんが働いてその借金を返すという条件で、大阪の鮨屋の店員になった。

もともと田舞さんは向学心が非常に旺盛で、何とか這い上がりたいと「東京教育学院」の通信教育で勉強していた。将来は小説家になりたいという夢があり、文章修行も兼ねてせっせと原稿を書いては、新聞や週刊誌に投稿していた。芸文とか近畿文芸という同人誌でも作品を発表してきた。

現在は『理念と経営』という月刊の経営誌で、社長力・管理力・現場力の三位一体論を13年間にわたって連載している。店員時代の苦闘、24歳での起業、49年間の企業経営の体験など、論理的な観点と生身の実体験から企業経営のあるべき姿を書き続けている。

鮨屋時代は、職人の世界であり、何かあるとすぐ暴力を振るわれ、先輩たちから随分ひどいいじめにあった。なんとしてもここから逃れたいと、5年6か月の間必死に働いた。借金を払い終わった時、その店から夜逃げし、ある人の紹介で福岡の音羽鮨で働くことになった。そこで、失恋を経験したり、同人誌に発表した自信作が認められなかったことなどが重なり、21歳の時、福岡の大濠公園の池に入水自殺を試みたが未遂に終わった。

池から這い上がり錯乱状態で寮に帰ると、音羽鮨の山本精一社長が驚いてやってきた。社長は自分の生い立ちを語りながら、「人間はな、与えられた環境、与えられた情況の中で、精一杯努力してこそ道が開けるのだ。まず鮨屋になれ。日本一の鮨屋になってからその上で自分の夢にチャレンジすればよい」と諭した。この一言は胸に響いた。田舞さんはこの時、現実から逃げていた自分に気づき、山本社長に「将来自分が独立する時は音羽鮨の名前を使わせてください」と言って頭を下げた。

このときのことを後にアメリカでお会いした時に聞くと、「釣島さん、人が死のうと思うと大変エネルギーが必要なのです、入水したがどうしても手足が動いてしまいました」と言っておられたが、こんな凄い体験に、私は強烈な印象を受けた。

日本創造教育研究所を設立

田舞さんは心機一転、自分の店を持つのだと決めて再び大阪に帰り「ごん太鮨」に勤めた。藤原社長の励ましや、資金を支援してくれる人、融資に骨を折ってくれる銀行員など、たくさんの人の助けを得て、鮨屋の独立がかなった。福岡の山本社長に約束したように店名は「音羽鮨」にした。現在も弟さんとご子息が音羽鮨チェーン店を経営されている。

鮨屋の経営では、人材確保と人材育成の難しさを嫌というほど味あわされた。その解決のために調理師学校をつくったこともあったが、人材育成の苦しみを解決するのが自分の使命だと考え日本創造教育研究所を設立した。

田舞さんは、自分の前半生は、人を恨み、妬み、不幸な人生を生きるマイナス要因で生きてきたと述懐している。自分の人生を捨てようと自殺未遂までしたが、最後は逆境にあっても諦めなかったことで助けられた。不幸の中でもなんとか幸せになりたいという強い気持ちを持ち続け、挫折しても弱気になっても常に前進し続けたそうだ。そうすると、田舞さんの真剣に頑張っている姿に感動して、「なんとか彼を助けてあげよう」という人とのご縁が生まれ、人生が好転していったそうだ。

田舞さんは、こうした体験を踏まえ「因縁生起説」を強調している。

「すべての事柄は自分の心の中にある因（ものの考え方など）が原因となって作られていく。失敗の原因は自分自身のものの見方、考え方、態度にあるので、謙虚に反省すべきで、仏教の華厳経は人間の考え方に3つの誤りがあると説いている。その一つ目は人生の結果を運命によると考えること、二つ目は神の手によって結果があると考えること、三つ目はすべての結果は偶然によるのだと考えること。実はそうではなく、過去の人生において自分はどのような種を蒔いて、それを育てたかという因縁によって結果がきまる。それでうまくゆかない人は、うまくゆかない原因（ものの見方、考え方、生活の仕方）を自分に植え付け、うまくゆかない縁でその種子を育てたからであり、それをよく認識しなければならない」

忘れられないご縁、感謝するご縁、障害もご縁

田舞さんは、小学校5年生の担任であったT先生、中学校の教頭のF先生、数学担当のT先生の支援で励まされたご縁は忘れられないと述べている。また、中学を卒業して最初に働いた鮨屋の主人夫妻や先輩職人を当時は憎み続けてきた。しかし後で考えてみると「大善は非情に似たり」というが、あの時の苦労がなければ現在はないと大変な感謝の気持ちが湧いてくるそうだ。

このような考えになることは大変難しいが、私も田舞さんの考え方に共鳴している。私もシ

リコンバレーのビジネスで苦闘しているときに、当時国連に勤めていた友人から、それは観音様が嫌な人になって貴方を鍛えてくれているのだと言われ慰められたことがあった。

　田舞さんが独立してからも、思想的に影響を与えた人はたくさんいるが、中でも道元禅師研究家の田里亦無（たさとやくむ）先生とのご縁が深かったように見える。田舞さんは、その後日本青年会議所の会員として猛烈に働き、副会頭まで上り詰めた。その時の会頭、カバヤ食品の野津社長からいろいろのご縁を頂戴したと感謝している。

　田舞さんほど人生でたくさんの人とのご縁があった方は珍しいが、「今お世話になっている人だけでなく、障害となって立ちはだかっている人も、自分を鍛えてくれているのだと思う」と言い切るのが凄いところだ。それは「先縁尊重」といって、逃げ出さずに大切にする心掛けをしていると、次の大きな幸せのご縁の元になるそうだ。

　私が初めて田舞さんにお会いしたのは、１９９８年にサンフランシスコのＪＥＴＲＯ（日本貿易振興機構）が主催した交流会であった。田舞さんは当時スタンフォード大学に客員研究員として留学されていたが、私は購読していた雑誌や本を通じてその盛名は存じ上げていた。しかし田舞さんにお会いした時、彼はまったく元気がなく意気消沈していた。

「釣島さん、私はいままでカメレオンと言われ、どのような環境でも適応してきたが、今回はうまくゆかず参っている」

　私は田舞さんを自宅に招いた。田舞さんは社内研修用に作られた「二宮金次郎」のアニメのビデオを涙を流しながら見ていた。近寄り難い雰囲気だった。おそらくアニメの登場人物とかつての自分とを重ね合わせ、やるせなく涙を流されていたのだと思う。

「何とか成果を上げないと日本で支援を得ている皆さんに申し訳ないと思い悩んでいます。留学準備のため、時間がないので携帯で講師から英語を習ったり、韓国人の大学教授にアメリカの寄宿先に同居してもらい、語学や授業の支援を得ながら通学するなど必死に努力してきましたが、語学の壁がどうにも厚くて……」

いろいろな重圧がかかり精神的に落ち込んでいた。私も言葉では苦労をしたので、その気持ちが手に取るようにわかった。

私も駐在員として、シリコンバレーに設立したソフト開発会社の責任者となり、慣れぬ仕事のストレスで困りきっていた。田舞さんにお会いしてからの1年間、私は田舞さんにどれだけ慰められたか分からない。それは田舞さんも同じだったようだ。

「あの時の苦しさは忘れられませんよ。釣島さんの家に呼んでもらった時のことは、迎えに来てくれた車のドアの色まで鮮明に覚えています」。私は「どうして苦しい時のご縁は長く続くのでしょうかね？」と尋ねると、「苦しい時の想い出は一生忘れないほど心の底に残っており、それがご縁を長く続かせるのでしょう」と言われた。

良質なご縁の階層をつくる

私は帰国後、田舞さんが運営していた公益団体の役員をさせて頂いたり、田舞さんが「中小企業を活性化し、成功を探求する経営誌」という理念で作られた『理念と経営』に創刊号から連続して150回以上も記事を寄稿させていただいている。何よりも私がお世話になったのは、私が帰依していたNY老師の講演会である。大阪で7回も行い、毎回300人以上の方が来てくれたが、これも田舞さんの物心両面の支援のお陰であった。田舞さんは私にとって大事な恩人なのである。

また、松下幸之助が「よそさまから縁を切られるのはしょうおまへんが、こちらから縁をきったらあきませんで」とよく言われたと田舞さんに教えてもらった。私はその時は言葉の真意は理解できなかった。田舞さんに「どうして幸之助さんはこう言われたと思いますか」と思わず聞いてみた。「釣島さん、それはこちらから縁を切ると、切った方についているその先の縁までなくなるからですよ」という答え。「なるほどなあ」と感心したが、私はまだ完全に腑に落ちたとはいえなかった。

「いじめられたり、だまされたりした悪い人の縁もあると思ますが、それも切ってはいけないのですか」

「釣島さん！　そのいやな人の縁のおかげで、次の縁が開けるのでありがたく受け入れることです。私も苦しい体験を耐えたご縁のお陰で、次のご縁があり、そのご縁のおかげで蘇った」

松下幸之助は若い時に辛酸をなめるが、その苦労の教訓として、逆境の縁を感謝しそれを生かすこと、さらにその後の人生において巡り合ったご縁は自分の方からは切らずにそれを生かしていこうとされたのである。

田舞さんはさらに、「ご縁が積もってくるとそのご縁の階層が何階にも積み重なります。上層部には良質な方のご縁の階層ができ、下層部に行くに従ってだんだん質が下がってくる。経験を積んでいくと、このご縁の階層がだんだん厚くなってくる。それと上層部の階層のネットワークを大事にし、これを上手に生かすことですね。下層部のネットワークは切る必要がないがあまり近寄らないことですね」とも言われた。田舞さんのような経験豊富な方は、経験を重ねるに従って何重にもご縁の階層が出来上がり、下層部から上層部に行くにつれ良質なご縁の階層が出来たと思う。

田舞さんが主宰する日本創造教育研究所は会員数1万3100社で、年間研修の受講者が延べ2万人である。この団体の下部機構の日創研経営研究会には4500名の会員が登録しており、年数回の全国大会には毎回1000名以上が参加する。田舞さんに「このような大きな組織がどうしてできたのですか」と聞いてみた。

「すべて、ご縁が貯まってきてできたものです」

「どうしてご縁は貯まるのですか」

「それは先縁尊重といって、先に縁ができた方を尊重する考え方で生きてきました」

「先縁尊重をするとどのようによいのですか」

「先の縁が次の新しい縁を作ってくれるのです」

「新しい縁はどうして増えていくのですか」

「先の縁を大切に大切にするのです。自ずから自然に次々にご縁の輪が広がっていきます。縁が縁を呼んで飛躍的に大きくなっていくのです」

「先縁を無視する人は、どこかでつまづいています」

「いま目の前にあるチャンスは、次のチャンスと縁を結ぶ因となっているのです。その因を逃げ出すことは、次のプラスの縁をすべて失うことになるのです」

「お世話になった人を大切にする姿勢、逆に自分の大きな障害として立ちはだかり、自分を鍛えてくれた人を大切にする心が、次の大きな幸せのご縁の元になるということです」

「その結果の積み重ねが１万３１００社も集まる団体になったのですね」

柳生家の家訓に「小才は縁に出会って、縁に気づかず。中才は縁に気づきて、縁を生かさず。大才は袖すり合った縁も生かす」という言葉がある。田舞さんほど、ご縁を大事にされてきた人はなく、まさに「大才は袖すり合った縁も生かす」ことを地でいかれた類まれな人である。

エン・ジャパン社設立のご縁とは

▼「ご縁」を社名に取り入れた越智通勝さん

「転職は慎重に」という転職サイト

越智通勝（おちみちかつ）会長といえば、転職サイトのエン・ジャパンを23年前に創業され、同社を上場企業にし、２０１８年３月決算では売上高４０７億円、経常利益97億円、企業の時価総額を２５０0億円にまで成長させた立志伝中の人である。「転職サイト＋エン」ならばと思い、以前私が「ご縁」の本を出版した時、エンは縁と渡りをつけて、お会いしたい旨手紙を出したことがあった。すぐに返事があり、多忙の中、東京でお会いする機会を得た。社名にエン（縁）をつけるなどご縁に大変関係の深い方で、会社の創業の趣旨などをお尋ねした。

―なぜ転職を支援するビジネスを始めようと思ったのですか？―

「1995年頃はまだ転職サイトは紙の媒体しかなかったのです。それで初めてインターネットを使った求人広告をやってみようと事業を始めました。インターネットは世界に発信されるので、東洋的な特徴のある社名にして日本から発信しようと思いました。それで、社員にいろいろアイディアを聞いたのですが、なかなかいい意見は出てきませんでした。そこで、日本的でよいと思い「縁」を社名に入れることに決めました。それにEmployment Networkの頭文字のEとNが縁の概念になりちょうどいいと思いました。社名を株式会社エン（縁）にしようと思いましたが、『ご縁』は既に商標登録されていたので、エン・ジャパンにしました」

―社名にエンを付けるほどご縁に関心があると思いますが、どのように思われていますか―

「わが社では、まず人と人、人と企業、企業と企業を結びつける不思議な力やめぐり合わせを「縁」と規定しています。これは縁は人と人も結びつけるが、人と物事とも結びつける。パソコンや筆などの物事とも結びつけるもので、ご縁とはそれほど不思議なものです。会社の事業理念としては『私たちは「人」そして「企業」の縁のあり方を考え続けています』と規定しています。それは、①人と人、②人と企業、③企業と企業の3つを事業領域として、これを会社のドメインとしています。また、私たちはあえて『良縁をつくる』とは言いません。良縁と思えた縁がいつしか悪縁に、悪縁と考えた縁が捉え方によっては良縁にと、『縁』の姿は常に移り変っていくものと定義しています。塞翁が馬という箴言があるように、悪いと思っていた縁が、状況の変化で良縁に変わっていくのです。人生のなかで人は失敗したり不遇になることもあります。しかしその失敗や不遇をばねにして頑張ると成功することが多いのです。失敗や不遇は成功のために必要なもので、この経験を大事にしていくことです」

因果応報というこの越智さんの話を聞いて、悪縁が良縁に代わる時は悪縁をあえて受け入れることも必要で、「ご縁」という意味は奥深いものだと感じ入った。

「わが社では、先方の企業を大事に思い『仕事を大切に、転職は慎重に』と表明してきました。この意味は、今の会社の仕事を大事にしないと、たとえ転職してもうまくいかない、転職は慎重に考えよということです」

―人材紹介会社であれば、転職を勧めるのが仕事と思いますが、どうしてあえて逆のやり方で事業を進めてきたのですか―

「求職者のことをよく考えてあげると、転職は決してバラ色ではなく大変厳しい面もあります。一方、企業にとってもリスクがあるのです。それで、企業を訪問し、社員や元社員などの意見も聞いて、よい面だけを紹介するのではなく、ありのままのその企業の厳しい面なども紹介することにしました。そうすることで転職のミスマッチを防げるし、企業にとっても結果的に良いと思ったからです」

「グローバルスタンダード的考え方からすれば、売上を増やし利益を増やすためには転職を奨励することになるでしょう。現にそういう同業他社も多いのですが、エン・ジャヤパンはあえて『ご縁』を大事にして、長い目で企業と求職者に喜ばれる方針で展開しています」

求職者第一の経営方針

グローバルスタンダードの売上至上主義の方が効率が良いと思いがちだが、敢えて日本式のご縁文化方式でビジネスを進めていることに感心するとともに、長い目で見ると、日本式の方が優れており、私たちはご縁こそをもっと大切にし、地道に深めていく必要があると思う。

越智さんは企業を訪問する時、あえて自社の嫌な面も公開してほしいとお願いするそうだ。

「釣島さん、これを嫌がる企業もあり、いろいろ苦労し、訴訟されたこともありました」

グローバルスタンダード全盛の世の中になったいま、競争は厳しく、綺麗ごとだけではすまされない。この点に関して越智さんは「企業経営面からみると、社会正義性と収益面のバランスをとることが大事」と言っている。これも中庸を尊ぶ仏教精神からすれば良く理解できる。

会社経営ではステークホルダー（利害関係者集団）との関係が最近とくに注目されている。この点を聞いてみた。

「アメリカでは株主を最重要と考える企業が多いのですが、エン・ジャパンでは求職者を第一に考え、それから求人企業、社員、株主の順と考えています。求職者や求人企業あっての会社であり、社員も大事にしなければいけません。株主は最後でよいと思います」

紹介した会社に入社した女性が、そこの企業の跡取り息子と結婚したり、紹介した研究者が頑張ってその企業の売上高の60％を占めるほどの商品を開発した、といったことを聞くと、本当に「良縁」を紡いだと思えるそうだ。

最後にこれからの抱負などをうかがった。

「今後も、人と人の出会いを大切にして頑張っていきたいと思います。最近のＡＩ（人工知能）の発達は脅威だと思いますが、これに対抗しながらご縁を大事に思い、ハートフルなソフトを大切にしたいと思っています」

早起きは三文の徳を続けたご縁

▼金岡重雄流「ご縁」の底力は継続力

30年欠かさない早朝の日課

東大阪市のカナオカ機材の事務所を訪れ、創業者の金岡重雄（かなおかしげお）会長にお会いした日は８月１日であった。金岡さんは「毎月１日は早朝お寺に墓参りしていますが、これを30年ほど続けています。今日もそれを終えて会社に出社しました」と言われた。どこのお寺ですかと聞いた。

「以前は宝塚市でしたが、手入れの行き届いたお寺を探し、現在は大阪市天王寺区の生玉町にある齢延寺に移しました。お墓は二基あり、一基は金岡家のご先祖をお祀りするものだが、もう一基は経営している会社の社員やご縁のある人の霊をお祀りするために作りました。うれしいことにこの３か月前から孫たちも一緒にお参りしてくれています」と顔をほころばせる。

「なぜそれだけ熱心に墓参りをするのですか」

「私の先祖を20代遡ると１０４万８５７６人の先祖がいます。これは秋田県の人口とほぼ同じ人数になります。このうちの一人でも欠ければ今日の私が存在していないことになり、脈々と受け継がれたご先祖からのご縁に感謝するためです」

金岡さんは毎朝４時に起床、洗面した後は、運動着に着替え、箒、ごみばさみ、塵取り、手袋、ごみ袋の「掃除五道具」を持って家を出る。近くを流れる第二寝屋川の堤防に沿って掃除を始める。普段の日は1～1時間半かけて2、3キロゴミ拾いをする。休日は4時間ぐらいかけて4、5キロを掃除する。これを30年以上も続けている。昔はタバコの吸い殻、犬の糞などがたくさん見られたが、今では長年の掃除で道がきれいになったこともあって、とてもタバコの吸い殻のポイ捨てなどできなくなってきているという。

掃除を始めた動機は「道路が汚れているのが気になり見ておられなかった」ことだそうだ。近所でも金岡さんの朝の掃除は評判になっており、最近では通りすがりの人たちから「いつも道を綺麗にしてくれてありがとう」と声をかけられることも多く、大変励みになるそうだ。

春は桜を愛でながら、夏は汗をかきながら、秋はもみじを見ながら、冬はかじかむ手をこすりながら、四季折々の風情を楽しみながら「続けることに意義があると思っている」と言う。しかし、春の桜の散った後の花びらと秋の枯葉の落ち葉は「掃けども掃けども」終わらないほどで大変だ。最近は、どこかで行き倒れになっているのではないかと心配する娘さんも一緒に掃除につき合ってくれるそうだ。

掃除から帰ってくると、シャワーを浴び、般若心経の写経に取り掛かる。海外出張の時も、筆、半紙などの写経道具一式を持参し写経を続けている。２０１８年6月24日で８５００枚に達した。私も見せてもらったが、その８５００枚目の写経をラミネートして寸志をつけて知り合いに一枚ずつ配布したそうだ。８５００枚とは大変な数字で、１年３６５日で割ると23年以上になる。

写経が終わると、遠方にいるお孫さん２人宛に毎日ハガキを出す。内容は歴史や古典に関することから、人生の先輩としての忠告や心構えまで、気づいたことを書くそうだ。「孫がこのハガキを本当に見ているかどうかわかりません。しかしこのハガキを出すのは自分のために出すのです」と言われていたが、お孫さんは「書いてあることが段々分かるようになった。僕の大切な宝物だ」と言っているそうだ。

最後に坐禅をし「心を無にして、無意識の世界にひたる」そうだ。そして玄米食を中心とした朝食を食べ、日本経済新聞を中心に５紙に目を通す。

以上の朝の日課を総括してみると、墓参り、掃除、写経、坐禅、お孫さんへの手紙、新聞、このすべてを30年以上継続している。その実行力は並大抵ではない。なぜこんなことができるのかを聞いてみると、「掃除、写経、坐禅などを無心で行っていると、心が空になり、自分の意識が変わるから」だと言う。もともと求道心の強い金岡さんの精神力は、毎朝の日課によって磨かれ、これがビジネスやそのためのご縁作りに大きな力となっているのだろう。

金岡流ご縁の底力は継続力

金岡さんは今までの人生を振り返って、ご縁が大事なことを強調されている。

「『一期一会・感謝・祈り合いの経営』の理念の下、必ずしも順風満帆とはいえないまでも、荒波の中、難破することなく無事に航海を続けてこられたのは、家族をはじめ、社員、得意先、協力会社、仕入れ先、ご縁を頂いた方々などの強力なご支援・ご協力があったからこそ、深く感謝申し上げる。商売の基本は『ご縁を大切にする』ことだと信じている。現代は情報時代である。情報は人と人とのネットワークと結びついている。役に立つ情報は、信頼できる人と人とのネットワークによってもたらされるとの信念に基づき、積極的に『縁づくり』に励んできた。そして、その縁を大切にするためには裏切らないこと、続けることが肝心だと思っている」

朝の日課での並外れた継続力にも驚嘆するが、この継続力はビジネスの方でもいかんなく発揮されている。

その一つに『週刊カナオカ通信』がある。カナオカ機材の会社情報、業界ニュース、研究会や催し物情報、会員情報、書籍紹介など、読者が興味のありそうな情報を編集して、毎週1100以上の関係者にEメールとファックスで配信している。2003年12月に創刊し、現在までの15年間で約750回になる。

もう一つはCS研究会という異業種交流会で、1992年1月より26年間も続いており、現在160回を数えている。128回目は2013年3月に細川護熙(ほそかわもりひろ)元総理を迎えて盛大に開催されたが、毎回150～200名が集まっており、これは参加者のビジネスパーソンのご縁繋ぎの会でもある。なぜこの会は長年にわたって多数の方が参加するのか聞いてみた。

「最近のビジネス環境は不況で特に厳しくなった。しかし人との出会いの中で、信頼できる情報は人と人とのネットワークでもたらされ、新しい情報とネットワークで生き方が変わり、それがお互いに人の精神を成長させる」

金岡さんが言われるように、厳しいビジネス環境の中でも、少しでも前向きに乗り越えていこうとする姿勢を持つことが大切だ。そこで、社外の人や組織とうまくつき合い、情報を交換し助け合ってお互いに刺激しあうのも異業種交流会の利点だろう。

継続こそ力、ご縁こそ力

金岡さんの自著『継続こそ力』（ザメディアジョン）の帯には細川護煕元首相が「数十年来の知己のように親しくさせて頂いている。時に暴走気味のところもあるが、一度決めたことはとことんやり抜く。風貌も荒法師みたいな経営者だ。自分に厳しく、他人にも厳しいが、不思議とその周りに人が集まる。頼まれればイヤと言えない人の良さゆえだろう。〝身を削って、周りを明るくする〟ロウソクのような特異な人だ」と推薦文を寄せている。細川元首相とは長岡禅塾塾長の半頭大雅老大師に紹介されてからのご縁だそうだが、これほど金岡さんのことをズバリと言い当てている表現はないと思う。余談だが２０１７年に半頭大雅（はんとうたいが）老大師が遷化された時、有馬頼底（ありまらいてい）老師（京都仏教会会長）司式のもと、金岡さんは葬儀委員長を務められた。

金岡さんは冷凍・冷蔵・空調・厨房設備を扱うカナオカ機材を経営されているが、金岡さんほど人脈の広い方は見たことがない。細川元首相はじめ、ペギー葉山、浜村淳、山東昭子、釜本邦茂などの有名人から、関西の多くの有名な経営者と親交を結んでいる。なぜこのような人脈網が出来たかといえば、何事も継続することによりご縁の花が咲いたからである。

例えば毎朝の日課を継続することと、ご縁による人脈作りとは一見関係ないようにみえるが、坐禅や写経は金岡さんが評議員をしている長岡禅塾で鍛えられたものだ。長岡禅塾は旧総合商社岩井産業（現双日）の創業者岩井勝次郎が創設したもので、今でも旧岩井系の双日、富士フイルム、関西ペイントなどが支援しており、金岡さんはこれらの会社のトップと交流し人脈を広げている。掃除にしても、地域の人とご縁が広がり、地域になくてはならない存在になっている。そして長年の朝の修行で精神力が鍛えられ、周りの人が金岡さんを敬意をもって見守っている。

この継続の力がビジネスでもいかんなく発揮されて、『週刊カナオカ通信』やＣＳ研究会は長年継続されている。その他にもいろいろな研究会やイベントも主宰しているが、すべて商売の基本である「ご縁を大切にする、ご縁作り」に基づくものであった。縁作りは長年継続することにより、去年より今年、今年より来年と塵が積もるように、ご縁の層が厚くなり、またご縁のネットワークの範囲も広がるのだろう。

金岡さんのお話を伺って「継続はご縁なり」という言葉がしっかりと刻まれた。

2. 宇宙エネルギーが導いた共時性のご縁

ひとりの書店人に起きた共時性

▼平安堂・平野瑛児さんが体験した不思議なご縁

思いがけない再会から始まるご縁

『聖なる予言』という、１１０万部も売れた世界的なベストセラーの本がある。この本は、古代文書が南米ペルーの森林で発見され、そこには人類永遠の神秘、魂の意味に触れた深遠な

９つの知恵が記されており、それらを求めてペルーの山奥を探検する物語である。その第一の知恵は「偶然の一致に導かれて」というもので、共時性をテーマにしたものであった。この本はスピリチュアルな本として大ベストセラーになるが、近代科学は偶然の一致などは非科学的であるといってこれを否定している。ただ科学の分野で否定されても、現実の生活の中で偶然の一致により人生に思わぬ展開があり、「生きていて面白かった、よかった」という思いを体験した方も多いことだろう。

私の大学の級友で、長野県の書店平安堂の社長をしていた平野瑛児(ひらのえいじ)さんが体験した共時性の出来事を紹介してみよう。

２００４年3月15日のことだ。神戸のオリエンタルホテルで三上元(みかみはじめ)（元船井総研取締役）さんが社長をしている㈱英語村の株主総会が例年通り終わり、平野さんは一階のロビーに降りた。

「ヨー、島田さん！　久しぶりです。ここで会うなんてびっくりした！　神戸に何しにこられたのですか」

「一家でサッカー見物に神戸にきました」

「私は三上先生の会社の年次株主総会でね。それにしてもあなたは最近大活躍ですね！」

この島田さんこそ、その年の秋に再編問題で沸いたプロ野球界で、東北楽天ゴールデンイーグルズの社長に就任する島田亨(しまだとおる)さんであった。彼は野村克也(のむらかつや)監督や田中将大選手の招聘にも関係し、経営者としても設立１年目でチームは最下位ながらも黒字経営を達成している。後に楽天創業者の三木谷浩史(みきたにひろし)さんに代わり楽天イーグルズのオーナーになり、楽天㈱の副社長にもなった人である。

三者三様の立場を超えたご縁

平野さん、三上さん、島田さん3人のもともとの出会いについてふれておこう。

平野さんの書店平安堂は現在すでに人の手に渡っているが、１９９５年には売上高２０５億円、長野県中心に１０４店舗を展開していた。兄の稔氏と一緒に会社を経営するうえで営業戦略を立てる必要があった。そのために定期的に船井総研創業者の船井幸雄さんの指導を受けていたが、中でも異能のコンサルタントの三上元さんに、20年間にわたって毎月実のある指導を受けていた。

三上さんの無類の人間性に惹かれ、個人的にも大変親しくなった。「成功事例勉強会」という三上さんの企画でスタートした勉強会は10人足らずのメンバーであったが、三上さんに連れられて、全国の際立った優れた経営者を訪問し、直接経営のエッセンスを拝聴して回った。

２０００年頃、この勉強会で都内にある「インテリジェンス」という職業紹介の企業を訪問し、当時の副社長島田亨さんに話を伺った。まだ40歳前と思われる島田さんに対して「この老成した経営者はどのような人物だろうか？」と平野さんは興味を持った。平野さんは島田さんからいろいろと学ぼうと思い立ち、長野市に二度ほど島田さんを招き、平安堂の経営幹部に、管理監督者としてのあるべき姿について講話してもらった。

その後、平野さんは長野県の須坂市で、印刷、製本、保管監理、出庫の機能を一堂に集め、日本で出版されている書籍を書店・読者に出来るだけ早く配本するための「ジャパンブックセンター（ＪＢＣ）」を設立した。この時にも島田さんにＩＴや物流システムなどの仕事を手伝ってもらった。

「須坂構想」と呼ばれたこの試みは、日本の出版業界を変革する画期的な構想であったが、業界内の利害対立により実現することなく、ＪＢＣは解散することになった。

平野さん、三上さん、島田さんはそれぞれの立場は互いに違ってはいたが、ビジネスマンとして尊敬しあう仲になっていた。三上さんは、これからの時代に世界に通用する青年を育成したいとの思いで㈱英語村を創業し、自ら社長に就任した。平野さんもその心意気に賛同して肩棒を担ぐほどに協力を惜しまなかった。

この会社の会長には三上さんの友人である、毛利元就（もうりもとなり）の子孫の毛利就挙さんに就任してもらった。毛利会長の誕生日が３月15日なので、㈱英語村の株主総会は毎年３月15日に神戸駅前のオリエンタルホテルで行われていた。３人は、何年かぶりで東京を離れた神戸の地で偶然の再会を果たしたのだ。

三上さんはこの後、故郷の静岡県湖西市長を12年間も務めることになり、私も一度お会いしたことがある。また余談だが、３人がオリエンタルホテルで再会した日の夜、私と平野さんは、関西ペイントの専務をしていた岩本一さんのアレンジで船場のレストランで大学の同級生４、５人と食事をしていた。まさか昼間、平野さんにこのようなハプニングがあったとは私も今までまったく知らず、奇縁を感じる。

気持ちが通じて深まるご縁

平野さんは、体験したもう一つのハプニングについて話してくれた。平野さんには志賀内泰弘さんという友人がいた。経営上の数多くの問題でお世話になっている人であった。彼はさまざまな活動を通じて、「ギブ・アンド・ギブ」の精神を実践しており、「プチ紳士・淑女を探せ！」運動の代表で、作家としても『毎日が楽しくなる17の物語』など多数の本を出版していた。人脈も広く、会った人には土産を欠かさない、気配りの人でもある。

その志賀内さんから「平野さん、本田健さんを紹介してくれませんか」と言われた。本田さんといえば、『ユダヤ人大富豪の教え』など多くのベストセラーを書いている作家である。平野さんは「分かりました、長野まで来てくれませんか」と言うと、志賀内さんは夫妻で長野にやって来た。本田さんに引き合わせた翌日、もう一人の人物に会わせてほしいと言われたので長野の小布施町に出かけた。そこには、長く日本に滞在していろいろな行事で小布施の町おこしをした有名なアメリカ人、セーラー・カミングスさんがいた。奉仕の精神の旺盛な４人は考え方もよく似ており、出会ってすぐに気持ちが通じ合い、話も大いに盛り上がった。

カミングスさんと平野さんはロータリークラブで一緒に講演するなどよく知った仲であったが、カミングスさんは小布施の街中を歩いていても、たばこの吸い殻を見つけると素手ですぐ拾い上げて、事務所に帰るとそれをまとめて「ハイ、これ」と係の人に渡し処分していた。平野さんは、同じロータリアンでありながら、自分と彼女の行動の違いを目の当たりに見せられ、身の置き所のない思いをさせられた。

その後1年ほどして、平野さんが名古屋の志賀内さんの家を訪問した。帰りに電車に乗ろうとして名古屋駅のコンコースを歩いていると、思いがけずカミングスさんに出会った。「あっ、カミングスさん！　今この前に紹介した志賀内さんの家に行ってきたところです。こんなところで貴女にお会いするとは全く不思議ですね」と、お互いに驚きあったという。

静岡県の名刹で起きた共時性のご縁

▼ＮＹ老師と私の再会

平野さんだけでなく、私にもこんなことが起こるのかと驚いた共時性の体験がある。

２００４年10月のことだ。静岡県三島市にある白隠禅師ゆかりの名刹龍澤寺（りゅうたくじ）を訪問した。このお寺には、戦後の歴代首相が師事した言われる山本玄峰老師、一高・東大卒で昭和の名僧と言われた中川宋淵老師のお墓があり、是非お参りしたいと思ったからであった。龍澤寺には以前三島由紀夫の墓所があり、宋淵老師が三島夫人に頼まれて「預かっていた」と聞いている。

新幹線三島駅を降りてタクシーでお寺に向かった。お寺に到着し、そこにおられた雲水と思われる人に「玄峰老師と宋淵老師のお墓にお参りしたいのですが、お墓はどこにあるのですか」と聞くと、「申し訳ありませんが一般の方にはお墓は公開しておりません」と言われた。

一緒に来ていた家内と「せっかく来たけれど、公開していなければ仕方ないね。裏庭を見てから帰ろうか」と言って、帰るためのタクシーを携帯電話で呼ぼうとした。すると「あら！下からタクシーが上がってきている。誰か乗っているからお迎えのタクシーではないわね。ちょうどよかった。あのタクシーに乗ればいいんだわ」と家内が言った。裏庭から少し距離があったので小走りに行ったが、はたして一人の僧が下りてきた。お寺にいるのだから何の不思議もなかったが、家内は「あの後ろ姿はご老師だわ」と言ったので「私はまさか！」と半信半疑だった。「ご老師！　ご老師！」と家内が数回声をかけると、老師も我々に気づき、びっくりしたように「釣島さん、どうしたの？」と言われた。老師は遠くニューヨークから、私たちは大阪から、何の約束もなしにお会いできるとは……。こんなに驚いたことはなかった。

この老師こそ、この翌日、東京で第38回仏教伝道文化賞を作家の五木寛之さんと共に受賞することになっている方で、この本のなかですでに紹介したNY老師その人である。私たちもNY老師の関係者として式典に招待されていた。あと10秒でもずれていれば、すれ違いになっていただろう。

NY老師は、雲水時代に中川宋淵老師の弟子としてこの龍澤寺で修行されていた。当時、山本玄峰老師（元妙心寺派管長）はご健在で、宋淵老師の師匠として、また日本を代表する禅僧として多くの人から尊敬を受けていた。

NY老師に導かれて龍澤寺住職の中川球童（なかがわきゅうどう）老師に接見し、たった今の出会いの話をすると、球童老師も「それは珍しい」と感心されていた。その後、球童老師の案内で龍澤寺のご本尊や仏様に参拝し、山本玄峰老師や中川宋淵老師のお墓にも無事参拝することができた。

この後、NY老師の奥様から、それは「白隠禅師の再来と言われた、山本玄峰老師や中川宋淵老師がきっと釣島さんを導いてくれたのだ」と言われたが、偶然とはいえ、どうしてこのようなハプニングが起きたかわからない。言葉では言い表せない何か—共時性とはまさにこのようなことだと思い、大きなご縁を感じた。

「噂をすれば陰」共時性が起きるご縁

▼宇宙エネルギーの不思議な働き

偶然に起きた平野さんのハプニングのことを共時性というが、これはどうして起きるのだろうか？　近代科学が否定することだけに説明はむつかしい。しかし高名な心理学者のカール・ユングは、「噂をすれば影」というこの共時性について興味をもち、次のように説明している。

人間の心中は「意識できる部分」と「ふだん意識していない無意識部分」の２つから成りたっている。この無意識の部分にも「個人の体験などが積み重ねられている個人的無意識」とその下層に「生まれたときから備わっている、全人類共通の集合的無意識」がある。さらにこの人類共通の集合的無意識こそが本人は意識しなくとも、氷山の海面下の見えない部分のように、人々の無意識は集団として繋がっている。それで、普段はつながっていなくとも、ある作用が働けば、共時性（シンクロニシティ）といって「うわさをすれば陰」のように偶然と思っていたことが偶然でなく集団の無意識の世界を通じて思わぬ出来事が起こり得る。

この共時性がどうすれば起こりやすくなるか、すなわち縁が繋がりやすくなるかについては、個人が精神（心）を陶冶し我々の精神性を高めると、これが起こりやすくなるとユングは述べている。私の身の回りをみても、精神性の高い人は一般人では考えられないような、よい意味での共時性を多数経験しており、それが彼らの指導者としての価値を高めており、私自身も経験的にこれを強く感じている。それは精神を高めるとサムシング・グレイト（宇宙エネルギー）の力が働いて相手と自分を結びつけてくれるのでないだろうか。

このことから平野さんのハプニングをみてみると、平野さんが関係した方々はすべて精神性の高い方々であり、そこに共時性が起きたに違いないと思う。私の場合でも、恐らく山本玄峰老師や中川宋淵老師の祖霊やＮＹ老師の思いが我々を導いてくれたとしか言いようがない。

不思議な出来事に言葉では十分な説明ができなかったとしても、庶民の日常生活で現実に「噂をすれば影」のように、思わぬ出来事が起きるのは、ご縁というものが我々の計らいを越えて繋がっていることを示しており、誰にでも「生きていてよかったと思う時」が必ずあるように思えてならない。

3．モノにも不思議なご縁がある

見返りを求めずイタリアのピラミッドを修復
▼日本のご縁文化の精神を地でいった八木通商・八木雄三さん

現存する唯一のイタリアのピラミッド

八木雄三（やぎゆうぞう）さん（八木通商社長）と宗玄会（山川宗玄老師を囲む禅の集い）でお会いした時に、「イタリアで八木さんがピラミッドを修復されたと聞きましたが、イタリアにもピラミッドがあったのですか？」と私は素朴な質問をしてみた。八木さんは「イタリアの人々はエジプトに憧れて、イタリアにもたくさんのピラミッドを作られたのですよ」とあっさり答えてくれた。

そこでイタリアのピラミッドを調べてみた。紀元前31年にオクタビアヌスが率いるローマ軍と、アントニウスとクレオパトラが率いるエジプト艦隊が戦った有名なアクチュウム沖海戦があった。その戦いでローマはエジプト海軍を撃破し、エジプトを征服した。その時以来、ローマの権力者がたびたびエジプトを訪問したが、美術、芸術を愛した彼らはピラミッドの形やパワーに魅了された。そして政府の高官は、オクタビアヌス初代皇帝の特別の許可を得て自分の墓をピラミッドで作った。その数は当時約30基ほどだったが、その後の歴史の中でほとんどのローマのピラミッドは破壊されてしまったという。

八木さんは、イタリアでピラミッドを修復しようと思った動機を次のように語っている。

八木通商は１９７１年にイタリアのミラノに事務所を開設したが、当時は言語・文化の違いもあり、無名の商社ではサンプルを売ってもらうことさえ難しかったそうだ。しかしその後は生地の輸出入、ブランド商品の輸入などを通じてイタリアの繊維・ファッションビジネスと緊密な関係を保ちビジネスを展開することができた。しかし、海外でビジネスを成功させるためには現地に同化しなければならない。

八木さんが父親が創業した八木通商に入社した頃は、糸や繊維のサンプルを大きなトランクに詰めて中近東や中南米に商品を売り歩いた。この国際行商を経験し、現地のビジネスに密着する必要を感じ、白い服を着ている中近東の人の仲間に入れるようにと、その時から白いスーツを着始めたそうだ。

八木通商はラグジュアリー・ブランドといって「マッキントッシュ」や「モンクレール」などの高級ファッションブランドを輸入し、日本で普及させる一方、日本では知られていないブランドを、ダイヤモンドの原石を探すように掘り当て、消費者のニーズに合うようなマーケティング手法でこの原石を磨き上げてきた。また八木通商はもともと輸出がメインの会社であるが、八木雄三さんは、輸入が90％を占める商社に大転換させた。

ピラミッド修復事業

２０１０年、来日していたイタリア貿易振興会のバッターニ会長に、イタリア国に何らかの感謝の意を表したい旨を伝え、イタリア大使館とも相談した結果、イタリアには修復が必要な古代遺跡が多数あるので、その支援を行うことになった。その年10月に出張した際、イタリア文化省、ローマ文化財保護局の案内でローマ近辺の遺跡を見学した。

そのひとつ、ガイウス・ケスティウスの墓であるピラミッドは、フィウミチーノ空港から市内への途中のひときわ目立つ所にあった。ルナ産の大理石が張られて白く輝いているはずの表面は、大気汚染や排気ガスなどで黒く汚れ、草が生え荒廃していた。白が大好きな八木さんは、このピラミッドを元のように、輝くような白さを取り戻したいと強く感じた。私は、八木さんのひらめきには「白」にご縁があったように思われる。

このピラミッドは、紀元前18～12年の間に古代ローマの執政官・法務官を務めていたガイウス・ケスティウスが自身のために建造した墓で、高さ36・4メートル、ビルの高さで言えば12階建てのビルに相当する。基底部の一辺は30メートルもあった。

ピラミッドの中には23㎡の埋葬室があり、室内の壁にはフレスコ画で、神に捧げる奉納物を手にした羽の生えた勝利の女神や、奉納用のツボの絵がポンペイ壁画の様式で描かれている。先に述べたようにイタリアの多くのピラミッドは破壊されたが、このピラミッドは破壊を免れた唯一現存するピラミッドである。破壊を免れたのは３世紀のアウレリアヌス帝の時代にピラミッド付近に城壁が築かれ、ピラミッドが城壁の一部として取り込まれたため、現在まで保存されることになったという。これもご縁の不思議さである。

２０１１年に八木通商ミラノ事務所は開設40周年を迎えた。記念パーティの席上、ピラミッド修復事業を発表し、２０１２年３月に、イタリア文化省、ローマ文化財保護局と八木通商は

２００万ユーロ（約2億5８００万円）を寄付する契約に調印した。

そしてピラミッドの修復事業が本格的にスタートした。有名な考古学者と建築家２名がリーダーとなり、最新のハイテクが駆使された。具体的には、大気汚染や排気ガスの影響による大理石のダメージを電子顕微鏡で詳しく調べ、変色している部分ごとにその原因を除去する化学物質が丹念に選択された。また特殊機器を使って耐震処置も施された。

この修復事業は、予定期日より半年も早い２０１４年12月末に本体工事が完了した。これほど早く工事が完了することは、イタリアでは考えられないことだった。ピラミッド修復完成記念式典が２０１５年４月20日にローマ市長立ち合いのもとに盛大に行われた。その夜は、映画「ローマの休日」のラストシーンでオードリー・ヘップバーンが扮するアン王女が記者会見を行った場所として有名なコロンナ宮殿で、梅本駐イタリア日本大使やイタリアの要人、日本からの多数の関係者が集まり盛大なパーティが催された。日本からこのパーティーに参加した私の友人は「１０００人近くの人が集まり、ローマ市長はじめイタリアの人々は大変感謝していた。翌日はシスティーナ礼拝堂などで有名なバチカン美術館を貸切見学し、『最後の審判』などの多くの名画を鑑賞する機会も用意され、感動した」と言っていた。

延々とつながるピラミッドのご縁

唯一残されたピラミッドを、日本企業が修復したと聞いた時、なんというご縁かと思った。一般的に欧米では大きな寄付事業をした時にはスポンサーは必ずその見返りを求めるが、八木さんは何の見返りも求めなかった。このことは高く評価されたが、これこそ「日本のご縁文化」の精神を地でいったものであると思う。しかし世間はよく見ているもので、２０１７年、このピラミッド修復事業に対して、ＥＵのメセナ大賞というべきヨーロッパ・ノストラ賞（私たちのヨーロッパの意味）が授与された。さらに八木さん個人にもフランス、イタリア、英国から勲章が授与されている。

八木さんは若くしてアメリカ・ミシガン州立大学経営大学院でＭＢＡを取得された。その後国際ビジネスマンとして多くのご縁を紡いでいる。例えば１９９３年よりミシガン州立大学国際関係学部客員教授をされており、自分が経験された国際マーケティングの授業を行っている。私もアメリカのビジネス経験が長かったので、アメリカの話をよく聞かせてもらった。

ドナルド・トランプとヒラリー・クリントンの大統領選挙の終盤、クリントン優勢と言われていた時、「釣島さんもアメリカが長いので、どちらが勝つと思う？」と聞かれた。私は「何が起こるか分かりませんよ」と答えた。八木さんも大きくうなずいたことを思い出した。

八木さんは若い時は大きなトランクを５つも持って、レバノンやシリアなどの中近東からエルサルバドルなどの南米やアフリカまで足を延ばし、ビジネスのご縁を紡いできた。近年は高級ファッションを通じて主に欧米にビジネスのご縁を広げている。

今回のピラミッド修復事業を通じて、八木通商はヨーロッパの仲間として認知されたが、これこそ八木さんの願いであった本当のご縁を現地に紡いだことになるのだ。

漢字にもご縁がある

▼「今年の漢字」の日本漢字能力検定協会

日本漢字能力検定協会の誕生と漢字普及への思い

漢検（日本漢字能力検定協会）といえば、毎年年末に京都・清水寺の森清範（もりせいはん）貫主が「今年の漢字」を揮毫するイベントの主催者として有名である。しかし１９７５年に「社会生活に必要な日本語・漢字能力を高める」ことを目標に設立された時は、世間では漢字のテスト屋と思われなかなか認知されなかった。

１９９５年当時、広報部長を務めていた大野博史（おおのひろし）さん（現同協会参与）は、こうした状況を打破し、漢字に対する認識を広めたいと思った。この時、協会の事務所は京都の桂にあり、阪急電車がすぐ横を通っていた。大野さんは「今日の漢字といって毎日漢字を選び、その漢字を協会の建物の壁に掲示すれば、電車の中から見えて宣伝にならないか？」と思った。しかしよく考えてみると、「その日と、その日の漢字との整合性はあるのか？　また誰がそれを決めるのか？　大学の先生や私が決めるにしろ毎日は大変だ！」と思い悩んでしまった。

関係者にいろいろ相談してみた。

「そうだ、人々は毎日幸せと思ったり、辛いと思ったりしながら暮している。その思いを漢字で表せないだろうか。毎日では大変なので今年一年の世相を漢字一字で表す。これを全国から公募して投票で決めれば、多くの人の思いが集約される。これは面白いではないか」

早速、この企画を上司に相談し了解を得たが、漢字が決まっても、どのように発表すればよいのか。これも大きな課題になった。大野さんはこの時、「そうだ。清水寺に頼んで発表すれば最高だ」と即座に思ったそうだ。私は、どうして清水寺なのかと尋ねた。

「この事業は、清水さんの舞台から飛び降りるつもりでやろうと思っていたからです。それに、このイベントは日本中に発信しなければならないので、風景からいっても清水の舞台に並ぶものはないと考えたからです」

いよいよ清水寺にお願いにいくことになったが、国宝である清水寺の本堂や舞台の上でこのイベントをやらせてもらえるか、とても不安だったそうだ。清水寺では森清範貫主、大西真興執事長に会い、営利目的ではなく、日本文化の基礎である漢字をなんとか普及させたい。その年の漢字を書いてもらい、それを発表するのは清水寺ほど適したところはないと力説した。すると、寺側も意義を理解し、「わかりました」と快諾してくれたそうだ。

世相を反映する「今年の漢字」、そしてワープロ出現

１９９５年、初めて「今年の漢字」を公募した。その年は阪神大震災や地下鉄サリン事件があり、日本中が震えた年で「震」が選ばれた。国民全体の思いが集約されている文字だった。投票用紙には自分の思いも書き添えられていたが、アメリカプロ野球のドジャースに移籍した野茂英雄選手が大活躍していたので、それに震えたという人もいた。人それぞれさまざまな思いがあるのだと大野さんは思ったそうだ。

ちなみに２０１７年は、北朝鮮のミサイル発射事件があったためか「北」が選ばれたが、毎年選ばれる漢字はその年の世相を的確に表している。ほとんどが1回しか選ばれていないが、「金」のみが３回も選ばれている。オリンピックの金メダルだけでなく、お金に関する思いもあるようだ。

この企画は予想以上に成功し、年末の風物詩になった。大野さんはこれほど反響があるとは思わなかったそうだ。毎年、選ばれた漢字を揮筆している清水寺の森清範貫主は、直前まで今年の漢字を知らされておらず、練習もせずその場であれだけ立派な漢字を書かれるのには感嘆する。テレビニュースで見るときはわくわくして、これぞ「年末の風物詩だ」と思う。

日本漢字能力検定協会（漢検）は１９９２年に文部省より財団法人として認可されたが、大野さんは翌１９９３年に創業者の大久保昇さんに誘われ入社した。当時は認知度は低く、小中高校を廻って宣伝したり、文部省が年一回開催している「学びピア」に出展したりしたが、なかなか大変であった。ワープロが出始めた時、「漢字を手書きしなくなり、この運動はダメになるか」と危惧したそうだ。しかし、ワープロで漢字を選択するためには漢字の知識が必要で、ワープロの出現でかえってこの運動にはずみがついたそうだ。

漢字（もの）にもあるさまざまなご縁

漢検のテストは10級から1級まであるが、マークシートを一切使わず、訓練された人が採点する。ただ、一人の人が全問を採点するとどうしても偏りが出てくる。そこで10問あれば同じ採点者が1問だけを採点し、公平を保っている。

漢字そのものは紀元前１３００年頃中国で発明された「甲骨文字」が起源であるが、こんなに昔から作られて今も使われている文字は漢字しかないそうだ。

大野さんの話を聞いていて、漢字はモノであるが、それ自体でご縁を紡ぎ、ご縁を深め、ご縁を広げていることに気が付いた。それは中国でも漢字は時代と共に篆書→隷書→行書→楷書と変遷し、漢字自体が使いやすいように改良されて、６世紀～10世紀にかけて、いま使われている楷書の標準書体が完成されたと言われている。

漢字はそれがどのように日本に輸入されたかをみると、日本でも独自のご縁を紡いでいる。日本へは４～５世紀ごろ伝えられた。日本に残る最も古い文字は弥生時代の古墳から出土された銅貨に刻まれたもので「貨泉」と記されている。奈良時代の日本最古の歴史書「日本書紀」は漢字の音により日本語を表しており、漢字を日本語の大和言葉などの音を表記するために利用した万葉仮名が作られた。やがて平安時代の初期に漢字を簡略化して平仮名がつくられ、女性文字として和歌などによく利用された。さらに、漢字の一部をもとにカタカナがつくられ、主に男性が使っていた。

平安時代中期に遣唐使が廃止され国風文化が起こり、国字がつくられた。峠、畑などは日本で作られた漢字である。カタカナや平仮名は日本以外にはない、漢字と平仮名やカタカナと併用して文章が書けることで、日本の文学などの表現力が飛躍的に豊かになった。このことを評論家の山本七平（やまもとしちへい）は「自分の考えを自分の言葉と文字で、何の束縛もなく自由自在に記しうること、それが広く庶民にまで普及し識字率を高めたこと、また和歌・俳句を生み出して日本的感性を育んだ」と述べている。

漢字の読み方には、当時の中国の読み方に基づいた音読みと、日本語の発音をもとにした訓読みという2つの読み方がある。訓読みはそれ自体で意味を表している表語文字で、世界の言語の中で日本にしかない。この訓読みがあることで日本語は使いやすくなっている。

漢検を訪問し、漢検博物館を見学し、漢字についての理解を深めていくと、漢字はものとはいえ、さまざまなご縁の中で生まれ変わり、それを紡いで発展してきたのだと知らされた。「日本のご縁文化」の範囲の大きさを改めて認識したものだ。

モノとのご縁の不思議

▼ペンダントに命を救われた玉置半兵衛さん

ご縁は人だけではない

ご縁というとどうしても人と人との関係を中心に考えてしまいがちだが、人以外にもあるモノとのご縁について考えてみた。

モノの中でも人が一番ご縁を感じるのはお金ではないだろうか？　「お金は天下の回りモノ」というが、今実際に自分が手元に持っているお金は天下のモノでありながら自分のモノなのである。ある人曰く「銀行でお金を下ろしたとき、そこに新札が入っているとなぜか嬉しくなる。価値は同じなのになぜかきれいなお札がいいね」と。初めて？　自分のところに来てくれたと愛着が湧くのだろうか？　人の思いはさまざまで面白いと思う。

人それぞれにお金に関するご縁の話があると思うが、清貧に甘んじた禅僧山本玄峰老師（三島龍澤寺・元妙心寺派管長）にもお金に執着（？）されたという話を聞いたことがある。当時雲水の一人が玄峰老師に呼ばれお部屋に入室してみると、老師は皺になった千円札や百円札を「よう来たなあ」といとおしそうに、一枚一枚丁寧に丁寧に皺をのばし、それこそ大事にしまいながら、「足がはえてまた来いよ」と声をかけておられたそうだ。

玄峰老師は禅僧として清貧な生活を過ごされた方で、お金に執着されたとはとても考えられない。しかし、お金の有り難さをよく認識されており、お金に関して大いにご縁を感じておられ、「よう来たなあ」「また来いよ」と、人に声をかけるようにお金にも声をかけておられたのだと思う。人だけでなくモノにもご縁を感じておられた好例であると思う。

お金に次いでモノで人とご縁があると感じているのは本ではないだろうか、思想家の中村天風は『盛大なる人生』『成功の実現』（共に日本経営合理化協会）という本を出版されているが、彼の思想は古くは東郷平八郎元帥、最近では京セラの稲盛和夫名誉会長に大きな影響を与えている。一冊の本との出会いで人生が１８０度変わったという話もよく聞くので、本にも大きなご縁があると思う。

家内の友人が最近「終活」を考えるようになり、まず本を整理しようと思い立った。読書が趣味でいろいろな読書会にも参加している。「特に若い人の本に関する話を聞くのが刺激になる」という。迷いながら悩みながら本の整理をし、本の引取りを業者に頼んだ。永年家族と共にあった本、特に自分が大切にしてきた本が車に乗せられていってしまうと、悲しく寂しくやるせない思いで心が痛かったという。私もよく「この本をどうするの？」と聞かれるが、「もうちょっと置いといて」と答えてしまう。いずれ整理をしなければならないと思いつつ、本とはなかなかご縁が切れないでいる。

また、家具や財布、万年筆、食器など日常身の回りで使うものにも深いご縁を感じている人がいると思う。お孫さんから「おじいちゃん、いい万年筆をもっているね」と言われ、せがまれても、「長年愛用してきた万年筆は可愛い孫でもあげられない」と言う人もいる。

アメリカにいた時、母親や祖母、曾祖母から引き継いできたロイヤルコペンハーゲンやウェッジウッドの白磁の食器の逸品を自分の娘にも引き継ぎたいと言っておられた人がいた。また先祖伝来の古いテーブルや飾り棚、安楽椅子なども大切に引き継がれていて、特に安楽椅子はこれに座らないと落ち着かないと、モノに執着しご縁を感じていた人もいた。

私にも40数年前に新婚旅行でイタリアを旅行した時に買った手持ちの皮のカバンがある。材質と仕上げがよく、家では「イタリアカバン」と呼んで今も使っている。このカバンには新婚旅行の思いを含めて特別のご縁を感じている。

命を救われたモノへのご縁

モノにご縁を感じる面白い例として、玉置半兵衛さんがフィリピン旅行された時にペンダントに救われた話がある。

彼はバケーションにフィリピンにあるシコゴン島に出かけた。この島は「フィリピンの最後の楽園」と言われるほど自然環境がよく、海の透明度も高い人気の島であった。マニラで飛行機を乗換え現地につくと、早速海で泳ぎ始めた。この島にはテーブルサンゴと言って、テーブルのように丸く上に傘が開いたサンゴが多く密生している。沖に出てひと泳ぎして、陸の近くのテーブルサンゴの傘の上に乗って一休みしようとした時だ。「バサッ！」とサンゴが突然崩れ、体重が85キロもあった半兵衛さんの巨体が海の中に引き込まれた。海水を多量に飲み込んで息ができなくなってしまい、「これは死ぬのだと」と一瞬思ったが、何とか浮き上がり、ぶるぶる震えながら、水をゲーゲーと吐き、かろうじて一命を取り止めた。

この時、不思議なことに胸に掛けていたペンダントがなくなっていた。このペンダントは友人からもらったものだが、それには般若心経が書かれていたのだ。半兵衛さんはペンダントが自分の身代わりになってくれたのに違いないと思ったそうだ。人と人にご縁があると言われるが、人とモノにもご縁があり、この時にこのペンダントが自分の身代わりになってくれたと。

ご縁は日常生活だけでなく、超自然的なものにも、また人だけではなくモノにもあるのだと強く感じる。

ご縁でご円か？　ご円でご縁か？

▼ビル・ゲイツと孫正義

ビジネスパーソンで大成功した人は、おしなべて、「ご縁はご円」と考えて、ご縁を大事にしながら、ご円であるお金を増やしてきている。彼らの成功は、①自力による努力、②他力による追い風、③ご縁の活用、この3つでビジネスが成功し大金持ちになっている。

このような見方で、２０１７年の世界一の金持ちと日本一の金持ちがどうしてお金をためたか、その過程を見てみると面白い。

２０１７年の世界長者番付の1位はビル・ゲイツで10兆円弱（８６０億ドル）、日本一の孫正義は約２・４兆円（２１２億ドル）で世界35位であった。この２人はどうやって一代で巨額な資産（ご円）を獲得したのだろうか？

ビル・ゲイツはコンピューターに魅せられた天才的な少年であったが、かねがね「20歳になる前に百万長者になりたい」と言っていた。彼はその夢を実現するために、まず「これからのＩＴ業界はソフトが大いに普及する」と見抜きマイクロソフト社を創業し、まず自力でビジネスをスタートさせた。

次に、ＩＢＭがＰＣ（パーソナルコンピューター）を売り出した時にソフトの供給を契約し、この時にハードよりもソフトが重要と考え、ＭＳ−ＤＯＳというＯＳ（オペレーションシステム）をＩＢＭにはタダ同然で提供し、それを業界標準にした。この成功は何といってもＩＢＭとのご縁を得たことによる。そしてこのソフトをＩＢＭ以外の会社に販売するようになると爆発的に普及し、多額の収入を獲得した。これは他力の力である。

大型コンピューターしかなかった時代に、これからは家庭用の小型のＰＣが必ず普及すると見抜き、誰もが使いやすいＷｉｎｄｏｗｓシリーズのソフトを次々と開発し、ＰＣの世界のソフト市場のリーダーになった。これは自力と他力を合わせた力だと思う。

彼の財産（ご円）は大株主のマイクロソフト社の成長により築かれたもので、ほとんどが同社の株式でＩＴのソフトの普及で獲得したものである。今から見るといろいろな人々からご縁を頂戴した結果だと思う。

一方、孫正義はソフトの卸売事業の自力の事業に始まり、ゲーム機の販売、出版事業、Ｙａｈｏｏ、金融・証券市場、固定通信事業、野球球団運営、中国やアメリカでの携帯電話事業、ブロードバンド事業などを展開し、多くの人々のご縁を得ながら財産（ご円）を形成した。最近はファンドを作り、各国の多種多様な会社への投資を繰り返し財（ご円）を築いている。これは自力と他力を合わせた力だと思う。

ソフト一筋のビル・ゲイツと、多彩な事業で財（ご円）を築いた孫正義とは好対照であるが、抜群の先見性と巧みな商才を持っていたことは共通している。

このようにして築いた巨額の財産を、ビル・ゲイツはメリンダ＆ビル・ゲイツ財団（３６３億ドル、約４兆円）を作り、死ぬまでに財産の95％を慈善事業に寄付すると言っており、孫正義も東日本大震災の時に個人資産１００億円を寄付している。どちらも築いた財（ご円）でご縁を広げている。もともとご縁でご円を築いた２人は、現在は逆にご円でご縁を広げているのは面白いことだ。

4．ちまたに生きてご縁を紡ぐ

稲盛和夫さんの盛和塾の繁栄のご縁

▼空港で譲った一冊の本から生まれたご縁

盛和塾との出会い

１９９４年７月、私は二度目のアメリカ駐在６年目を迎えていたが、初めて南米へ旅行に出かけた。アルゼンチン行きの乗換の飛行機が遅れて、サンパウロ空港で８時間も待機しなければならなくなった。時間を持て余した私はロビーで思想家の中村天風の本を読んでいた。そこに日本人の団体が到着した。気がつくとその中の２人が遠慮がちに私の前にやって来た。

「私たちは盛和塾の会員で、今稲盛和夫（いなもりかずお）さんが主催する会に出席したばかりです。ちょうど稲盛さんが中村天風さんの話をしたのですが、ブラジルでは日本の本はなかなか手に入りません。すみませんがその本を頒けてくれませんか？」と20ドル紙幣を何枚か差し出してきた。思いもかけないことだったので少し驚いたが、「お金は要りません。どうぞお持ち帰りください。ニューヨークでは簡単に買えますから」と答えてその本をお譲りした。その時、私は盛和塾のことは知らなかったが、「何を学ぶ会なんだろう？」と、大変興味を持った。

この盛和塾こそ稲盛和夫さんが主催する経営者の集いで、２０１８年3月現在、会員数１万２７７８人、日本だけでなく海外も含め97支部もある大きな団体に成長している。このブラジルでの出会いが機縁で後述するような巡り合わせが起きるが、１９８３年にわずか会員25名で始めた会が、数十年でどうして多くのご縁を紡ぐことができたのだろうか。

私が日頃から親しくお世話になっている小森嘉之さん（丸大食品㈱会長）が古くからの会員なのでその秘密を聞いてみた。

―小森さんはいつ頃から会員になられたのですか」―

「１９９２年に40歳で青年会議所を終了しました。その時の先輩の勧めで１９９３年に入会しました。当時稲盛さんはまだ50代で元気いっぱいで、怒るときはガンガンおこり、とても怖かったです。また冗談を言いながら笑ってお話しされるが、その裏で辛辣な批判があり、これが理解できるとがーんと頭を打たれたようで大変勉強になりました」

「とても真面目な会でよく勉強しましたが、この会の創業の意図も大変真面目な動機です。もともと京都の若手経営者たちから稲盛さんに、経営の勉強会を開いてほしいと依頼されたのだが、最初は稲盛さんが忙しいからと断っていました。しかしワコールの創業者塚本幸一さんからの口添えもあり始めることにしたのです。この会が飛躍したのは１９９１年から全国展開してからです。稲盛さんはその時に『『盛和塾』全国組織化趣意書」を作成しています。それには、『私は創業の当時から企業の経営はそのトップの持つ〈哲学・心・理念・信念〉というものによって大きく左右されるのではないかと考え、経営者として自分の人格を磨き心を高め、より高い思想を持つよう努力してまいりました。そして今日企業経営も人生の歩みもすべてその人の心の状態によって決まるのではないかという考えに到着しております』と述べています。このように一時的な経営のテクニックを教えるのではなく、経営者の姿勢を正すことを主眼としているので長続きしたのではないかと思います」。

——なぜこの会がこのように大きくなったのですか——

「稲盛さんのいう利他の精神によると思います。稲盛さんは経営者には『利他』（ギブを多くする）と『燃える闘魂』の二つが必要だとよく言っておられた。創業者は会社をつくり上げていくことに必死で、『利他』などにかまっておれず『燃える闘魂』そのもので前進するが、二代目以降はなぜか『燃える闘魂』が失われてくる。私の父親（丸大食品創業者小森敏之）もよく似ており、部下に『私は真剣勝負しているが、お前らは新聞紙で作った刀を振り回しているだけで真剣さが違う』と言っていたが、その通りだと思います。盛和塾に入会してから私自身、ものの見方、考え方がしっかりしてきましたし、経営判断に迷いがなくなりました。多くの経営者の方々もよく似た考えで盛和塾に入会されているのではないでしょうか」

「稲盛さんに一度丸大食品に来て経営指導してもらったことがあります。部長以上20〜30名を集めて講話をし、工場を視察していただきました。『工場はモチベーションが高いが、事務は少しゆるい』（笑）と言われました。稲盛さんは若い時に製品を納めにこの近くの松下電子によく通ったので、丸大のことはよく知っておられました」

小波が大波になるようにご縁が拡大

小森さんに盛和塾の話を聞いていて、複雑系というエージェントを通じての関係性を解明する科学の自己組織化ということに思い当たった。強い戦略を持った一人のエージェントが動きだしたとき、その人が他人に影響を与えれば、それがまた人を動かし、次第に全体が変わってゆく。摂動敏感性という言葉もあるが、小さなゆらぎ（摂動）が好循環を通じて拡大され大きな変動を生み出す。「小波が万波」を生み出す現象であるが、盛和塾はまさにそれに似ている。

稲盛さんという強烈な志を持ったエージェントに盛和塾のメンバーが共鳴し、その小波がひたひたと寄せるように次第に大きくなり、現在の盛和塾が自己組織化するまでに出来上がっていったに違いない。この理論は、盛和塾のようにご縁の拡大してゆく状況をよく説明してくれている。

余談になるが、私がブラジルで中村天風の本を譲ったUさんは、総合商社を現地で退職され、その後ブラジルで手袋の製造をされている経営者であった。ニューヨークに帰国すると、Uさんから『致知』という月刊誌が送られてきて、その後彼とは長年文通を続ける間柄になった。私はこの雑誌に興味を持ち購読しはじめたが、当時スタンフォード大学に留学していた田舞徳太郎（日本創造教育研究所代表）さんが『致知』に頻繁に記事を書いておられ、これが機縁で田舞さんとのお付き合いが始まった。そして、その田舞さんが致知出版社社長の藤尾秀昭さんをサンフランシスコに連れてこられ、私に紹介してくれて私の講演を聞いていただいた。

日本に帰国後、「致知―なにわ木鶏会」に私の代わりに家内が出席し名刺交換会であいさつをすると、藤尾社長は「釣島さん、ご主人には大変お世話になったんですよ」と言われ、家内がとても恐縮したと話していた。

その後藤尾さんの知己を得て、私の知人で活躍している数名の方々を雑誌に紹介し記事にして頂いた。私自身も数回この雑誌に記事を書かせて頂いたことがあったが、ブラジルからのご縁がいまでも不思議に続いており、ご縁の有難さをしみじみと感じている。

これらの出会いを通じて私が感じたのは、「ご縁は与によって生じ、求によって滅する」という言葉があるが、稲盛さんが利他の精神を強調してギブ・ギブを言い続けていったことが大きく影響して、盛和塾のご縁がこのように急速に広がって行ったが、もしこの塾がテイクを多くする塾であれば今頃消滅していたに違いない。ブラジルで本をお譲りしたことが機縁で私のようなものにも盛和塾の大きな余禄を頂けたことは「人生とは面白いものだ」と実感している。

釜ケ崎での下流社会のご縁

▼あいりん地区の住民を支援するありむら潜さん

黒岩重吾著「飛田ホテル」の世界

日本経済新聞夕刊の文化欄に「文学周遊」という記事がある。本の舞台となった場所を訪ね、作者や作品の背景などが書かれた、ちょっとした文学散歩だ。2018年7月7日は黒岩重吾（くろいわじゅうご）の「飛田ホテル」という本が取り上げられた。これは大阪・釜ケ崎界隈が舞台で、彼が実際に住んで見聞きしたことが書かれている。

黒岩重吾は1955年頃、株式相場で大失敗して実家を売却した。彼は、人の眼を気にしなくても良いところと思い、釜ヶ崎界隈に転居した。彼がいた安アパートには、夜の女性や怪しげなセールスマンが住んでおり、そのアパートが小説「飛田ホテル」の舞台になった。

小説の内容は、刑期を終えたヤクザ者の有池が戻ると、待っているはずの妻がいない。有池は妻の足取りを追うが、思いもよらなかった彼女の姿を知ることになった……。

釜ヶ崎のどん底に飲み込まれた人たちの生活は、何が起こるか分からない不思議なご縁の連続である。この日経新聞の記事では、地域史研究家の水野阿修羅さんが「不可解なことが起きるという意味で、これ以上面白い街はない。一例が一昨年、男性が２０００万円所持して簡易宿泊所で亡くなっていた事案。干渉を嫌って身を寄せる人がいる分、なぜと思わせることが起きる」と述べている。

しかし、最近は釜ヶ崎の状況もかなり変わってきたそうだ。かって見られた、多くの日雇い労働者を早朝にトラックで集めていた風景も見られなくなった。バブルの時には約３万人いた日雇い労働者は現在では約１万人まで減少し、あいりん地区の住民も全体でも約２万人、そのうち４割が生活保護受給者、65歳以上の住民が45％に上るそうだ。さらに最近の主な変化は、①インバウンドの旅行者が増え、外国人向けの簡易ホテルにするところもある。外国人バックパッカーの受けもよく、あいりん地区を拠点に各地を旅行している外国人も増え、「日本のバックパッカーの聖地」として定着しつつある。②バブルの時などに大量に建設された簡易宿泊所もサポーティブハウスに業態転換したところも多い。③覚せい剤密売人もいなくなり、子どもが遊ぶ普通の街に変わりつつある。④24時間態勢の見回りでごみの不法投棄も減り、きれいな街になりつつある。⑤道を隔てた向かい側の新世界に星野リゾートの建設計画もある。

釜ヶ崎も現在大きく変貌しつつあるようだ。

野宿からサポーティングハウスまで

あいりん地区と呼ばれる釜ヶ崎は、大阪市西成区にある。ＪＲ環状線の新今宮駅の南側一帯で、東京の山谷ドヤ街と共に日本の二大日雇労働者居住地域として有名である。

私は長年、ＮＰＯ法人おおさか元気ネットワークの役員をしているが、一緒に役員をしている友人に、コミュニティービジネスを中間支援しているありむら潜（せん）さんがいる。彼は現在釜ヶ崎のまち再生フォーラム事務局長として活躍されているが、42年間も(財)西成労働福祉センターの職員として、西成あいりん地区の日雇い労働者の支援活動を行っている。

ありむらさんに、あいりん地区に住む人々など一般的な生活困窮者の状況を聞いてみた。

最下流のホームレスは野宿生活者で、一時は大阪城公園などもブルーテントで溢れていたが、最近はすっかりなくなってしまった。一般的に、野宿者は食事や住宅内容も悪く、不眠、ストレス、低栄養状態、歯の病気、高血圧など要医療の率も高くなっていた。それで、野宿⇓健康悪化⇓重症化⇓救急車⇓入院⇓検査漬け⇓孤独⇓退院⇓野宿と、負の連鎖になってしまう人が多かった。また少年たちが、自分たちより弱い野宿者を面白がって襲撃する事件もあり、気の毒な状況であった。

最近は、貧困者に対する行政の支援策もあり、野宿⇓収容型⇓在宅型と、よりよい生活に変貌していっている。具体的には、ブルーテントなどで野宿していた人が、ケアセンター、救護・厚生施設などの簡易宿泊所や簡易転用型アパートなどの各種シェルターに入居したり、サポーティブハウスに入居している。さらにアパート、マンションに入居と、徐々に生活環境を改善していくのである。

また、この中でサポーティブハウスが話題になっている。もともと釜ヶ崎にたくさんあった簡易宿泊所を改善した生活支援付き高齢者共同住宅のことである。保証金も保証人も不要で即座に入居でき、ここを基盤に生活保護申請や求職活動もできるので人気がある。サポーティブという生活支援のメニューは、声かけや安否確認、希望者への金銭管理、配食サービス、投薬管理、モーニング喫茶、市民検診、病院訪問、通院付添、介護保険サービスとの連絡調整、葬儀への参列、季節や地域の行事案内、日帰り旅行などがあるという。この施設には通常５人前後のスタッフが常駐して、いつでも相談できる上に、談話室もあるので来訪者も歓迎である。

釜ヶ崎にはさまざまな形態の客室が約２万室あるが、利用者は日雇い労働者よりも生活扶助費７～８万円を受けている生活保護者の方が多くなってきたそうだ。

漫画とコミュニティ・ツーリズム

次に、「どうしてあいりん地区に住んでいる人と仲良くなったのですか」と聞いてみた。

「一番大きいのは、２００４年から15年間も〈釜ヶ崎のまちスタディ・ツアー〉というコミュニティ・ツーリズムを行ってきたことです。これは私がガイド役となって、この街に住んでいる人びとの暮らしぶりを、人生の語り部となった元日雇い労働者と懇談しながら街を案内する取組です。毎年学生や行政関係者など多くの方が参加してくれています」

このツアーは、盛んになってきたコミュニティ・ツーリズムの元祖で、ありむらさんが過去

42年間も釜ヶ崎で彼らを支援しながら、親しくしてきた人たちとの日頃の人脈を生かした企画である。釜ヶ崎の街を巡りながら、元日雇い労働者から話が聞ける。

そもそも、ありむらさんは漫画家として有名な人で、釜ヶ崎の労働者を主人公にした漫画「カマやん」の作者としてこの街の人に親しまれ人脈を築いてきた。漫画家ありむら潜さんの経歴を紹介してみよう。

1982年に「釜ヶ崎ドヤ街まんが日記」を上梓した。この本は14刷、2万5000部も売れた。その後出版した「Hotel New 釜ヶ崎」も1万5000部売れ、現在8冊のマンガ単行本を出版している。専業の漫画家ではなく、事務所に勤めながらの元祖副業漫画家であり、これだけ活躍しているのは稀有の存在である。

一時は『ヤング・コミック』や『ヤング・チャレンジ』などの東京の大手出版社の雑誌にも連載していたが、夜帰宅してから仕事をするために、睡眠時間を短縮してほとんど徹夜に近い状態が続いた。締切に間に合わせるため、当時あった新幹線による即日配達に間に合うよう、眠気をこらえて新大阪駅まで作品を持参したそうだ。

もう一つヒット作品が出れば専業漫画家になろうと思ったが、それは続かず専業にはならなかった。

なぜ「カマやん」のマンガを書こうと思ったのかを聞いてみた。

「学生時代には映画研究会に属していたりして、もともと何かを表現したいという気持ちは持っていました。釜ヶ崎に来て仕事をしてみると、日雇い労働者には自分のやりたいように純粋に生きている人も多く、かれらを大変いとおしく思い、独学で漫画を勉強して『カマやん』を描いてみました」

この「いとおしい」という気持ちは「カマやん」のストーリーに良く表されている。

主人公のカマやんは戦災孤児であり、戦後の混乱期から釜ヶ崎の工事現場などで働く日雇い労働者であった。会社や家庭に縛られない、気楽に生きる自由人をやりたいように生きていた。バブル崩壊後、仕事が減り、高齢にもなり、空き缶や段ボール回収しか仕事がなくなってしまった。それでホームレスになり、食べ物は炊き出しに頼ったりするようになったが、それでも、それなりに楽しく生きている。このカマやんを、ありむらさんは「いとおしい」と思い、彼の生活ぶりを活写している。

貧困は世界共通の問題とご縁のつながり

次に、リヤカーや自転車に一杯アルミ缶を積んで朝早く移動している人を見かけるが、その実態をありむらさんに聞いてみた。私たちが資源ごみ収集日の早朝にアルミ缶を収集場に出しておくと、知らぬ間に回収されてしまうのをいつも不思議に思っていた。普通の家庭ではアルミ缶など資源ゴミは深夜か朝に出す人が多い。

「回収にでるおじさんたちは早朝の午前3時〜4時に起き回収に出かけるのです。彼らは近くだけでなく、自転車で遠くまで出かけて回収してくるが、早いもの勝ちで仲間同士の競争も激しくなっています。最近は一般の主婦や年金生活者も回収に加わってきました。会社ぐるみで回収しているところまであり、その中にはアルミ缶の出る場所や時間を詳しく調べて、自動車やオートバイを使って計画的、組織的に行うところも出てきています。通常回収に出た人たちは早い日で午前10時、遅い日で午後2時～3時ごろに帰ってきます。昼ごはんを食べて休憩するが、仲間との情報交換もしています。回収に必要な自転車のパンクや、チェーンの交換なども自分でやり、自転車のメンテも欠かせません。彼らはそれぞれのねぐらに帰り、少しばかりの酒を飲んで寝る。これの繰り返しです」

一日平均の稼ぎ高はアルミ缶の値段の変動で変わっていくが、１５００円～３０００円になるそうだ。

カマやんの主人公は「哀切とおかしみ」を包み込んだ様子で、しかもあまり周りのことを気にせずに自由に生きているが、ありむらさん自身の生き方を聞いてみた。

ありむらさんは、40歳ごろまでは釜ヶ崎を出て国際的なＮＧＯで働きたいと思っていたそうだ。その頃、フランスの有名なジャーナリストで高級新聞のル・モンドの新聞記者でもあるフリップ・ポンヌさんに会った。彼は『忘れられた民族の記憶』という江戸時代の日本を書いた本を出版していた。

「ありむらさん、貧困というのは世界共通の課題ですね。日本人から見ればありむらさんが行っている釜ヶ崎の活動は分かりにくいかもしれないが、我々からみれば釜ヶ崎のこともありむらさんの漫画をみても非常によくわかるのです。この問題は経済学、社会学、経営学などあらゆる分野の学問が関係し総合的にみる必要がありますが、起きていることは世界共通です」

この言葉を聞いてありむらさんは「はっ」と思った。この釜ヶ崎にいれば、世界のことがわかるのだ。国によりやり方は少し違うかもしれないが、貧困に関する問題は世界共通で世界とご縁がつながっているのだ。そうだ、釜ヶ崎を出る必要は何もないのだと目覚める気持であったという。

ありむらさんのいう「世界とご縁がつながっている」ことは、その後いろいろなことで体験できた。ニューヨークの中級ホテルを買収し、ホームレスに住まいを提供してその社会復帰を支援している世界的に有名なロザンヌ・ハガティー女史も釜ヶ崎を見学している。彼女のような立場の人が釜ヶ崎を見て、そのやり方はアメリカでも参考になることが多くあったと言っていたという。ありむらさんはハガティー女史の案内でニューヨークなどの施設を見学し、「貧困は世界共通の問題」であることが実感できたそうだ。

最近では世界銀行の関係者が釜ヶ崎に見学に来るなど、こうしたご縁が世界中でしっかり繋がっていることが私なりに実感できる。ありむらさんは、「あいりん地域まちづくり会議有識者委員」も引き受け、あいりん地区のまちづくりに精力的に取り組んでいる。

「釣島さん、現在釜ヶ崎に住んでいる人々には、人には言えない壮絶な体験があり、流れ流れて釜ヶ崎に来ているのです」

日本人に大事なご縁の有効な働き

日本はもともと、地域に住む人びとの助け合いを重視した地縁、家族や親戚同士で助け合う血縁、会社で働く人びとの間での助け合いを重視した社縁などが有効に働いていた安心安全の国家だった。しかし、ホームレスや釜ヶ崎の住人が増えているのを見ると、有効に働いてきたご縁のめぐり合わせが崩壊してきたのだろうか。

２０１０年１月末、ＮＨＫスペシャルで「無縁社会、無縁死、３万２千人の衝撃」が放映された。一旦会社を退職すれば組織とのつながりがなくなるばかりか、地域とのつながりが希薄化し、家族との関係も昔と比べて変化し個人が孤立化してきた。その結果、孤独死する人が年間3万2000人もいるという内容であった。

この放送が契機となって「無縁社会」という言葉が流行し、2010年12月にはユーキャン新語流行語大賞トップテンにノミネートされるまでになった。現在でも、白骨化した高齢者の死体が発見されたり、赤ちゃんに食べ物を与えずに死亡させたり、児童虐待、DVなどの事件が頻繁に起こっている。ご縁を大事にした世界一有縁社会の日本が無縁社会になり下がったのであろうか。

社会が複雑になり昔の日本の有縁社会が崩れてきたことは事実だが、一方でこの動きを止めるために、ありむらさんたちのように、ホームレスや日雇い労働者への支援活動、生活保護による生活再建とサポーティブハウス活動などが行われている。ありむらさんの漫画「カマやん」では、下流社会でも人情があふれ、日本のご縁をしっかりと大事にする社会であってほしいと切に望んでいる。さらにありむらさんは、「非正規雇用や孤立の問題が全国で先がけて進んだ釜ヶ崎から、地域再生モデルを創りたい」と言っている。これはまさに日本流のご縁を強化することであろう。

出会い、ふれあい、助け合いのご縁

▼三和清明さんと寝屋川あいの会

新しい「共助」の必要性を参議院で意見陳述

２００７年２月のことだ。三和清明さん（ＮＰＯ法人寝屋川あいの会代表）に参議院議長の扇千景さんより「本院少子高齢社会に関する調査会の参考人としてご出席くださるようにお願いします」という公文書が届いた。参考人として呼ばれたのは三和さん、日野原重明さん、そして60歳以上の人の雇用で有名な平野茂夫さん（マイスター60社長）であった。「さあ大変だ！」と、三和さんは長年師匠と仰いでいる堀田力先生（さわやか福祉財団会長、ロッキード裁判で活躍した検事）に相談し、どのような意見を陳述すべきかをまとめた。

当日参議院に出向くと、この調査会には川口順子（元外相）、蓮舫（元民進党代表）、有村治子（元国務大臣）など25名の錚々たるメンバーがいて大変緊張したという。一方で、日野原重明さんは階段をすたすたと上がり、余裕を見せていた。さすがに貫禄十分な人であった。三和さんは、緊張しながらも「生涯現役社会の推進について」というテーマで意見を陳述した。

その頃、少子高齢化の影響で日本各地で問題が山積するようになってきた。一方、国や地方自治体は、長年の景気低迷で財政危機を迎えており、こうした問題を公的機関では解決できなくなっていた。このような背景をふまえて三和さんは次のような意見を述べた。①「官による公助」「住民による自助」と共に新しい「共助」が必要だ。その担い手として〈団塊の世代〉の企業退職者にインセンティブを与え参加させるべきだ。②社会起業家やコミュニティービジネスの担い手作りをする。③有償ボランティアの推進と謝礼金の明確化をする。
川口順子さんなどは大いに関心を示してくれた。

有償のボランティア活動と地域通貨

三和さんはパナソニック㈱の営業部門長を2000年に定年退職し、当初は中小企業診断士の資格を生かし経営コンサルタントの仕事を考えた。しかし、元気がなくなっている地域を「ふれあい」や「たすけあい」を通じて元気にできないか、定年後の生きがいを見つけられないかと考え、寝屋川市行政改革住民懇談会の委員として地域の地縁づくりを中心とした活動をスタートさせた。

住民のボランティア活動を活発にすることで地域を元気にできると考え、有償ボランティア活動を組織的に行うため、2001年にNPO法人「寝屋川あいの会」を立ち上げ代表になった。なぜ有償ボランティアにしたかといえば、無償の仕事は長続きしないし、継続的、組織的に行うには有償にする必要があると考えたからである。有償といっても現金の授受には抵抗感があるので、2001年に「ありがとう券」を発行した。ボランティアをすると、してもらった人が現金の代わりに内容に応じて「ありがとう券」をお礼に渡す制度で、まず「出あい、ふれあい、助けあい」と地縁を生かした活動だった。

しかしこの制度は、「ありがとう券長者」と呼ばれ、元気でボランティアに助けられる必要のない一定の人にのみこの券が集まり、うまく機能しないことが分かった。そこで２００４年より、高齢者、子育て、まちづくり支援などのボランティアをされた方に「げんき券」を出し、地元の大利商店街での買い物に利用できる地域通貨に変更した。地域通貨とは国が発行する通貨（円）ではなく、ＮＰＯや市民団体が地域活性化などの目的で発行する擬似通貨のことである。当時地域通貨は全国でも珍しく、話題となった。２００３年６月には太田房江大阪府知事が視察に訪れ、２００４年４月には作家の堺屋太一さんが『日経ビジネス』に連載中の「ジ・エックスペリメント、夢縁の人達」で、地域通貨を紹介するために三和さんを取材した。

しかし、この時発行していた地域通貨は前払式証票法という法律があり、使用期間が６カ月に限られるなど制約があり使いにくかった。また正式に地域通貨を発行するには最低資本金、購入者保護の保証などさまざまな足かせがあった。そこで、小泉改革で規制緩和が盛んだったこともあり、堺屋太一さんの示唆と太田知事などの支援で地域通貨特区を申請し、２００５年に寝屋川市は全国初の認定を受けた。

その後、「地域通貨げんき」は順調に発展し、現在では寝屋川市全域のＮＰＯや老人会のメンバーが市全域の約４００の加盟店舗で使用できるようになり、２０１７年までに有償ボランテイアで累計５４１８万円の地域通貨が使用された。

毎年の実績では全国の模範となっているが、２０１０年の６３０万円を最高に直近の２０１７年は５４０万円であった。この地域通貨運動は以前は大いに話題になり、全国で４００以上の地域通貨が誕生したが、最近この運動は下火になり、現在は約２２０団体に半減しているそうだ。しかし「地域通貨げんき」は元気に活動し、全国トップの実績を誇り、着実に寝屋川市での地縁を紡いでいる。

このような活動を続けていた寝屋川あいの会が大きな転機を迎えたのは、介護保険制度での混乱への対応だった。２０００年に見切り発車した「介護保険制度」は、時間の経過とともに「綻び」や「不備」が生じてきた。さらに２００６年には財政悪化による給付抑制などの大幅な見直しの改定があった。そして保険内で対応できた「生活支援の内容」が限定され一層混乱を増し、「介護保険制度外の生活支援への対応」が課題となってきた。

今まで介護保険制度認定者には、①本人が使用する部屋以外の掃除、②本人以外の家族の洗濯、買い物、③家具や電化製品の移動、修繕、④病院内への付き添い（病院までは保険内となる）など提供されていたが、たとえば従来通り利用者がホームヘルパーの人にこうした仕事を依頼すれば、時給３０００円になり、利用者には大きな負担になってきた。

利用者の不満や経済的負担、ホームヘルパーの不満、そして人手不足の介護事業者から悲鳴が上がる状況となり、寝屋川市でも官民、地域挙げての対応が必要となった。この隙間を埋めるため、寝屋川あいの会の有償ボランティアの活動会員は、時給８００円でこれらのサービスを提供する活動を活発に始めた。一方で、サポートの必要な高齢者の急増に伴い、単独のＮＰＯ法人は対応できなくなっていった。

そこで、三和さんを中心に２０１１年に寝屋川高齢者サポートセンター運営協議会を発足させ、ご縁の環をさらに大きく拡げている。協議会は寝屋川市、医師会、歯科医師会、薬剤師会、社会福祉協議会やＮＰＯ、市民団体など約20の団体で構成され、「高齢者が安心して暮らせる寝屋川市」をつくるために高齢者の日常生活における多様な生活支援を行ってきた。

一方、国も要支援者への生活支援事業を市町村に移行することを決定した。その受け皿としてこの協議会が注目されるようになった。

メディアでの紹介と着実な活動

このような三和さんの動きに注目したＮＨＫ総合テレビ（大阪）の番組「新・ルソンの壺」は「シルバーパワーの助け合い～高齢者の生活支援ビジネス」を放映した（２０１３年11月３日）。ナビゲーターは落語家の桂米團治。内容は「元気な高齢者が活動員となり、家事や掃除など、日常生活に不自由を抱えている高齢者を手助けするサービスで注目されている。活動員はわずかな料金を受け取る〝有償ボランティア〟。依頼者は負担を感じなくてすみ、活動員の生きがいにもつながっている」というものだった。「出あい、ふれあい、助けあいのご縁」も紹介された。この番組の反響は大きく、いまでも話題になるそうだ。

２０１７年より「要支援者への生活支援サービスの市町村移行」が全国展開されているが、寝屋川あいの会はその先駆的事業として高く評価されている。ちなみに活動会員は２００１年には14人だったのが、２０１７年には１３１人、年間活動時間も２００１年の１０５００時間が２０１７年には約26倍の２万８０００時間になった。活動内容も、高齢者支援を中心に、子育て支援、街づくり支援に及んでいる。

このような活動を支えるために、三和さんは3か月に1回、活動会員との食事会を開きコミュニケーションの円滑化を図っている。女性会員との食事会には毎回40～50名の方が参加するそうだ。利用者の満足度を上げるためにアンケートを頻繁に行っている。最近の話だが、毎週活動会員が掃除に出かけていた93歳のおばあさんが急死した。おばあさんの家族から連絡があったので通夜に出かけた。すると死亡したおばさんの長男のお嫁さんが「義母はお世話になった活動会員さんのことを、家族以上に大切に思い、とても頼りにしていました」と号泣しながらお礼を述べたそうだ。なぜおばあさんが活動会員を頼りにしていたかといえば、その会員は単に掃除のサポートをするだけでなく、おばあさんの身の上話を親切に聞いてあげていたからだ。寝屋川あいの会は、しっかりと地縁、人縁を築き、地域でなくてはならない存在にまでご縁を紡いできたのだ。

私と三和さんとのご縁は、彼がもう一つの団体の代表をされているNPO法人「おおさか元気ネットワーク」を通じてであるが、長年の畏友でもあり大変親しくさせていただいている。三和さんは「共に支え合う地域社会にするために」という高い志を持って活動してきたが、その結果、「出会いのご縁」「ふれあいのご縁」「助けあいのご縁」に助けられて「ともに支えあう地域社会のご縁」をつくり上げた。三和さんほど「ご縁の渦の中にいる人はいない」と私は思った。

日本の食文化を理解してもらうためのまぐろ解体ショー

▼両親のご縁を引き継いだ大起水産・佐伯保信さん

堺の新名所「街のみなと　まぐろパーク」オープン

２０１８年8月24日、大阪府堺市に「街のみなと　まぐろパーク」という日本最大級のお魚体感マーケットがオープンした。「新たな食のテーマパーク」と銘打った面積８００坪のこの商業施設は、堺の新名所としてテレビで放送されこともあり、付近の道路が交通渋滞するほど連日賑わっていた。

物販コーナーでは、生・本まぐろ解体ショーをはじめ、産地直送の鮮魚はもちろん、カニ、フグ、干物などの魚介類、寿司やお造り、お魚惣菜などを豊富に揃えていた。他に青果、精肉なども販売していた。また、「街のみなと食堂・フードコート」（全３００席）では、生・本まぐろ丼、メガ盛りまぐろ丼、生・本まぐろ寿司盛合せなどマグロを主体とした料理をはじめ、多数の新鮮な海鮮料理が提供されていた。

その他にも、まぐろを一本釣りで釣り上げるフォトスポットや、親御さんにも安心のキッズスペースを設け、親子で楽しめる施設となっていた。

８月24日から3日間は、オープン記念の景気づけに取引先企業など40社の出店企業を誘致し販売に協力してもらい、「まぐろパーク」を大いに盛り上げた。「魚のつかみどり」（小学生以下限定・不定期開催）などのイベントが人気を呼んだ。

８月23日のプレオープンの日には竹山堺市長をはじめ多数の来賓やお客が詰めかけ超満員の盛況だった。私が訪問したのは１週間後の８月31日だが、フードコートは長蛇の列、物販コーナーにも客が溢れ、隣接する回転寿司のお店も順番待ちのお客で溢れ、40分以上かかると言われた。

この「まぐろパーク」の仕掛人こそ大起水産㈱会長の佐伯保信さんである。

中国からの引き揚げと独立

佐伯さんは１９４４年、満州の奉天（現瀋陽）で生まれた。父親は現地で清水組（現清水建設）と並び称されるほどの土木建設業を手広く経営していた。しかし、戦争に負けて裸一貫になった上、シベリアに抑留されてしまった。それで母親が行商などをしながら兄と２人の子どもを育ててきた。１９４６年に大連の近くのコロ島から引揚船に乗り、満２歳の時に舞鶴港に帰国した。

愛媛県の佐伯家本家の一室を借りて親子３人での復員生活が始まった。15歳の時に堺で青果店を営む叔父を頼って働くことになった。しかし、バナナの入荷を待っていると5時過ぎになり、入学した夜学の堺市立第二商業学校の授業に間に合わなかった。高校２年の時、夜学に通うのなら、魚屋の仕事は朝が早く終業が早いので夜学に通いやすいと友人に言われ、魚屋に転職した。魚屋といっても塩干物といってもちりめんじゃこなどの乾物を扱う店で、あまり生の魚を触ることはなかった。

こうした経験を踏まえて１９７５年、30歳の時に独立し、堺市の三国ヶ丘にあった堺中央綜合卸売市場で店を持つことになった。１９９３年には今の堺市北区中村町に移転した。この土地は変わった土地で、もともと1万５０００坪もある大きな池を埋め立てせずに、そのうち８６００坪にコンクリートの杭を立て、その上に平面の床で造成した土地である。この土地（池）は堺市北区中村町と水利組合とが所有していて、それを20社で協同組合を作り借りているそうだ。９棟の建物があるが、一番大きい建物は卸売市場の１４００坪、小売棟は８００坪で、大起水産は今まで２００坪を借りていたが、今回８００坪全部を借りることができ、「まぐろパーク」を開設することができた。その他に回転寿司店、海鮮レストランなどを合わせると合計で１１７０坪を借りている。

ここは水上マーケットのような土地で、下に池があり、13軒の農家がまだ灌漑用水として使っているので一滴の排水も池に流すことはできない。全ての排水は他の所に流している。また有事の際は避難所として使うので全部返還する契約になっているそうだ。

私は佐伯さんにこの土地の話を聞いて、この土地の紡いできた不思議なご縁を感じた。もともと灌漑用水としていた池を埋め立てずに、その上に水上プラットフォームをつくり、小売棟８００坪を全部大起水産が借りて、堺市の新たな名所「街のみなと　まぐろパーク」ができたのだ。人とモノとが複雑に絡み合ってご縁を紡いだ、なんと不思議な土地なのかと思った。最近は、この土地の利用方法が珍しがられ、全国から多くの見学者が訪れるそうだ。

大起水産は先に述べたように乾物の魚を扱うことからスタートしたが、ある時から生の魚を扱い始めた。生の魚といってもカニ、まぐろ、タイ、ヒラメなどのキロ２０００円以上もする高級魚を扱ってきた。高級魚でもカニは女性のあこがれ、まぐろは男性のあこがれといわれてきた。しかし、カニは養殖できず数にも制限があり単価も高騰してきたので、20数年前からはまぐろに重点を置いて商いしてきた。

これまで魚屋といえば魚を売るところ、一方で魚を料理して食べてもらう飲食業がある。佐伯さんは、物販業と飲食業を合わせて経営してみると面白いと着眼した。２０００年に念願の回転寿司チェーンに参入し、魚屋として仕入れた魚をさばいて、鮮度のよいおいしい魚をすぐお客様に食べてもらうことができた。現在、大起水産は回転寿司など54店舗の飲食店を経営している。我が家の近くのモールにも同社の回転寿司の店があるが、いつ行っても順番待ちになる。

魚を仕入れて大手のデパートなどに販売する大起産業が大阪市平野区の東部市場にある。大起産業の売上高は94億円、大起水産の売上高１２４億円と単純合計すると、直近は２１８億円まで成長した。佐伯さんによると「今年は生・本まぐろを年間1万本ぐらい仕入れる予定で、毎日25～30本のまぐろを消費することになり、恐らく日本一になると思う」と言う。

何者にも代えがたい父の教えと遺産

佐伯さんは「現在自分があるのは父親のお陰だ」と言いきっておられる。父親は先に述べたようにシベリアに抑留されたが、１９４９年に復員してきた。抑留中の無理がたたって、帰国してからは結核を患うなどして病気療養し、佐伯さんが27歳の時、69歳で亡くなられた。父親は財産を残してくれたわけでもなく、学校に進学させてくれたわけでもない。しかし、それ以上の、ものには代えがたい心の財産を身をもって残してくれた。

「佐伯保信」という名前について、父親はこう言ったそうだ。

「名前に人偏（イ）が４つもある。その名前に恥じず『人』を大事にせよ。例えば歩いていて道を聞かれたときには、『あっち』といって道を教えるのではなく、その家まで案内するか、道の角まで必ず連れて行ってあげなさい。なぜかといえば、その人が将来お客となって帰ってくるかもしれない。それに、人に親切にしてあげると、それがその人の心に残り、いつか必ず帰ってくるのです。それに高等貧乏といって、例え貧乏でお金がなくとも心がすさんではいけない、気高く、明るく生きなさい」

この、人に親切にせよとか貧乏になっても卑屈になるなという教えは佐伯さんの心に焼きつき、貧乏しても心がすさんだことは一度もないそうだ。親と子の絆の強さと言えるが、私は、半端ではない深い、深い絆で決して誰にも揺さぶり壊すことのできない絆だと思った。

そして父親からの最大の遺産は、佐伯家のＤＮＡだそうだ。両親は人柄がよく、誰からも慕われたが、佐伯さんもその両親の人柄のＤＮＡ、ご縁を引き継いでいる。これは一代で出来るものではない。父親は大きな商売をしていたので、商売に関しても「ものを売るより自分を売れ。人の心に残るような営業をせよ」と教えてくれたそうだ。自分を売れということは人柄を売れということで、人さまから気に入られることである。私の知り合いも一様に「佐伯さんは大変徳のある人だ」と言う。人柄というのは自分一代でできるものではなく、両親からきっといいご縁を受け継いだのだと私も信じている。

見守る父や恩人のご縁と伏見稲荷神社

「今日の成功をお父さんに見て欲しかったでしょう」と聞くと、佐伯さんは「いや、いつも見てもらっています」と答えられた。実は、毎日仏壇に向かって父親にすべてを報告しているそうだ。「親というのは、生きている時より亡くなってしまった後の方が身近に感じる」と聞かされて、この人は本物だと思った。私の禅の師匠も、いつも先師が横にいるようでますます先師のことを思い出されると言っておられたからである。

大起水産が今日あるのは、父親のほかに6人の大恩人に助けられたそうだ。独立した時、百貨店に納入できるようになった時、その他人生の曲がり角で、その時々に助けてくれた人からご縁を頂いたからで、自分の力ではないという。

佐伯さんが満州に住んでいた頃の話だ。隣に伏見稲荷信仰に大変熱心なおばあさんがいた。佐伯さんの父親が申年で、佐伯会長も申年の申の時間に生まれ、その他に2つの申が重なり五申と言われ、珍しい子供だと大変かわいがってくれたそうだ。そのおばあさんが内地の伏見稲荷神社に参拝される度に佐伯家のことも祈祷してくれていた。

そのお礼の意味もあり、佐伯家は土木建築業をしていたので、そのおばあさんの家の中に防空壕を作って上げ、現金1000円も差し上げたそうだ。ソ連が終戦直前満州に侵攻してきたが、その時におばあさん、父親、母親の3人がこの防空壕に避難し難を免れ、命拾いした。子供には危害を加えないと思ったので、佐伯さんと5歳上の兄の二人は自宅にいたが、大きなソ連兵が侵入し自宅の家財をすべて盗られたそうだ。

数年前に伏見稲荷を紹介してくれる人がいた。佐伯さんは禰宜に満州時代に起きたことを詳しく話すと、大変親しみを持ってくれ、申年の豆まきの年男にしてもらった。さらに伏見稲荷講員（信者）大祭にはマグロの解体ショーを行い、トロ、中トロ、赤身の一貫のにぎり寿司を１０００名の信者に無料で３年間配り、２０１８年も４回目を実施予定だ。さらに神社の８番通り、１１１番目に佐伯保信と書いた鳥居も寄贈しており、不思議な所から神社とご縁で結ばれることになった。

まぐろ解体ショーと日本の食文化

まぐろパークや伏見稲荷でのまぐろ解体ショーのことを述べたが、佐伯さんは近年マグロの解体ショーに力を入れている。それは、一度も冷凍することなく、冷蔵の状態で生・本まぐろ一本を職人が目の前でさばくと、「臭みもなく新鮮な魚を美味しく召し上がってもらえるから」だそうで、採算的に合わなくとも続けるそうだ。

この解体ショーを、日本の食文化を理解してもらうために中国、ロシアの在日領事館で実施した。海外ではシンガポール、中国、ノルウェー、スペイン、ベトナムなどで実施したが、もともと生魚を食べない国ではあったが、このイベントを通じて日本の寿司のおいしさが徐々に知れわたっている。これらのイベントはすべて無料で実施している。中国の北京で解体ショーを行った時、中国各地でもやってほしいと言われた。佐伯さんは「是非やらせてください」と答えたが、まだその要請はないそうだ。また、２０１５年８月25日～31日まで関西国際空港の国際線到着エリアで、海外から到着した人々に「生まぐろ」にぎり寿司一貫を無料で提供した。これは当時の安藤関西国際空港会長と話し合って行ったおもてなしサービスだった。

「なぜ領事館、海外、関空などで無料でこのようなサービスをされるのですか」

「お金はあの世に持っていけない。日本の素晴らしい食文化を一人でも海外の人に知って欲しかった」

裸一貫で大阪に出てきて、いろいろなご縁に助けられ、今日の大起水産を築きあげた佐伯さんは、まさに「縁ありて花開く、恩ありて実を結ぶ」という言葉を実践された人で、ド根性が据わっていると思った。

第４章

ご縁は死後もつながる

中国の思想では人の一生は、青春→朱夏→白秋→玄冬とご縁を重ねてゆく。しかしこれで終わりでなく死後もご縁を紡いでいるのだ。

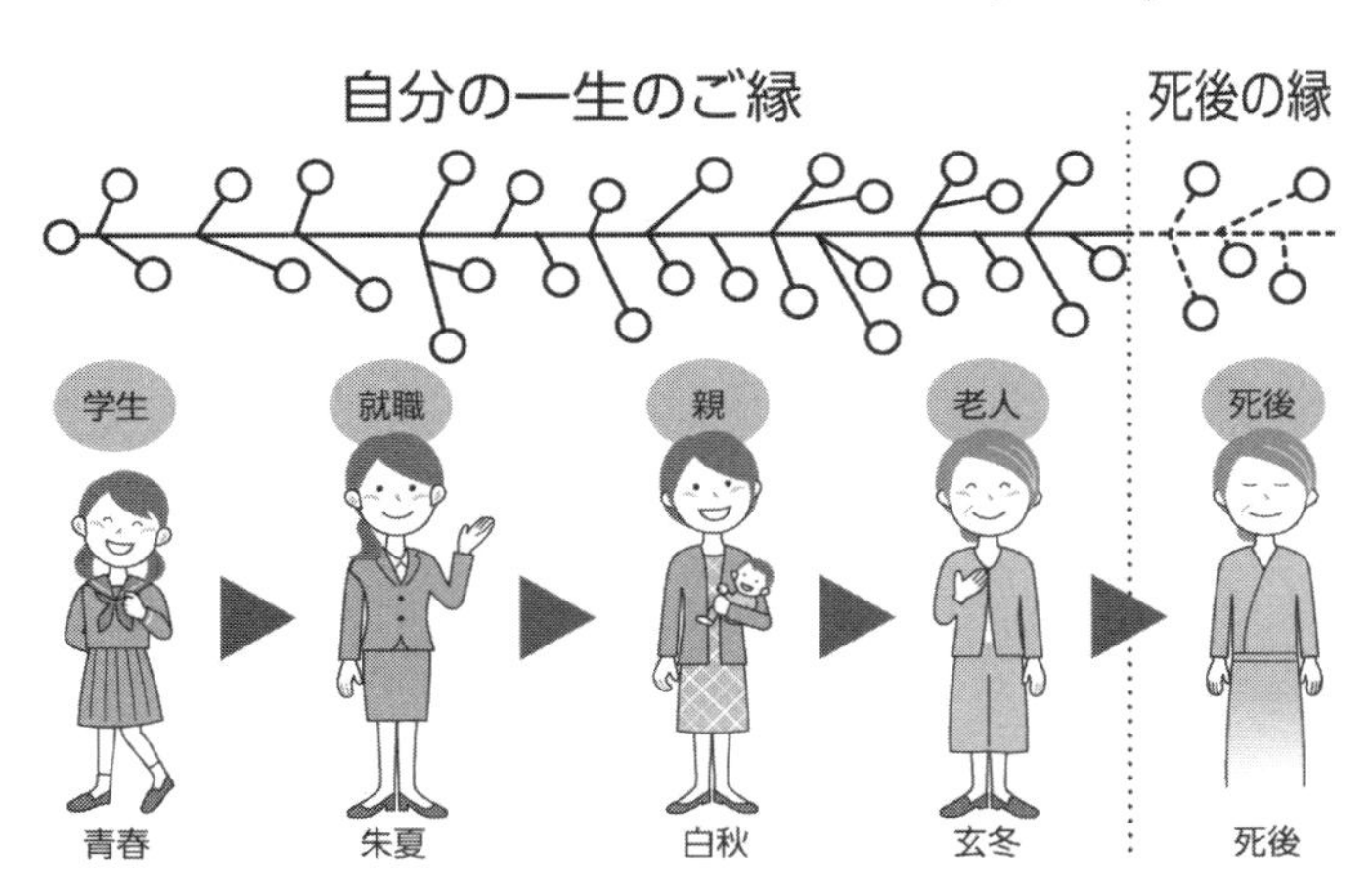

死後に切に望むことを必ず遂げたご縁

▼9・11事件の犠牲者、久下季哉さん

9・11事件の唯一の日本人犠牲者

「ユナイテッド93便」というヒットした映画があった。2001年の9・11事件で、ニューアーク空港からサンフランシスコ向けに離陸したUA93便がオハイオ州上空でテロリストにハイジャックされた事件を扱った映画である。ビジネスパーソンを含めた乗客が機内から家族に連絡したり、仕事に関する遺書を書いたり、勇敢にテロリストと闘った実話が基になっており、涙と感動を誘った映画であった。

実際には、乗客の果敢な抵抗にもかかわらず、この飛行機はペンシルバニア州ピッツバーグ郊外に墜落し、乗客・乗員全員が死亡したことを記憶している人も多いと思う。この時ほど、アメリカという国家の多様さ、複雑さ、そして国のあり方を考えさせられたことはない。そして2013年4月のボストンマラソン大会で8歳の男児も犠牲になった爆破事件が起こった。犯人は逮捕されたが、さらに複雑なアメリカを見せ付けられた。

ところで、UA93便の乗客の中に日本人が一人いた。早稲田大学の学生、久下季哉(くげとしや)さんだ。ご家族の願いも虚しく、季哉さんは犠牲者となられてしまったが、ピッツバーグという町は彼が希望していた将来の仕事に関して深い縁(えにし)が絡んでおり、息子と同世代の若者の話は、聞き

ながら何度も胸を熱くした。久下季哉さんの母親で知人の久下やちよさんから話を聞いた。

―季哉さんが亡くなって今年は何年になるのですか―

「今年で17年になりますが、いまだに季哉のことが忘れられずほぼ毎年９月に、ピッツバーグの、現在は国立公園になっている事故現場を訪れています」

―季哉さんはどんな子どもさんだったのですか―

「あの子は小さいころからアメリカの文化やスポーツが心底好きで、アメリカの社会事情も興味をもっていました」

―なぜアメリカが好きだったのでしょうか―

「小さいときから洋画をみたり、洋楽を聴いたりしてとにかくアメリカの大ファンでした。アメリカンフットボールも好きでアメリカに行きたい、行きたいと言っていました」

語学留学後の大学院への準備を目指して渡米

―具体的な行動はあったのですか―

「大学もアメリカの大学に行きたいと言われて困りました。とにかくまず日本の大学を出てから、アメリカの大学に行って欲しいとなんとか説得しました」

―９・11事件の時は何が目的でアメリカ旅行をされたのですか―

「２０００年の３月に１ヶ月間ユタ州に語学留学しましたが、これが大変気に入り、２００１年９月にはアメリカの大学院に入学したいとその調査に出かけ事故にあいました」

「大学を訪問する前にカナディアンロッキーのジャスパーで川下りしたようで、その時に季哉と一緒に船に乗ったシカゴの2名の女性がおり、彼女たちはテレビ報道で季哉のことを知り、外務省を通じて連絡があり、私は彼女たちとアメリカでお会いし季哉の話を聞きましたが、何ともいえない縁を感じました」

—具体的にはどこの大学を訪問されたのですか—

「ニューヨークやボストンの大学を訪問したようです」

—季哉さんはどんな職業に憧れていたのですか—

「小さいときから理科や物理が好きで研究や技術の仕事をしたいと言っていましたが、鉄にとても関心がありできれば鉄に関する仕事をしたいと言っていました。それで早稲田大学も理工学部に進学しました」

—ピッツバーグといえばアメリカ有数の鉄鋼の町ですね—

「そうなんです。季哉がピッツバーグで事故死したことは、どういう運命のいたずらか本当に驚きでした。アメリカンフットボールもピッツバーグ・スティーラーズのファンで、ピッツバーグは憧れの町であり唖然としています」

事故からのご縁の広がり

久下さんは、季哉さんの事故を契機に不思議なご縁がいろいろと拡がったと言う。

「UA93便の亡くなった機長の親友のキャプテンと親しくなったり、事故現場のメモリアルパーク設計者の大学生の息子さんが大の日本好きで、2009年には、四国八十八か所のお遍路さんに行ってきましたと彼から電話があり、我が家に6泊もしました。息子も同じように大学生でしたし、彼はまた日本語も話せたので泊まってもらうことにしたのです。奇縁といえば２０１２年にニューヨークのグランドゼロを訪問した時に、大阪の北野高校の季哉の後輩も偶然に見学にきており、彼らと話をして本当に驚きましたね」

私が初めて久下やちよさんにお会いしたのは２００３年頃と思うが、それは私の禅の師匠のNY老師がピッツバーグの事故現場での遺骨の供養に２回も久下さんと一緒に出かけられたご縁によるものであった。季哉さんの遺品を見せてもらったが、その遺品には何ともいえない強いエネルギーが残っており、季哉さんの無念さを強く感じたものだ。

道元禅師の「切に望むことは、必ず遂ぐるなり」という言葉があるが、彼が切に望んだアメリカの、しかも鋼鉄の町ピッツバーグで事故死したのはなんとも不思議な話である。

我々ビジネスパーソンは仕事を選ぶ時に、子どもの時から是非やりたいと思っていた仕事につける時と、ご縁がかなわずいくら思ってもその仕事につけない場合もある。久下季哉さんのアメリカのピッツバーグでの事故死はある方向から見ると、切望したところにご縁の力が強く働いたものであり、運命の過酷を感じると共に「ご縁」の意味深いものがあるように思えてならない。

我々の職場でも人智を超えた思わぬ出来事が起きることもあり、ご縁とはそれほど深く大きいもので、人は生きている時だけでなく、死後にもご縁がつながっているのだと強く感じたものだ。余談だが、久下さんは毎年９・11のセレモニーに参列するために渡米される。「私が行ける限り行こうと思います」と言われ、毎年の年賀状はセレモニーの様子を撮った写真はがきで、２０１７年のものには政府高官も参列されていた。また最近家内との電話で「この頃はもし息子について話をする機会があれば、してもいいと思うようになりました。それが何かのお役に立つことがあるかもしれませんので」と話されていたそうだ。ここまでの気持ちにたどり着くまでの長い道のりは、到底私たちにはわかり得ないだろう。家内は「毎年お会いするたびに久下さんが元気になっていかれるので本当によかった」と言っていたが、時の流れと共に違った形で息子さんとの絆がしっかりと結ばれたのだと言えよう。

80歳より90、90より死んでからのご縁
▼努力すれば残せる「勇ましい高尚な生涯」

歴代の政治家に頼られた山本玄峰老師

太平洋戦争末期に小磯内閣が解散し、海軍大将鈴木貫太郎が首班に指名されたが、鈴木は「私は軍人だ。どうすればよいのか」と悩んでいた。そのとき鈴木は、静岡県三島の龍澤寺の住職で、後に臨済宗妙心寺派の管長もされた山本玄峰老師に会いに行った。「武人が政権をとって国の興った例がない、私は武人政治は反対です」と言うと、玄峰老師は「あなたは、2・26事件で一度あの世に行っている方だ。だから生死は乗り越えていらっしゃる。お引き受けなさい。ただし戦争を止めさせるためですよ。相撲で言えば日本は大関だ。大関は大関らしく負けにゃあかん」と言われたそうだ。

鈴木貫太郎は２・26事件の際、襲撃され重傷を負ったが一命をとりとめた。この玄峰老師の励ましの言葉に力を得て首相に就任し、日本を終戦に導いた。さらに御前会議の直前、玄峰老師は鈴木に「これからが大事な時ですから、耐えがたきを耐え、忍び難きを忍んで、体に気を付けながらやってください」と手紙を出されたそうだ。この「耐えがたきを耐え、忍び難きを忍べ」という玄峰老師の言葉が終戦の詔勅に引用されたと言われている。

また新憲法制定時の内閣書記官長であった楢橋渡も、ＧＨＱから天皇を憲法から排除するように言われて困っていた。困り果てて玄峰老師に相談に行くと、玄峰老師は「天皇は政治にかかわらない。天皇がおられても民主主義国ができる。天皇は空に輝く象徴みたいなものだ」と楢橋に言われた。この言葉で楢橋は「そうだ、天皇は太陽のような日本の象徴だ」と思い、その後ＧＨＱと折衝し「天皇は日本国の象徴」として認められた。

玄峰老師はその後、吉田首相や池田首相も師事するほど偉大な禅僧であったが、玄峰老師の口癖は「70より80、80より90、90より死んでからだ」というものだった。

玄峰老師ご自身は「70より80、80より90」とますます活躍を続け、96歳で遷化された。玄峰老師は、人は最後まで社会に役立てるご縁を続けることだと言っておられ、そしてそれを実践されてこられた方であった。

日雇い労働者から大学院を卒業するまで

我々の一生は少年、青年、中年、老年と歳を重ねていく。これを中国では青春、朱夏、白秋、玄冬とも呼ぶが、年を経るごとにご縁が何重にも重なっていく。稲盛和夫さんは「人生の目的は自分の魂のレベルを上げることであり、年を経るごとに魂のレベルを高めて死んでいくことだ」と言っているが、稲盛さんのようにご縁が年を経るごとに高まっていく人もいれば、逆に下がっていく人もいるのが人生だと思う。

玄峰老師が言われたのは、特に老年が大事で、老年でもますます精進し死んでいけということだろう。老年になってますます精進し亡くなった例に、２０１８年7月に77歳で逝去した私の友人の実業家のＡさんがいる。

彼は、山陰地方から大阪に出て日雇い労働者から仕事を始めたが、その後日雇い労働者の親方を経て、ガス工事会社、遊技場（パチンコ）、不動産会社、金融会社、事業再生会社など数多くの事業を起業した。商才がありチャレンジ精神も旺盛で、年が経るごとに高度な仕事を手がけ、それに伴いつき合う人々やＡさん自身の考え方のレベルも向上していった。またバブルの時は借金が２３０億円にもなったが、整理回収機構を通じて15年かけてなんとか整理している。

ある時、彼に勤務先の太成学院大学で授業をしてもらったことがある。彼は「釣島さん、私は初めて大学の門をくぐりました。この大学に入学し勉強できますか？」と言われた。私はビックリして「とんでもない。Ａさんのような、多くの会社を経営されてこられた方はこの大学に入るより、私が紹介しますので大学院で学ばれるのがいいと思いますよ」と、ある大学院を紹介させてもらった。

その後、彼は優秀な成績で社会人大学院を卒業した。ある日、Ａさんの奥様から「うちの主人は釣島さんと付き合うようになって、付き合う方のレベルが上がってきました」と言われた。よく聞いてみると、彼は日雇い労働者の時、遊技場や不動産業の時、それぞれ多くの人と付き合ってきたが、中には問題のある人物もいたようだ。

彼はＮ教育研究所の講座を熱心に受けて、この研究所で活発に活動されるようになった。奥様は「この研究所関係でご縁を得た人々は以前の方々とは異なり大変レベルの高い方々で、主人も見違えるほど変わっていきました」という。その後大学院に通うようになると、さらにレベルが上がったそうだ。

彼は、「少年期はテイク＆テイク、中年期はギブ＆テイク、老年期はギブ＆ギブの人生になっていった」と言っていた。

70歳より80、80より90、90より死んでからだ

私は学生時代に仏教青年会に属していた関係で、禅を少しかじってきたので、私の禅の師匠のＮＹ老師をＡさんに紹介した。彼はすっかり師に心酔し、本業の事業再生の仕事をやりながら、毎日早朝に自宅で坐禅と般若心経の写経を始め、５０００枚もの写経を達成されてしまった。とても私には実行できない行動で「鳳雲」という法名の通り雲の上に飛ぶ鳳凰のような存在になってしまった。また、若者の起業家の養成にも力をいれており、２０１５年の実績でも国内外30か所以上の拠点で年間１８９回も講演している。私から見れば仰ぎ見るような存在にまでレベルを上げている。

玄峰老師は「70歳より80、80より90」と言われたが、Ａさんのように老年になるほど良いご縁を開拓されることが、人生を幸せにする秘訣であると言えるだろう。

Ａさんとは反対に、飛ぶ鳥を落とすような勢いだった人が、晩年は不遇に見舞われて零落し

てしまったという人もいるが、経済的には恵まれなくても、ご縁の基本となる魂のレベルは上げてゆきたいものだ。

さて、玄峰老師の「70より80、80より90、90より死んでからだ」という言葉にもどるが、人が死んでしまえば、そこでご縁は終わってしまうのだろうか？

私は、「死んでから」とは、生前の本人の業績や人気や評判のことで、生前重ねたご縁の成果のことだと思った。具体的には、葬式の時に何人集まるか、そして「あの人にお世話になった」「あの方はすばらしかった」などと言ってもらえるかといったことである。しかし、もう少し深く考えてみると、人は死んでもご縁は終わりではなく、後輩が先輩の仕事のやり方を無意識に継いでいたり、家での先祖伝来の作法がそのまま引き継がれていくことも多い。このことは、その人の生存は終了しても、その人の存在はなくならず、その存在のご縁も続いていくことなのだと思う。

これに関して、２０１８年6月の日本経済新聞の「私の履歴書」で、阿刀田高さんが面白いことを書いておられた。阿刀田さんは小説の題材を探すためもあり、銀座や新橋の酒場によく出かけるそうだ。ある小料理屋に、真心こめて話を聞いてくれ、心が癒される、大変聞き上手のママがいた。「あんなに熱心に聞いてばかりいると疲れるだろう？」と言うと「いいの。家で主人にたっぷり話すから。今日会ったこと、楽しいこと、つらいこと、家に帰って朝まで話すのよ、主人に」と言われた。彼女はたった一人のアパートで、10年前に他界したご主人の遺影に話をするそうだ。ご主人の生命がなくなっても、その存在のご縁がいまでも続いているのだろう。

内村鑑三―努力すれば残せる「勇ましい高尚な生涯」

このように、生命がなくなってもその存在のご縁は死後にも残るのであるが、このことを明確に述べたのが明治、大正、昭和にわたって活躍した内村鑑三(うちむらかんぞう)である。

彼が明治27年に箱根の夏期学校で講演した内容が『後世への最大遺物』という本にまとめられている。彼は頼山陽(らいさんよう)の有名な詩「天地始終無く、人生生死有り」を取り上げて、「天地は永遠に続くが、人間の人生には終わりがある。しかし我々を生んでくれた天地ともいうべきこの美しい地球に何も残さなくてよいのだろうか」と問いかけている。我々は、この地球に生きた証拠（ご縁）として、頼山陽のいうような「千載青史に列する」という歴史に残すことは難しいが、何らかの生きた証拠であるご縁を残してこの世を去りたいものである。

内村は「それには、第一には将来の人のために遺産として多くのお金を残していくことだ」と言う。スタンフォード大学を創立したスタンフォード、アメリカの鉄道王のバンダビルトのように財団などをつくり将来の人々のために多くの基金を残していくことは立派なことである。大阪の安治川を開鑿した河村瑞賢(かわむらずいけん)のように土木事業を将来のために残した人や、リビングストンのように暗黒のアフリカを探検して未開の地勢を明らかにした事業を後世に残していくことだ」と述べている。しかし、お金や事業を残すのは才能がある方で、一般の人には難しい。お金や事業が残せない一般の人々でも残せるものがないのだろうか。

内村はそれは「勇ましい高尚な生涯」であると言っている。例え事業に失敗しようが、不治の病にかかろうが、貧困にあえごうが、「勇ましい高尚な生涯」は誰でも努力すれば残すことができ、これこそ将来の人々に対して大きなご縁を残すことができると内村は述べている。例えば、先にふれた小料理屋のママのご主人なども、ママにとっては一種のカウンセラーの役割を果たしていて、内村鑑三の言葉と一致する。

私はこの本を青年時代に読んで大変感激したことを昨日のように思い出すが、この将来に対するご縁ともいうべき「勇ましい高尚な生涯」を最大限に発揮されたのは外ならぬ内村鑑三自身である。彼は若くして札幌農学校に学び、クラーク博士の影響もありクリスチャンになった。アメリカの名門大学アーマスト大学に留学し、シーリー総長を通じて信仰の神髄をつかんだ。帰国後は第一高等中学校教員になるが、天皇に対する「不敬事件」で退職する。日露戦争不戦論や足尾銅山鉱毒事件などで政府の弾圧を受けるが頑張りぬく。

彼こそ２０００年のキリスト教史に新たな時期を画する無教会主義を提唱した人であった。その弟子には、南原繁、矢内原忠雄の２人の東京大学総長、前田多門と森戸辰雄の２人の文部大臣、厚生大臣を務めた鶴見祐輔など、日本の社会に大きく貢献した人々がいる。そして、無教会主義という新しいキリスト教のあり方を実践し、後世に大きな遺産を残した。彼の生涯は順調ではなかったが、まさに「勇ましい高尚な生涯」そのものであった。彼の墓碑には「**I for Japan**（われは日本のため）**Japan for the World**（日本は世界のため）**The World for Christ**（世界はキリストのため）**And All for God**（すべては神のため）」と書いてあり、これ以上の後世への最大の遺物はないと思う。

社会起業家の葬儀に導かれた不思議なご縁

▼志半ばにして旅立った森綾子さん

通夜の晩の不思議な体験

２０１１年2月のことだ。私は阪急電車の宝塚駅を降りた。その日は友人の森綾子さんの通夜であった。電車を降りて、通夜会場を目指して歩き始めた。いつも持ち歩いている仕事用のカバンには書類が一杯であった。歩き始めると右手に持っていた重いカバンが急に軽くなってきた。「そんなバカなことがあるか」と思い、左手に持ち替えてみたが、また軽くなる。もう一度右手に持ち替えても同じだ。

まるで誰かが横にいて導いてくれているように会場に吸い込まれていった。そこに安置されていた森さんの遺体に「森さん、今来たよ。安らかに眠って下さい」と必死になって般若心経をあげた。数日後の森さんを偲ぶ会には兵庫県知事や宝塚市長などお歴々が詰めていたが、その時ふと通夜当日のことを思い出した。あれは森さんが、「釣島さん、長い間気功をありがとう。ついに来る日がきた。待っているので早く会場にきてください」とカバンを軽くしてくれたのだ。森さんとの縁は死んでも続いているのだと思った。

余命３ヶ月の宣告を受けて

森綾子さんは宝塚ＮＰＯセンターの創始者で、阪神淡路大震災当時、社会福祉協議会に勤務していた。当時彼女はボランティアセンターの所長代理として、仕事を通じて一種の地獄を見ながら、ボランティアの人々と共に寝食を忘れ、復興のために獅子奮迅の活躍をしていた。そして、行政の社会福祉の支援といえば、障がい者や高齢者などの生活弱者を対象としているものがほとんどで、一般市民に対する支援は抜けていると実感した。

一般市民の生活は身近な血縁の方や近所の方々など、人と人のつながりを中心としたご縁の人間関係でバックアップされているが、震災のときなどはこれが機能しない。１９９８年、森さんは行政に頼るのでなく、市民自らがご縁による人間関係を復活する必要があると考え、社会的企業を支援するための中間支援組織である宝塚ＮＰＯセンターを設立した。具体的な中間支援事業とは、①ＮＰＯの啓発研修、②ネットワーク作り、③行政との協働の推進、④起業運営支援などであり、毎年20以上の新しいＮＰＯ法人を設立・起業させてきた。

順調に事業が進行した宝塚ＮＰＯセンターであったが、２００９年3月に森さんは体調を崩した。その時はインフルエンザにかかったと思っていたそうだが、受診の結果かなり進行したがんであることが分かった。彼女から「今、武庫川の兵庫医大病院に入院しています。釣島さん、一度病院にきてくれませんか」とメールが入った。急いで病院にかけつけてみると、「医者から胆嚢がんで余命が3ケ月と言われてしまった。これが診断書です」と詳しく説明してくれた。

私は大変なことになったと思ったが、「生命はそう簡単になくならないよ。頑張ってみよう」と励ました。森さんは、「死を覚悟している。Ending Note（一種の遺書）を書き『生前契約』をして死に装束まで決めているの」と言った。私はその覚悟に驚いた。しかし森さんは、「釣島さんは、末期がんを主に治療しているというアメリカの気功の先生を知っているでしょう。その先生を紹介してくれないかな？」とつぶやいた。私は「分かりました。私もヒーリングできるので、できるだけのことはやってみましょう」と答えた。

気ヒーリングを受けて元気になるも総理大臣表彰受賞後に旅立つ

ちょうどその時、私は関西学院大学の非常勤講師をしており、兵庫医大病院は帰り道にあった。授業があるたびに病院に寄って、必死に気功のヒーリングをした。一方、森さんが望んでいた気功の新倉先生が来日した時、森さんを紹介した。新倉先生が森さんの体を気のヒーリング法でチェックした後で、家内がドアの外に呼び出された。そして「森さんとは初めてお会いしたが、どうしたんですか？　彼女はあと２、３か月の命ですよ」と言われたという。家内が「医者にもそう言われたようです」と話すと、「う〜ん」と腕組みをされたが、すぐにもどって森さんに「できるだけ、やってみよう。ミシガンにヒーリングに来られませんか？」と言われた。

森さんは、その後、先生が来日される度にヒーリングを受け、日本で先生の弟子が開いている教室にも熱心に通った。さらにミシガンでの１週間に及ぶヒーリングにも２回も参加した。その効果もあったのか、森さんは元気になり仕事にも復帰した。もしかしたら治ると思ったこともあった。

彼女は精神性を一段と高めながら活動を続けていたが、長年の社会起業家としての活動が認められ、２０１０年6月に内閣総理大臣賞（女性チャレンジ賞）を受賞し、首相官邸で表彰を受けた。その受賞パーティには菅直人元首相も出席された。その賞は男女共同参画社会づくりの「新しい公共」というものだった。またシンクタンクとして宝塚市より「第５次宝塚市総合計画策定業務」を委託され、市の10年後のビジョン作りに励んでいた。

「縁紡ぎ」の仕事に見事に花を咲かせた森綾子さんは、がんの宣告を受けてから約２年後に旅立たれてしまった。余命３ヶ月と言われてから１年半以上も延命したのは、森さんの生き抜こうとする姿勢があったからこそであろう。

私は、森さんが社会起業家として死ぬまで縁を紡いだその頑張りに感心するとともに、私の不思議な体験を通じて、人は死んでもご縁は残るのだと実感できたことはとても有難いことだと思っている。

パラオの死者からの叫びのご縁

▼日本兵の供養を30年続ける玉置半兵衛さん

戦死した日本兵が出てきた夢

玉置半兵衛さんはある晩夢を見た。丘の上から、眼下に見える海を眺めていると、真っ青な空に真っ青な海が広がっていた。その海には波が泡立っていたが、その中に誰か見知らぬが人がおり「おーい、助けてくれ」と叫んでいるではないか。半兵衛さんはびっくりして「おーい、何をしたんだ」と叫びかえすと。「わしは清水や！　供養してくれ！　供養してくれ！」と波にもまれながら叫んでいた。半兵衛さんははっと夢からさめた。気がつくと冷汗をかいていたが、これが夢であったことに安心したものの、大変気にかかる夢であった。

半兵衛さんはいつも仕事で忙しく、子どもたちと一緒に過ごす時間も少なく、朝晩に一声かけるぐらいだった。その罪滅ぼしの意味で、小学校、中学校、高等学校を卒業する時は一緒に旅行するそうである。上の娘さんが大学を卒業する時は、その記念旅行を彼女と２人ですることになっていた。旅行の手配は全く彼女まかせで、どこに行くか聞いていなかった。この夢をみたのは、娘さんがその旅行の申し込みをした夜のことであった。

旅行の当日、娘さんに「今回はどこに行くの？」と聞くと「パラオ諸島にゆきます」とのこと。パラオには直行便はなく、グアム島経由で現地に着いた。ホテルこそ立派な建物であったが、それ以外はバラック建ての家が多く、のんびりしたところであった。ホテルや海岸でゆっくりと静養していたが、ある日バスに乗って市内観光に出かけた。

パラオは戦前日本の委任統治領であったので、市内には郵便局や役場など日本統治時代の建物が多く残っていた。バスで市外の山の上まで行き、山上から眼下の海を眺めたときだ。半兵衛さんは一瞬息が止まったかと思った。そこには真っ青な空に真っ青な海が広がっていた。その海には波が泡立っていた。そこには「わしは清水や！　供養してくれ！　供養してくれ！」という兵隊こそいなかったが、夢の中で丘の上から海を眺めた景色と寸分違わなかった。これには驚き、鳥肌が立つ思いであった。

「ここで何があったのですか?」とガイドの人に聞いてみると、「先の戦争の末期、アメリカ軍の反攻作戦でパラオでも戦いがあり、日本軍は徐々に追い込まれ、逃げ惑った日本兵がこの地で最後を迎えました。そして多くの日本兵がこの下の海に叫びながら飛び込み、海の藻屑と消えていきました」と説明してくれたのでびっくりした。

後ろ側の丘の上に日本兵の墓地があったので、もしかしたら夢に見た「清水某」の墓があるかもしれないと思い、半兵衛さんは墓を探し回ったが「清水某」は見つからなかった。後で聞いてみると、この墓地に埋葬されたのは死体が収容され名前が分かっている兵隊だけとのことだった。

清水寺での供養を30年続ける

日本に帰国してからも、この旅でのことは半兵衛さんに大きなショックを与えた。「そうだ、夢に見た清水某はあのパラオの青い海の中に巻き込まれ命を絶ったのだ。それで私に供養してくれと叫んだに違いない。何とかして供養してあげたい」と思ったそうだ。半兵衛さんは、「為　俗名清水某之霊位」という水塔婆を作り、清水寺に出かけた。清水寺の名の通り、こんこんと清水が湧き出るところがあり、そこでその真水を水塔婆に何回もかけて「清水さん、成仏してください」とお祈りし供養してあげた。

それから半兵衛さんは、毎年お盆になると清水寺に出かけて供養している。パラオに出かけたのは半兵衛さんが55歳の頃であり、現在まで30年近くもこの供養を続けている。いかにも半兵衛さんらしく頭が下がる思いである。共時性やご縁は死んでからもすでに述べたが、半兵衛さんが言うには、清水某は半兵衛さんがパラオに旅行すると決めた時点でそれを察知し、半兵衛さんの夢に現れ供養を頼んだのだろうと。半兵衛さんは、その時にご縁が成立したのでこの供養は止めるわけにはいかないと思っているそうだ。

ご縁は、日常の我々の生活の上で形成されるものだけではない。半兵衛さんの話のように超自然なことでもつながるご縁もあることが思い知らされ、ご縁の大きさと、奥深さを思い知らされた。

大西良慶和上とセミの話

余談になるが、半兵衛さんは子供の頃に清水寺とは忘れがたい思い出がある。清水寺にはたくさんの木々があるので、夏休みはセミ採りの格好の場所であった。喜々として網と大きな虫かごをもって出掛けると、いくらでもセミが取れた。瞬く間に虫かごがセミで一杯になった。「このセミは彼にあげよう、あのセミは誰にあげよう」と意気揚々と清水寺を出ようとした時、お坊さんから声がかかった。

「坊や、セミというのは、幼虫で地下では３～17年も長い間生活するが、成虫になって地上に出てくると数週間しか生きられないのです。それでセミは地上に出てくると必死に鳴いているのです。だから可哀そうだから、一番気にいたセミを一匹だけにして他のセミは逃がしてあげなさい」

半兵衛さんは残念だなと思ったが、夏休みの宿題用に一匹だけ残し、他のセミを逃がしてあげると、セミは喜んで遠くへ飛んでいった。

そのお坊さんは「よかったね」と言って、「これをお食べ」と、おいしいお餅をくれたそうだ。このお坊さんこそ、日本を代表する宗教家として107歳まで活躍された大西良慶和上であった。半兵衛さんはその後、大西和上には親炙することになった。

この大西和上が最近半兵衛さんの夢枕に出てこられ、「半兵衛さん、貴方は現在80歳を過ぎ、本来の寿命より長生きしているが、それは分かっているのですか」と言われた。そういえば、胃ガンの手術で胃は無くしてしまった。十二指腸も胆嚢もとってしまっているし、脳梗塞も患った。しかしお陰様で元気に日暮させてもらっている。

なるほど、そう言われれば寿命より長生きさせてもらっているのかもしれないと思った。大西和上は「あなたは、子供の時に清水寺でセミを助けてあげた。そのセミのご恩返しのお陰で長生きしているのだよ」と言われたそうだ。半兵衛さんはなるほどと思い、それを清水寺の森清範貫主に報告したそうだ。子供の頃に聞いたおとぎ話のようなご縁の不思議さが本当にあるのだと感じた。

第５章

究極のご縁の完成とはどんなものか

ご縁の完成とはどのようなものだろうか、お釈迦さまが「山川草木悉皆成仏」といって悟りを開かれたが、それは、自他の区別なく、すべての人、モノ、自然がご縁で繋がっていることをリアルに実感されている。しかし我々は残念ながら図に示したようにこの世界の一部しか見えていないのだ。

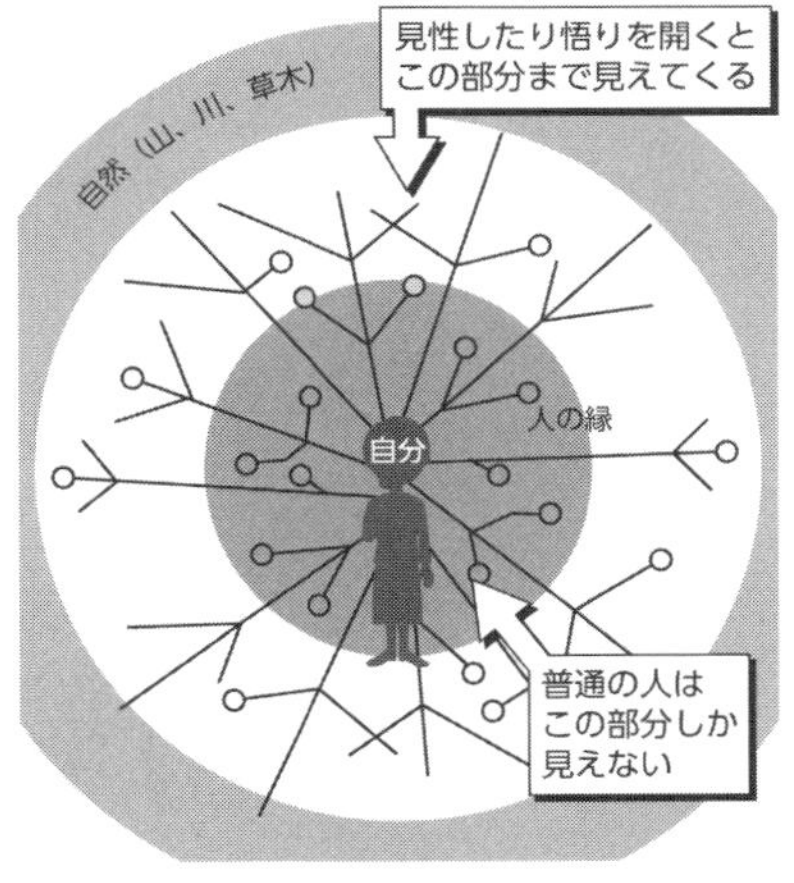

ご縁のメカニズムを説明する鞍馬寺の羅網

▼奥深いご縁の関係を絶妙に説明している名刹

鞍馬寺の羅網はご縁のつながりを表す形？

ここまで、それぞれの人生にはさまざまな出会いがあり、ご縁を結び、ご縁を深め、ご縁を広げ、ご縁の環を大きくされた事例を紹介してきた。しかし、そもそもご縁とは何か？ それがどのようなメカニズムで動いているのか？ ご縁の本質になると分からないことが多く、しかも説明が難しい。

ご縁のつながりとメカニズムを実感するには、牛若丸や鞍馬天狗で有名な京都の鞍馬寺にお参りすることをお勧めしたい。京阪電車の終点出町柳駅で叡山電車に乗り換えると30分ぐらいで終点の鞍馬駅に着く。その目の前に鞍馬寺がある。

正面の仁王門を入ると右側に晋明殿という建物があり、その中に鞍馬山境内の説明があり、正面に「羅網（らもう）」が飾ってある。さらに石段を登っていくと本殿・金堂で、その内陣にも仏像の手前の天井から羅網がつるされている。羅網とは、「仏殿の飾りで宝珠が上下左右に結ばれ網となったもの」で、本殿・金堂以外でも飾られている。入山の時にもらった案内書には「羅網とは、この世界の森羅万象は、決してひとりで存在することはできません。すべてが網の目のようにお互いに関わり合い響きあうことで存在し、その中でこそ個としての尊さ、重さをもつ

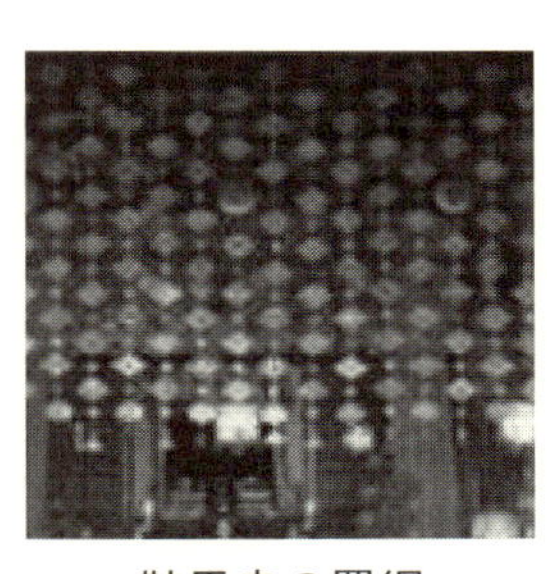
鞍馬寺の羅網

という真理を、羅網は形で表しています」とある。これを見て私は「羅網は縁のつながりを実際に形で表しているのでないか？」と思った。

また、「羅網に寄せ」と題した資料には次のように書かれていた。

「目に見えぬ縁の糸の織りなす大宇宙のいのちの模様　時の流れの縦糸と無限の広がりの横糸の結び目　そこに今、まさに生かされているひとりの私　すべてのいのちに照らされて輝く私のいのち　いのちの姿形はそれぞれに違っていても　宇宙の大生命尊天に共に生かされる同じいのち　お互いに響き合う大宇宙のいのちの相　それが羅網　小さくとも大宇宙に響く私のいのちの力　照らし照らされ支え支えられ輝く三千大千世界　素晴らしい尊天の世界　そのお一員　私のいのち　尊いいのち、一枚の羅網」

羅網の縦糸横糸の結び目の宝珠とは？

羅網の縦糸と横糸の結び目の飾りを宝珠というが、その宝珠については「お互いに結び合い響きあうあなたのいのち、わたしのいのち、宝珠のひとつひとつはあなたであり私です」と書かれていて、我々のいのち自体がご縁でお互いにつながりあうという深い意味も感じられる。

この説明にあるように、宝珠ともいうべき我々自身は非常に尊い存在で、時の流れにより、自分のご先祖や前世からの縦糸のご縁を紡いできた。

その一つは先祖の縁というもので、山田さん（第１章）や我が家（第１章）の例に示したように、先祖からの不思議なご縁が縦糸に絡まりながら、現在の我々自身に及んでいる。一方のご縁は、仏教では輪廻転生といって我々は生まれ変わり、生き変わりして、前世という先の世があり、NY老師の例で書いたように、その時に作ったカルマ（業）のご縁を現世の我々自身も引きずっている。

この2つの縦糸のご縁を身に受けた現世でも、子供の時に作ったご縁、言い換えると幼稚園のご縁、小学校のご縁、中学校のご縁、それぞれ竹馬の友と作ったご縁の環が年とともに重なりあっている。その上に大学の学友とのご縁が重なり、若い時のご縁は生涯続くことになる。

また社会に出てからのビジネスでのご縁、家庭や家族のご縁、さらにその上に定年後のご縁など何重にも層をなして重なりあい我々は日々暮している。さらに死後でも、森綾子さん（第4章）や久下季哉さん（第4章）などで説明したように、ご縁が終わりではなく、誰かとご縁が繋がっている。宗教学者の町田宗鳳先生（広島大学名誉教授）は『死者は生きている』（筑摩書房）で、人は死ねば終わりではないと述べているが、仏教では人は輪廻転生し来世があり、死後も縦糸のご縁が続いている。このように縦糸のご縁は、生前、生後、死後と3つの時代にわたって続いているのだ。

一方で横糸をみると、現生で我々が紡いでいるご縁であるが、家族、コミュニティ、職場、ビジネス、趣味の会、学校、師弟、書籍（物）、などいろいろな出会いによる繋がりがご縁であり、種々のご縁がアミーバーのように形成されている。この無限に広がる横糸とその縦糸との結び目にいるのが、我々個人であると羅網では示しており、それを宝珠と呼んでいる。宝珠とは仏教では霊験を表す宝の珠のことで、我々個人は命が宿っており、我々は宝珠のように尊い存在であると説いている。

羅網の作用は宇宙のエネルギーの元

「お互いに結び合い響きあうあなたのいのち、わたしのいのち、宝珠のひとつひとつはあなたであり私です」とあるように、我々は一人でいるのではなく、お互いに他者と何重にも関係を持ちお互いに響き合っており、ご縁の関係を作りあげている。しかも宝珠に喩えられ尊い命を持った我々がご縁で結ばれお互いにダイナミックに躍動しているのだ。

それでは、どのような力が我々のご縁をダイナミックに躍動させているのであろうか？　その根源のパワーはどのようなものか興味をそそられる。それは鞍馬寺では羅網の説明として次のように説明している。

「極楽浄土を厳かに飾る荘厳で、美しい珠玉が縦横に連なり輝く宝珠の網を作っています。御堂の荘厳のために法懸しますが、鞍馬山では大霊尊天の命の縁の糸で結ばれた世界を表すと考えます。普明殿の羅網は古典的な意匠に加えて、森羅万象の姿を取り入れてあります。尊天は毘沙門天、千手観世音、護法魔王尊の３つを合わせた仏で『すべての生命の活かし存在させる宇宙エネルギー』と、それを尊天と呼ぶ御仏で、具体的には『宇宙エネルギー』である」

そのパワーが我々に命を与え、我々を命の縁で結びそれらを響き合わせているという。

鞍馬寺は鞍馬弘教総本山で、尊天を信仰するお寺である。尊天とは一般の仏教では存在するものではなく、鞍馬寺独特の仏である。鞍馬寺の縁起によれば、開祖の鑑禎上人（がんちょうしょうにん）（鑑真の高弟）が毘沙門天を信仰しお祀りしていた。その後千手観音を合わせてお祀りするようになった。

さらに鞍馬寺はもともと鞍馬山の山岳密教の伝統があり、鞍馬天狗に象徴される護法魔王尊を加え祀っているそうだ。この毘沙門天、千手観音、護法魔王尊の三体を合わせて鞍馬寺では尊天と呼びこれを信仰している。

尊天のことを鞍馬寺では「宇宙エネルギー」のことだと説明しているが、この宇宙エネルギーを具体的に説明することは難しい。今まで宇宙は真空で何も存在しないと言われていたものが、宇宙科学が発達すると、実は真空ではなく未知の暗黒物質など次々に新しいエネルギーが発見されてきており、いろいろな素粒子からなる宇宙エネルギーに満ち溢れているそうだ。仏教でも「色即是空」という言葉は、空は何もないという意味ではなく、満ち足りた世界を指していると私は実感している。

宇宙エネルギーについて、面白い解釈をしているのは、生命科学者の村上和雄さん（筑波大学名誉教授）である。彼は生命科学者としてＤＮＡの遺伝子の解読にしのぎを削っていた。しかし、このＤＮＡには万巻の書物に匹敵する情報が詰め込まれているが、一体誰によって書かれたのかと彼は思ったそうだ。それは、人間を遥かに超えた何者か、つまりサムシング・グレイトによって書かれたとしか言いようがないと思い、生命の神秘を司る存在を「サムシング・グレイト」と呼ぶことにしたそうだ。我々にとってわかりにくい「宇宙エネルギー」のことをサムシング・グレイトとは、また言い得て妙で、まさに思い尊天にも通じる言葉である。

宇宙エネルギーと気とご縁のダイナミズム

東洋の方でも前漢の武帝の頃「淮南子（えなんじ）」という書物が出されている。この本には、この世の初めには世界には気という宇宙エネルギーに満ちており、最初はこれが混沌としたカオスの状態であったと書かれている。その宇宙エネルギーという気は、軽い気は上に上がり天の気となり、重い気は下に下がり地の気になり、天と地にそれぞれの気が満ちていることになったという。

天と地の間にいる人間にも宇宙エネルギーである気が満ちており、人間も自分の体内で気を循環させている。人間は天の気と地の気という自然の気と自分自身の体内で交流することで生きている。このことを天・地・人と呼び、これが東洋医学の基本になっている。それで、東洋医学だけでなく東洋哲学でも宇宙エネルギーのことを気と呼んでいる。

以上のように、西洋でも東洋でも我々の先祖は宇宙エネルギーをなんらかの形で認識していたことは間違いない。しかし我々日本人には、気という「宇宙エネルギー」といえばなんとなく納得できそうな人が多いのではないか。

余談になるが、この宇宙エネルギーである天の気と地の気、人の気を交流する一つとして気功法がある。先にも述べたが、私は長年気功を練習しているが、重病人に気のマスターが気を流すことで病気が治療できたり、あるいは気のマスターが気を出すことで人が飛ばされるのをよく見てきた。アメリカ人はこの現象を不思議に思い、私の気功の師匠の新倉勝美先生について、このメカニズムを解明したいと、多くの大学の研究者がトライしてきた。

ご縁の躍動は宇宙×個人のエネルギーの相互作用

気で病気が治った事例は多くの論文にも発表され、アメリカの大学の医学部や興味のある医者は新倉先生の気のヒーリングに非常に興味を持ち、技能の習得につとめた。しかしどうして病気が治ったり、人が飛ばされたりするかは説明できなかった。そして、気の正体となる原子や粒子はまだ見つからず、病気が治るメカニズムも分かっていない。すなわち現在の科学では宇宙エネルギーの存在やそのパワーは認めても、その正体については科学的に解明されていない段階なのである。

いずれにせよ、鞍馬山の尊天、村上和雄さんのサムシング・グレイト、東洋医学の気と呼ばれる宇宙エネルギーが「お互いに結び合い響きあうあなたのいのち」とあるように、これが我々のご縁をダイナミックに躍動させているパワーになっていると思う。

しかしこの宇宙エネルギーのパワーだけでご縁のような複雑で絡み合ったものが動いていくのであろうか？　先に上げたベストセラー『聖なる予言』によれば、①もともと世の中には宇宙エネルギーは存在しているが、一般にはこれを感じていないが、②自分の想念を上げるとこれを感じるようになる。③自分の使命を感じ、自分の想念（潜在意識）をそちらに向けエネルギーを発すると、④相手のエネルギーと感応道交（仏と衆生が心が通じ合う）し、人と人とがつながる（ご縁）と説明している。要するに宇宙エネルギーと個人のエネルギー（想念）がお互いに作用しあうことでご縁が躍動するということである。

東洋医学や東洋哲学でも、人が天の気や、地の気と交流することで、不思議なつながりが招来すると説明しており、気功法でも自然の気と交流することでヒーリングできると言われており、宇宙エネルギーと自分自身のエネルギーと響き合う『聖なる予言』とよく似たものであると思う。

以上のことを上手に説明する「感応道交」という言葉は、仏（宇宙エネルギー）の働きかけと、それを感じる人の心（個人のエネルギー）が相交わるという意味で、なんと上手に説明しているのかと思う。宇宙エネルギー（仏）だけでは不十分で、それに個人の想念（個人が持っているエネルギー）の相互作用によって、縁が繋がったり繋がらなかったりするのだと私は思っている。

すべてにつながる「いのちは輝く宝珠」への目覚め

鞍馬寺の信楽香仁貫主は「心華抄」で、いのちの環と称して「草木も鳥、虫も菌も石も　お互いに捧げ合い扶け合いながら　お互いに摂取し合い消滅し合いながら　共に生きるいのちの環　めぐる大自然の環の中に　私たちも生かされている」と書いている。また「羅網の教えと自然」という鞍馬寺の説明では「鞍馬山の自然は、動植物が網の目のように相互に関係しあった複雑な森林生態系を形成しており、鞍馬山ではその響き合いを『羅網』と表し〃共に生かされている命〃を共感し、様々な命が支え合い響きあい、生かし合っていることに気づき、私たちの〃いのち〃が本来、光輝く宝珠であることに目覚めて欲しいと願っています」と書いてある。

似たようなことで言えば、人間界だけでなく、自然界では動物、植物、鉱物など秩序よくお互いに関係を持ち、お互いに躍動し、情報を交換しながら全体として秩序を保っており、これを生態系と呼んでいる。人間の人体でも、今までは脳の指令で人体が活動したと言われていたのが、最近は各臓器同士が情報を交換し人体のバランスを保っているという話を聞いたことがある。

要するに生態系にしろ、人体のメカニズムにしろ、サムシング・グレイトと呼ぶ宇宙エネルギーと個々の生物や人体の臓器がエネルギーや情報を交換することで全体の秩序が保たれている。これはご縁のメカニズムは人間だけでなく、動物や植物、鉱物にも命がありご縁はすべてにつながっていることだ。またお釈迦様の教えに「山川草木悉皆成仏」という言葉があり、山や川、草木など自然も人間同様に仏の心を宿しご縁のつながりあるという意味で、鞍馬寺ではこのことまで言及している。

以上のように鞍馬寺は非常に不思議なお寺で、奥深いご縁の関係を絶妙に説明している名刹であり、ご縁に興味ある方には一度訪問することをお勧めしたい。

生命科学のネットワークシステムからみたご縁

▼神秘体験とご縁のメカニズム

体の中のネットワーキングシステム

さまざまな人たちが体験してきたご縁の不思議な事例を紹介してきた。しかしこの不思議なご縁について、①どのようなメカニズムで繋がるのか？　②ご縁が繋がっていることをリアルに体験した状態とはどのようなものか？　この２つの命題については、現在の科学では充分解明されていない。従ってこの分野に踏み込むことはかなり冒険であると思うが、最近の生命科学や物理学の急速な発展で、このご縁の紡ぎ方の謎に一つの示唆を与えてくれるものがあるので敢えて説明してみたい。

２０１７年にＮＨＫスペシャル「シリーズ　人体～神秘の巨大ネットワーク」が、タモリさんと山中伸弥さんの司会で放送され大きな反響をよんだ。

その内容は、今までは、脳が全体の司令塔となり、他の臓器はそれに従うものと考えられていた。しかし最近の研究によると「体中の臓器がお互いに直接やりとりすることで、私たちの体が成り立っている」ことが分かってきた。人体にもインターネットそっくりの「体の中のネットワーク」があり、体の中の数十兆個もある細胞がツイッターでつぶやくように情報を発信し、それをまた別の細胞や臓器が受けとって、行動を起こす。ご縁のやり取りと似ていることがわかった。

例えば、①食物が腸に届くと、腸から「ご飯来たぞー！」というメッセージが発せられる。具体的にはインクレチンというホルモンが腸から出て血液の流れに沿って、脳、胃、膵臓に運ばれる。このホルモンの信号を受けた脳は食欲を抑えようと反応し、胃は胃の内容物の排出速度を遅らせ、膵臓に達するとインスリンの分泌が促進されるという具合に、それぞれの臓器が腸の信号により反応している。②また何らかの原因で心臓に大きな負担がかかると、心臓から「疲れた、しんどい」というメッセージをＡＮＰ（Atrial Natriuretic Peptide）というホルモンが血管を通じて発信する。それを受けた腎臓は「おしっこを出し疲れた心臓を助ける」そうだ。③体の中で「酸素が不足する」と、腎臓は「酸素が欲しい」という信号をＥＰＯ（エリスロポエチン）という化学物質を血管に発信する。これに反応した骨髄が赤血球を増産して、血管を通して体の隅々まで酸素を運ぶ。④アブラだと思われていた脂肪細胞が「エネルギー十分だよ」とレプチンという化学物質を血管に送り、これが脳に達すると「もう食べなくてもよい」と判断するそうだ。

この情報回路は総延長10万キロに及ぶ血管網で、知れば知るほどインターネットと体の中はよく似ている。インターネットは電波により情報が伝えられるが、内臓間は化学物質により伝えられる。これらはご縁の情報交換に相通じるものがある。また人間の体内では臓器の他に神経細胞があるが、神経細胞もインターネットと同じく網の目のように体内に張り巡らされている。この神経細胞の伝達は神経細胞の末端にある、情報を伝える細胞のシナプス前細胞から、シナプス後細胞に化学物質と電位差によって伝達されているそうだ。

一方東洋医学では、人体内部の組織は一つ一つ独立しているわけではなく、連絡しあい、影響しあって有機的な統一体であると考える。さらに人も自然も宇宙を構成する一つの要素と考え、自然とのバランス、人体の中のバランス（ご縁の関係）を考える。気、血、水が人体を順調に循環しているから人間は健康であるが、この巡りが滞ると病気になると考える。気や血が巡る通路のことを経絡と呼ぶ。経絡は、臓腑、筋肉、皮膚などをつなぎ、体のすみずみまで機能を調整している。血のめぐりは理解できても気のめぐりは理解しがたいと感じる人もいるが、私は約25年も気功治療を実践しており、経験的に気の巡りは間違いなく感じている。胃腸や肝臓などの臓器がバランスよく機能しているのは、互いに経絡がご縁のように連絡しているからである。従ってある臓器が病気になると、経絡でつながっているほかの臓器も同じ病気にかかりやすい。

病気を治すには、経絡のところどころにあるツボを鍼、灸、気功で刺激するとその刺激が経絡に伝わり、経絡の中の血と気が動き臓器が活性化し病気が修復される。これは我々の生活でどうすればご縁がつながるかを暗示するものである。

ＩＴの発展と新しいご縁の紡ぎ方

人体内での情報伝達はインターネットとよく似ていることはＮＨＫスペシャルで報道された通りであるが、インターネットを中心としたネットワーキングシステムも広い意味でのご縁として考えられる。

さて、我々は人と人のつながりの中で生きているが、ご縁の情報伝達はどうなっているのだろうか？　人と人のつながりといっても、今まで人間はお互いに直接に接触することでその関係を保ってきた。その関係性のことを、「ご縁」あるいは「ネットワーキング」と呼んできたが、これらの中には、今までのようなお互いに直接に接触するリアルな関係だけでなく、最近では見ず知らずの方に、時間と空間を超えて簡単に接触できるバーチャルな関係もできるようになり、新しいご縁の紡ぎ方として合わせて考えなければならない。

以前は人と人とが直接接触する関係から始まったが、リアルな接触だけでなく、電話やＥメールの発達でバーチャルな接触も可能になった。またその関係も１対１の関係から、今はインターネットなど通じて容易に１対多のバーチャルな関係も多く構築できるようになってきた。そしてさらに複数の人が複数の相手に同時に関係性を簡単に持つバーチャルな関係が、インターネットの普及で簡単に実現できるようになってきた。

ご縁の関係でも、人と人とが直接会って顔を見ながらご縁を紡いでいくこと以外に、たまたまパーティで横にいた初対面の人と話してみると「自分の親友をよく知っている」と聞いて「ご縁ですね」と驚くことがある。これはよく考えてみると、自分の意思やコントロールを超えて、バーチャルな世界でもご縁が繋がっていることを意味しないだろうか。

「ご縁ですね」という言葉ではないが、我々は「世間は狭いものだ」とよく言う。これが実感できることが起こるのかはネットワーク理論と深く結びついている。ある意味でのご縁を科学的に証明しようとした学者もいる。

世界中に現在70億人の人が住んでいるが、まったく知らない人同士が何人の人を仲介すればご縁が繋がることができるか、「人と人の距離」の長さを調べる実験である。1967年にアメリカの心理学者ミルグラムが実施した「スモールワールド実験」と言われるもので、アメリカの中西部に在住している一定の人を選び、見ず知らずのボストンに住むA氏にはたして手紙が届くかどうかの実験である。その手紙にはA氏の名前、職業、ボストン在住（住所は教えない）など大体のプロファイルが書いてあり、その手紙を出すように指定した。指定された人々は自分の知人で、最も目標人物に近そうな人を選び、次々とリレー式に次の人に手紙を届けていった。その結果、意外なことに、手紙は平均6人の人々を仲介して、最終的にA氏に一定の率で届けられた。

この実験は改良を加えながら続けられ、最終的には成功率を35％まで高めることができた。「世界が狭い」ことが証明され、「6次の隔たり」という言葉が生まれた。この実験を追認する意味で、２００２年頃、コロンビア大学のワッツらが手紙でなく電子メールを使用し、ミルグラムと同様の趣旨で世界の遠くにいる目標人物にどの程度の人を仲介すればメールが届くかの実験を行った。その結果はミルグラム実験とほぼ同じ、５～７人を仲介して届けられており、これを追認した結果となった。

また、共時性といって「噂をすれば影」という思わぬ形でご縁がつながる世界が現出することもある。共時性もご縁の一種であると思うが、ここで整理してみると、人体での情報の交換はインターネットと瓜二つであり、インターネットはご縁を紡ぐ新しい方法である。この三者（人体・インターネット・ご縁）は情報を伝達し交換しているという共通点がある。

ご縁の情報交換手段への解明

そこで問題になるのは、情報を交換する手段であるが、人体の臓器間や神経システムについては、化学物質や電気シナプスであることははっきりしているし、インターネットについても無線の電波であることもはっきりしている。

ご縁についても、直接人と人が出会いご縁を紡いでいくときも、その時の会話や動作、行為によりご縁が紡がれていく。しかし、共時性などのように時空と人智を超えた偶然に起こるようなご縁はどのような手段で繋がるのか、現代の科学ではまだ解明されていない。

現代の科学で解明できない世界に我々ごときが深入りすることは避けたいと思うが、一つの示唆として著名なアメリカの物理学者デイビッド・ボーム等によって提唱された NEW SCIENCE がある。この科学の分野では一般的に我々が見える物質世界を明在系と言っている。

この「見える世界」の裏で暗在系といってテレビの電波のように「見えない世界」があり、世界はこの2つから構成されていると述べている。明在系（見える世界）は暗在系（見えない世界）の反映であるが、見えない世界（暗在系）は微細な世界で、現在科学では測定できない素粒子によるエネルギー（宇宙エネルギー）に満ちていると説明している。

いずれにせよ、将来科学が発達して、この見えない世界のことが解明されて、共時性などによるご縁の繋がりのメカニズムが解明できる時代が来ることを期待したい。

神秘体験とご縁のメカニズム

次に神秘体験があるが、例えば有名な心理学者のカール・ユングは70歳ぐらいの頃、心筋梗塞で臨死体験している。「私は宇宙の高みに登っていると思っていた。はるか下には、青い光の輝く中に地球が浮かんでいるのが見え……地球の球形がくっきり浮かび、その輪郭は素晴らしい青い光に照らされ出され……」という体験をしている。また女優のシャーリー・マクレーンもアンデス山中で「ゆっくりと、とてもゆっくりと私は水になった。そしてチクチクする泡の一つが水の構成分子であった。じつに素晴らしい二重の感覚が訪れていた。私は完全に意識があり、自分自身を承知していて、しかも周囲のすべてのものの一部になりきっていた」と水と一体になった経験を語っている。私はこれが人とモノがご縁で繋がっていることをリアルに疑似体験したことだと思う。

この神秘体験は科学的に説明できるという学者が現れた。一人は高橋徳（ウイスコンシン医科大学教授）で、彼は「頭の上部の後方領域に〝方向定位連語野〟という脳の一部があり、この部分は〝自分〟と〝他者〟の境界を大量の情報を使って認識する機能を果たしている」と述べている。ペンシルバニア大学のＡ・ニューバーグ教授の実験によれば、チベット仏教徒に瞑想をしてもらい、深い瞑想に入ると「方向定位連語野」の活動レベルが極端に低下し、被験者は「自己と他者の境界が無くなるような感覚」で「人は無限であり、すべての人やすべての物に繋がっている感覚を味わう」と報告している。

この「自己と他者の境界が無くなるような感覚」とは、先に述べた神秘体験でみられた万物と一体になった喜びの体験そのものではないだろうか。高橋教授はこの意識の変化にはオキシトシンという脳内ホルモンの作用が関係していると述べている。

そしてもう一人は、長年闘病生活を送ってこられた生命科学者の柳澤桂子さんで、「朝日で障子が白んできた時に、私は突然炎に包まれ、激しい目眩がして、一瞬意識が亡くなったように思った。その瞬間昇ってくる朝日に照らされ何か大きな暖かいものにすっぽり包まれた。それが去ると私の前には一本の道がどこまでも続いている。穏やかな気持ちになり、救われたのだと思った」と神秘体験している。

柳澤さんは、この現象は「神秘体験が起きる条件は強いストレスだ。強いストレスを受けると人間の脳の中にエンドルフィンのような快感物質がよけいに分泌されて、……こうした不思議な体験をする……将来この原理が解明されるだろう」と述べている。また彼女は「私たちは自分と他の物という二元的な考えかたに深入りしています。元来、自分と対象物という見方をする所に執着が生まれ、欲の原因になります。……私たちは原子からできています。……一面の原子の飛び交っている空間の中に……あなたも私もありません。……物も原子の濃淡でしかありませんから、そこにとらわれることはありません」と、自者も他者も原子の集団で大きな目からみれば同じだと述べている。

柳澤さんの原子理論は我々では実感することは、とても難しいが、神秘体験は脳内物質により引き起こされたことがもし真実であれば、我々レベルでも実感できるものであり、これが「ご縁が繋がっていることをリアルに疑似体験したこと」であると思えば、手が届く時が来るかもしれない気もする。いずれにせよ、ご縁を追求していくと奥深いもので、我々の興味は尽きない。

お釈迦さまの悟りがご縁の完成

▼究極のご縁の完成

複雑にからむ人生の因→縁→果

「ご縁」とは、もともと仏教の中心思想で「この世界の現象はすべて原因があって成立するものであって、原因なくして何物も存在しない」という因果関係を示す縁起論が基本となっている。縁起論では直接の原因の「因」（直接原因）に「縁」（間接原因）が働いて初めて、結果である「果」がもたらされると縁の作用の必要性を説いている。

植物に例えれば、種をまくことが直接の原因である「因」になる、それにせっせと水をやって土を耕し、肥料をまいたりする「縁」が働いて初めて結果である「花が咲く」という「果」がもたらされる。この原因と結果を仲介する縁は一つではなく、水、肥料、太陽のようにいくつものご縁が働いて、良い花が咲くという結果が導きだされるのだ。「花が咲く」には何よりも「水をやり、肥料をやり、土を耕す」縁の働きがなければ絶対に花は咲かないのである。

すなわち、縁は因と果をつなぐ重要な橋渡しを務めており、大概の日本人はこの縁の概念が知らないうちに肌に染み透っている。我々の人生では、この因→縁→果の流れは一つの事象ではなく、いくつもの事象が複雑に絡み合っているのを経験する。この中で大事なのは縁が因より大切なことである。それは人間の一生は運命づけられて不変のものではなく、縁の条件を変えることで人の現在も未来も変化することができるからだ。

人がこの世に生まれたからには、一人で生きられるものではなく、数えきれない縁に出会い、縁に支えられ、また同時に他のかかわりにより他を支え、他を生かしいくのだ。それは花が一人で咲くのではなく、縁によって咲き、縁によって散るようにこの世の出来事はすべて縁によって生じ、縁によって滅んでいく。この「因果論」は運命論ではない、現に現在の世の中では因と縁を変えることにより、どんどん変化し進歩している。どうにもならない不幸せや逆境は宿命ではない、ものの言い方、ものの考え方、身のこなし、すなわち身、口、意に気を付けることにより、人生を好転させることができるのだ。

人生でどうにもならない苦しみにあうこともあるが、苦しみの縁も幸せの縁に変えることも我々は肝に銘じなければならない。またこの因果論でもう一つの重要なことは「蒔かぬ種は生えぬ」ということだ。我々が苦しみにあったり、物事がうまく進まないときは「親が悪い、先生が悪い」など人のせいにしてしまう。しかし、「蒔かぬ種は生えぬ」の言葉の通り、「もとは自分」であり、原因は必ず自分にあると考えを変え反省しない限り物事が解決しないことも銘記すべきだ。

十二支縁起論

この縁起論をさらに詳しく説明した十二支縁起論では、人の苦しみを生み出す因果関係を次のように説明している。

①根本的な無知（無明）がある→②潜在的な意思（行）が生じる→③心の活動（識）が生じる→④心の活動とその対象という2つの側面（名色）が生じる→⑤6つの感覚の領域（六処）が生じる→⑥感覚器官、対象、心の活動が結びつく→⑦快、不快などの感受作用（受）が働く→⑧感受したものへの愛着（愛）が生じる→⑨愛着したものへの強い執着（取）が生じる、⑩執着によって生存（有）が引き起こされる→⑪生存によって新たな生まれ（生）が生じる→⑫生まれによって老や死（老死）が生じる。

これらはすべて連鎖しており①〜②を前世、③〜⑩を現世、⑪〜⑫を来世と考えられている。この関係性（ご縁）は前世、今世、来世と続いておりそれを逃れることはできないと説いている。

周囲の関係性で生まれる良縁と悪縁

仏教は苦しみから逃れる方法を説く宗教であるが、この連鎖をどこかで断てば苦しみがなくなると説いているが、我々にはなかなかこれを理解するのは難しい。また仏教では苦しみを逃れるには、我々自身の個人としての実体はなく、周りとの関係性（ご縁）においてのみ実感することだと言っている。最初禅の師匠から「あなた自身の実体はないのですよ」と言われたときは、私は何を言われているのか全く分かなかった。仏教では自分自身の実体がないと考えることで、執着を離れ救われるというが、これが頭で分かっても本当の意味で実感することはむつかしい。その後よく考えてみると我はまったく無いのではなく、関係性においてはあることになり、こう考える方が楽に生きていけることが分かった。

それで禅の師匠が「あなた自身はあるようでない、ないようである」という意味が、私は理解できるようになった。そうなれば我々はこの関係性（ご縁）の中で生きているので、この関係性をよく（良縁）すれば人生は好転するし、悪く（悪縁）すれば暗転すると理解できるのだ。また自分が実現したい想い（因）があれば、①その想念のレベルを上げ（純粋）、②日々コツコツ努力し、健気にいき、③精神の陶冶を怠らない、④数々の良縁が働いて自分の想い（因）を実現させてくれる。

それは、不思議な計らいを超えた力がそっと後ろ

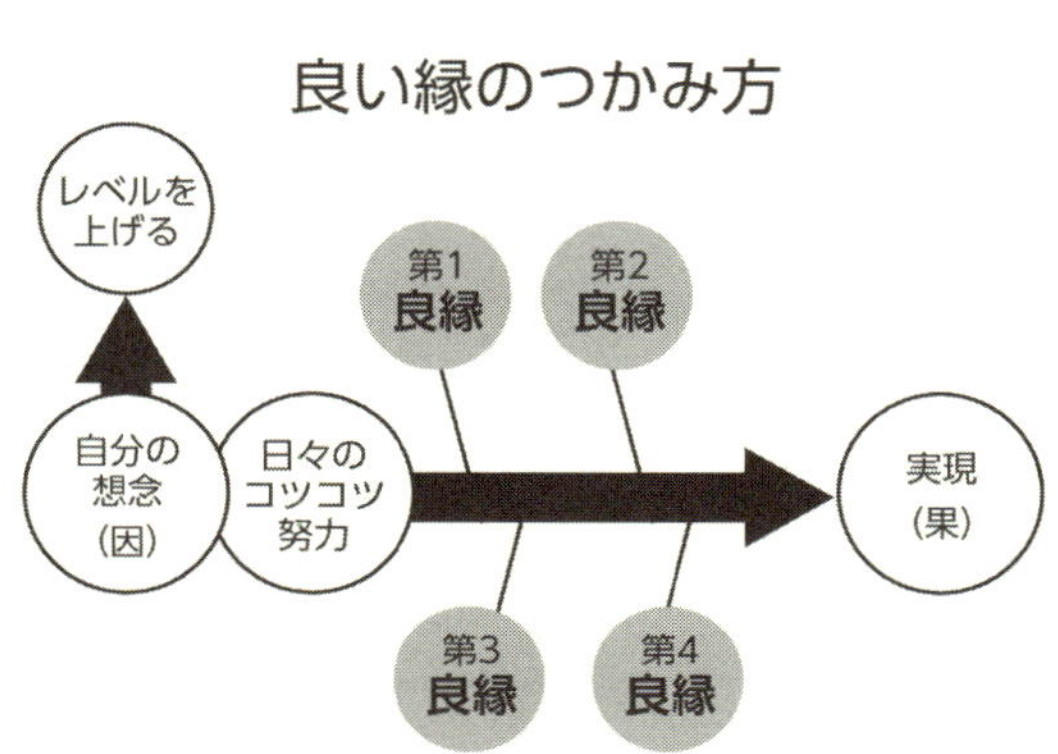

から押してくれ、道が自ずと開け、そこから喜びに満ちた日々が送れることになる。

華厳経の4つの世界と「一即多、多即一」

さてご縁をもっと深く理解するには、奈良の大仏で有名な東大寺（華厳宗）が宗旨としている華厳経を読んでみるとよく分かる。華厳経はお釈迦様が悟りを開いたときに、その悟りの状況を最初に表したお経と言われており、お釈迦様が開いた悟りを垣間見ることができる。その華厳経では四法界といって四つの世界があると説いている、それは物事を意味する「事」の裏側に働いている原理を「理」と呼び、この「事」と「理」の関係を組み合わせた4つの世界である。

第一は、事法界（我々がみる普通の世界）、第二は理法界（すべてに実体がないとみる色即是空の世界）、第三は理事無礙法界（普通の世界と空の世界が溶け合っている。色即是空、空即是色の世界）、第四は事事無礙法界（あらゆる事象がさまたげあわず溶け合っている、どれを中心にして見ても、他との関係が存在する世界）である。事法界→事事無礙法界と必ずしも順序を追って深くなるとはされていないそうだが、事事無礙法界は、一切の物事が妨げ合わず共存するという見方で、これはご縁がすべて繋がっていることが実感できる世界を示している。この事事無礙法界を視覚的に示しているのが、華厳経のインドラの網である。その網のすべての結び目には一つずつ宝珠がついており、その宝珠のひとつひとつにすべての宝珠が映り込んでいる。これはすべてのものは関係しあい、お互いに映しあい、森羅万象すべてがご縁で繋がっている世界を表現している。先に述べた鞍馬寺の羅網によく似たものである。

さらに華厳経に「一即多、多即一」という言葉がある。華厳経の教えでは、「一つの存在の中に、全宇宙全ての存在があり、全宇宙すべての中に、一つの存在がある」と説いている。少々難しくて分かりにくいが、それを「一即多、多即一」とも表現している。分かりやすくいえば「一人は万人の縁、万人は一人の縁」とも言える。言い換えるとそれは私の中に社会全体が含みこまれており（一即多）、社会全体のことが自分一人の問題（多即一）でもあり、全てがお互いに交じり合って流動していて、これはまさにご縁の関係でもある。つまりご縁が全宇宙で縦横無尽に繋がっていること、さらにこのつながりが一重だけでなく重々無尽に交入しており、これを重々無尽の縁と言っている。

また華厳経では「一即一切、一切一即」と「一毛の中に無量の仏刹あり、……一塵の中において、無尽の国土」と小さいものの中に大きなものがある「一（個）と一切（全体）は、通じ合い、一体的である」と述べている。これは仏からみれば極小のものが広大な世界であり、広大な世界が極小なものであるという意味で、ご縁が重々無尽につながっており「一即多、多即一」とよく似たことを説いている。

人・モノ・自然のつながりを実感＝究極のご縁の完成

仏教とはさらに奥深いもので、「すべての人、モノ、自然がご縁で完全に繋がっている」ことを心から実感できる「究極のご縁の完成」の命題を解決していると思う。その「究極のご縁の完成」を具体的に表しているのはお釈迦様の悟りの体験ではないだろうか。

菩提樹の下で何日間も瞑想されていたお釈迦さまが12月８日の朝、明けの明星を見て忽然と

「奇なるかな、奇なるかな、山川草木悉皆成仏」と目を開かれ、これでお釈迦様のお悟が成道されたと言われており、これこそが「究極のご縁の完成」であると思う。

この悟りの意味は「人だけでなくこの世に存在する、山や川、動物、植物などの自然も自分たち人間と同じ仏性を備えているということであった。それは自分と他人の区別はなくすべての自然界そのものと人はご縁で繋がっていることを心から実感されたことで、私は「究極のご縁の完成」を観得されたのだと思う。このお釈迦さまの境地を理解できるように、仏教徒の自力門（禅宗など）では修行を重ね、他力門（浄土宗など）では称名することでこの境地に達し見性（悟り）を得ようと努めているがそれは容易なことでない。私の関係してきた禅宗では「命の繋がりや命の仕組みを観得する」ことを目標に厳しい修行していた。

見性の事を「悟りを開く」ともいうが、この境地に達すると「世界ががらっと変わる」といわれる。それは一心不乱の集中がついえて途切れたときにやって来るともいわれている。見性されたこととの境地については古来いろいろの人が述べているが、道元禅師は「心身脱落」と「体も心もすっぽり抜けたようだと」言われている。また中国の肇法師は「おのれは無い。おのれでないところもなく、すべてがおのれである。そして、天地はまったく同じであり、万物は一体である」と天地同根、万物一体だと表現されている。山田無文老師（元花園大学学長）もご自身での見性体験を「沸きあがる喜びがあり、庭の松の枝、葉の一つが輝いていた」と述べている。

これらの見性体験で共通しているのは、自己が亡くなる、世界と一体となる、あるいは自分と世界との境目がまったくなくなり、時間もなくなるなどである。言い換えればすべてのモノが完全にご縁で繋がっていることを実感することだと思う。山田無文老師も「もともとご縁がすべて繋がっているが、一般の人は分からないだけだ」と述べておられる。本来の「命の繋がりや命の仕組み」はこのようになっており、真理ではないだろうか。これをお釈迦様が成道（悟りの完成）と言われたので、この本の主題であるご縁の全体が明らかになるのだと信じる。

あとがき

私は17年間もアメリカで仕事をさせてもらったが、アメリカ人と日本人とのモノの考え方の違いで大いに悩まされた。とりわけ、生まれる前や死後も続くほど奥深い「ご縁」は日本人にはDNAとして腹にしみ込んでいるが、アメリカ人に理解してもらうには難しかった。

帰国して大学の教職につくことになったが、この「ご縁」について研究した本はほとんどなく、日本人の独特の「ご縁」について我々はもっと研究する必要があると思った。

私は『人と人をつなぐグローバル経営』（コスモ教育出版）、『アメリカ人は理解できない「ご縁」という日本の最強ビジネス法則』（講談社＋α新書）と2冊のご縁に関する本を上梓した。しかし、前者は大学の教科書で難しく、後者は新書の性格として深く内容を掘り下げることができなかった。

「ご縁」の研究を私の一つのライフワークとして考え、なんとかして「ご縁」に関する集大成した本を上梓したいと思った。それで多くの出版社に企画書を提出したが、最後に芙蓉書房出版から出版のご縁を頂いた。

執筆に関しては、私の知己を中心に多くの方々に取材をさせてもらったが、それぞれの人の波乱に満ちた人生で、不思議なご縁を紡いでこられた話を聞き、私が圧倒されてしまった。忙しい中を私のような者の取材に応じて頂き感謝の気持ちでいっぱいである。心からお礼を申し上げる。家族にも多くの支援をしてもらった。

友人の画家と仏師に以前に聞いた話であるが、彼らは作品を制作している時は作品と臍で繋がっているほど作品と一体になっている。しかし、その作品が一旦世に出ると作者とは離れ、別人格として作品がそれぞれのご縁を紡ぎ一人で歩いてゆくと言っており、私も同感である。この本も私と離れてこれから独り歩きしていくことになるが、願わくば世に受け入れられてよいご縁を紡いでくれることを望んでやまない。

出版を受け入れて頂き、いろいろと暖かいご指導をしていただいた芙蓉書房出版の平澤公裕社長と勤務先の太成学院大学の足立裕亮学長の学恩には心からお礼を申し上げたい。

歴史を重ねた大阪城近くの内淡路町の寓居にて

釣島平三郎

２０１８年11月

参考文献

序章
『美しい日本の私』川端康成　角川ソフィア文庫
『文明の衝突』サミュエル・ハンチントン　集英社
第一章
『魂に響く１０８の言葉』今西恭晟　プロセスコンサルティング
『ネクスト　チャンス』今西恭晟　住宅新報社
『こころをみがく』（なすびの花）玉置半兵衛　心学明誠舎
『あんなあ　よおうききや』玉置半兵衛　京都新聞出版センター
第二章
『私の履歴書　経済人21』〈田嶋一雄〉　日本経済新聞社
『正攻法の着想』市川隆（金井紀年）　三五館
「秋山敏夫さんの戦死」金井紀年　『共同貿易株式会社70年史』
『森繁自伝』森繁久彌　中央公論社
『ストックホルムへの廻り道』（私の履歴書）　大村智　日本経済新聞出版社
『杉原千畝』　白石仁章　新潮文庫
『杉原千畝物語』杉原幸子・杉原弘樹　フォア文庫
『ユダヤ難民を救った男　樋口季一郎伝』木内是壽　アジア文化社
『日本人とユダヤ人』イザヤ・ベンダサン　角川文庫
『二つの命』後藤正治　岩波同時代文庫

『人間繁盛の法則』井本全海　致知出版社
『禅と日本野球』川上哲治　サンガ文庫
『お坊さんが明かす　あなたの町からお寺が消える理由』橋本英樹　洋泉社
『お寺の収支報告書』橋本英樹　祥伝社新書
『ビジネスマン「うつ」からの脱出』楠木新　創元社
『こころの定年を乗り越えろ』楠木新　朝日新書
第三章
『折々の記』松下幸之助　ＰＨＰ研究所
『奇縁まんだら』瀬戸内寂聴　日本経済新聞出版社
『琥珀の夢』上　伊集院静　集英社
『気づきの成功学』田舞徳太郎　致知出版社
『平安堂80年の歩み』平安堂
『聖なる予言』ジェームズ・レッドフィールド　角川文庫
『継続こそ力』金岡重雄　ザメディアジョン
『漢字の歴史』笹原宏之　ちくまプリマー新書
『稲盛和夫の盛和塾・経営秘伝』永川幸樹　青春出版社
『飛田ホテル』黒岩重吾　ちくま文庫
『最下流ホームレス村から日本を見れば』ありむら潜　東信堂
第四章
『玄峰老師』高木蒼梧　大法輪閣
『内村鑑三』関根正雄　清水書院

『後世への最大遺物、デンマルク国の話』内村鑑三　岩波文庫

第五章

『人体　神秘の巨大ネットワーク』１＆２　ＮＨＫスペシャル『人体』取材班　東京書籍
『人のために祈ると超健康になる』高橋徳　マキノ出版
『いのちの日記』柳澤桂子　小学館
『唯識という生き方』横山紘一　大法輪閣
『仏教超入門』白取春彦　ディスカバー携書
『仏教』末木文美士　ＰＨＰ研究所

著者
釣島 平三郎（つるしま へいざぶろう）
太成学院大学経営学部長、教授。
1942年、兵庫県に生まれる。慶應義塾大学商学部卒業。中小企業診断士。ミノルタでの17年間アメリカ駐在期間中、ニューヨーク州での現地生産会社及びシリコンバレーでのソフト開発会社の立ち上げ責任者として14年間経営に当たる。その間、ニューヨーク州立大学財団理事、北加日本商工会議所理事などを歴任。現在、小森記念財団奨学生選定委員長、関西ベンチャー学会常任理事、グローバル経営学会理事、日本生産管理学会代議員を務める。
著者に『アメリカ人は理解できない「ご縁」という日本の最強ビジネス法則』（講談社+α新書）、『アメリカ最強のエリート教育』（講談社+α新書）、『日本学力回復の方程式』（ミネルヴァ書房）『人と人をつなぐグローバル経営』（コスモ教育出版）などがある。

日本が誇る「ご縁」文化
——不思議な出会いがビジネスと生き方を変えた——

2018年11月20日　第１刷発行

著 者
釣島平三郎

発行所
㈱芙蓉書房出版
（代表 平澤公裕）
〒113-0033東京都文京区本郷3-3-13
TEL 03-3813-4466　FAX 03-3813-4615
http://www.fuyoshobo.co.jp

印刷・製本／モリモト印刷

ISBN978-4-8295-0748-3